출판인

정진숙

을유문화사 창립자 정진숙의 출판 인생

출판인 정진숙

을유문화사

지은이 **정진숙鄭鎭肅**

1912년 경기도 화성에서 태어나 1934년 휘문고등보통학교를 거쳐 보성전문학교를 다니다가 중퇴하였다. 동일은행(조흥은행 전신)에 다니던 중 해방이 되자 위당 정인보 선생의 권유로 민병도, 윤석중, 조풍연과 함께 을유문화사를 창립하였다. 1946년 〈가정글씨체첩〉을 시작으로 1947년부터 1957년에 걸쳐 〈큰사전〉을 편찬한 것을 비롯하여 〈한국사〉, 〈세계문학전집〉, 〈을유문고〉 등 지금까지 약 7,000종의 양서를 출간하며 한국 출판의 초석을 마련하였다. 1952년부터 을유문화사 사장으로 일하는 한편, 대한출판문화협회 회장과 한국출판금고 이사장, 한국박물관회 회장을 지냈다. 출판 문화 발전에 대한 공헌으로 1957년 문교부장관 표창장, 1968년 대통령 표창장, 1970년 국민훈장 동백장, 1997년 금관문화훈장, 2007년 유일한 상 등을 수상하였다.

출판인 정진숙 : 을유문화사 창립자 정진숙의 출판 인생

초판 제1쇄 인쇄 2007년 8월 10일
초판 제1쇄 발행 2007년 8월 15일

지은이 정진숙
펴낸이 정낙영
펴낸곳 (주)을유문화사

창립 1945년 12월 1일
주소 서울특별시 종로구 수송동 46-1
전화 734-3515, 733-8153
팩스 732-9154
이메일 eulyoo@chol.com

ISBN 978-89-324-7123-5 03810
값 30,000원

* 지은이와의 협의하에 인지를 붙이지 않습니다.

책을 펴내며

솔바람 다래 숲에 비친 달

1912년 11월 5일생이니, 내 나이 이제 아흔여섯이다.

일제 치하 식민지 시절, 이 땅에서 태어나 어언 96성상(星霜)의 세월을 살아왔으니 남다른 천수(天壽)를 누리고 있다고 말할 수 있겠다. 현역에서 물러난 지는 이미 오래고 장수하는 것이 새삼 무슨 미덕이겠냐 싶지만, 아직도 맑은 정신에 출판계 안팎의 이모저모를 챙기며 소일할 수 있는 건강을 주심에 조상님들과 하늘에 깊이 감사한다.

요즘도 나는 아침 9시경, 평창동 집에서 내 삶의 오랜 터전인 수송동 을유문화사 사옥으로 출근하곤 한다. 10여 평 남짓한 집무실에서 한 잔의 녹차와 함께 햇볕 가득한 창밖을 내려다본다. 서울 도심 한가운데지만 사람들 살아가는 모습과 자연의 조화로운 변화를 완상할 만하다. 아직도 옛 향취가 물씬한 인사동이 지척이고 조계사와 담장 하나를 사이에 두고 있기 때문이다.

오전 11시, 조계사로부터 사시(巳時) 예불 소리가 들려온다. 약해진 청력이지만 시공(時空)을 넘나드는 고즈넉한 목탁 소리가 또렷하다. 삶과 죽음, 그리고 인생의 무상(無常)함이 무한한 시간 속으로 아득하게 흘러간다.

이윽고 나는 하루 일과를 시작한다. 돋보기를 끌어당겨 옛 책을 뒤적이거나 간혹 찾아오는 오랜 벗들과 점심을 나누거나 옛일을 회상하는 즐거움을 누리는 것이 그것이다. 그것은 마치 오랜 여행에서 돌아온 후의 휴식처럼 늘 달콤하기만 하다.

간혹 출판계 소식이나 신간 발행계획에 관한 이런저런 보고를 듣고 나름의 의견을 내기도 한다. 그러나 이건 어디까지나 그들의 나에 대한 '원로 대접'에 따른 치레일 터이기에, 작금의 출판현실은 의당 젊은 그들에게 맡겨야 함이 당연한 이치일 것이다.

일제(日帝)시대였던, 1930년대 10여 년 간 은행원 생활을 했던 것을 제외하곤 지금까지 60여 년 동안 줄곧 책을 만들어내고 그 책을 쓰거나 읽는 사람들과 더불어 살아온 한평생이었다. 1945년 해방과 함께 자의 반 타의 반으로 시작한 출판일이 이처럼 평생의 업이 될 줄은 미처 몰랐었다.

돌이켜보면 볼수록 출판을 천직(天職)으로 삼게 된 일은 더할 나위 없는 좋은 운명이고 축복이었다. 사람 살아가는 숱한 삶의 모습들 가운데 책과 함께 살아가는 인생처럼 좋은 것이 사실 어디 있겠는가.

배우고 때로 익히니 기쁘지 아니한가?
벗이 멀리서 찾아오니 또한 즐겁지 아니한가?

남이 알아주지 않아도 노여워하지 않으면 그가 곧 군자가 아니겠는가?
(學而時習之 不亦說乎, 有朋自遠方來 不亦樂乎, 人不知而不慍 不亦君子乎)

─ 공자(孔子), 『논어』

내가 평생 몸담아온 을유문화사는, 1945년 해방되던 해 겨울 몇몇 지인들과 함께 민족문화 창달과 우리 민족의 끊어진 정기(精氣)를 되살리자는 웅지(雄志)를 품고 출발했다. 출판사 이름 '을유(乙酉)'는 해방되던 해의 간지(干支)에서 따온 것이다. 새삼 을유라는 이름에 대해 다시 생각해 본다.

오행(五行)상 을유(乙酉)는 양 중의 음(陽中陰)으로, 송풍라월 출록수행(松風羅月 出鹿修行)을 의미한다. '솔바람 다래 숲에 비친 달, 티끌세상 여의고 노년에는 수행에 힘쓸 운명'이라는 것이다. 어쩌면 오늘의 내 모습과 그렇게 흡사한지 놀라움을 감출 수 없다.

2005년, 을유문화사 창립 60주년을 맞았을 때였다.

편집부장으로부터 나의 회고록에 관한 이야기가 처음 나왔을 때, 나는 손사래부터 쳤다. 스스로 돌이켜보건대 뭐 그리 내놓을 만한 업적을 이룬 것도 없고, 가뜩이나 필요한 책들을 출판하기도 벅찬 현실에 불필요한 노력이라 여겼기 때문이다.

그러나 편집진의 의견은 단호했다. 사실상 우리나라 출판 1세대로서 후학들과 숱한 출판인들을 위해 보다 인간적인 면모가 드러나는 나에 관한 삶의 기록들을 정리하는 일은 반드시 필요하다는 것이었다. 창업자인 나에 대한 단순한 '인사치레'가 아니라는 주장이었다.

결국 몇 차례의 논란 끝에 나는 고집을 접어야 했다. 사양이 지나치면 자칫 노인의 외고집으로 비치기 십상이었고, 출판에 관한 한 나는 지금까지 편집진의 의견을 가장 존중해 왔기 때문이었다.

그러나 문제는 여전히 남아 있었다. 지난 시절에 대한 기억은 이미 빛바랜 사진처럼 희미해져 가고 있었고, 그저 하루하루 최선을 다하면서 살아왔을 뿐 새삼스럽게 떠오르거나 자랑스럽게 내보일 만한 것이 없었던 까닭이다.

다행히 이런저런 기록들이 남아 있다고 했다. 1983년 고희(古稀)를 맞아 대한출판문화협회에서 펴낸 기록물 『출판인 정진숙』과 1997년의 『을유문화사 50년사』, 2003년 한국예술종합학교 부설 한국예술연구소에서 엮은 『한국 근현대예술사 구술채록연구 시리즈 28―정진숙(鄭鎭肅, 1912~)』 등의 기록들이 그것이다. 마침내 이들 자료와 기타 증언들을 토대로 하여 회고록을 정리하기로 의견이 모아졌다.

만년(晩年)의 소일거리치고는 무척 혹독한 것이었다. 틈날 때마다 돋보기를 끌어당겨 가며 이런저런 자료를 뒤적이던 중, 퍼뜩 한 가지 생각이 떠올랐다. 돌이켜보니, 을유문화사의 오늘과 나의 삶이 결코 나 혼자 힘으로 이루어진 것이 아니라는 사실이었다.

남들은 나를 가리켜 출판업계에서 자수성가한 사람이라고 하지만, 결코 온전히 맞는 말이 아니다. 지난 60여 년 간 을유문화사가 펴낸 수천 종의 책을 읽었던 숱한 독자들과 을유문화사와 희로애락을 함께했던 수

많은 필자들, 그리고 물심양면으로 후원해 주었던 국내외 많은 사람들의 격려와 도움이 없었다면 오늘의 을유문화사는 존재할 수 없었을 것이기 때문이다.

창업자로서 단 한 번도 그들에게 감사하는 마음을 담은 글을 직접 써 본 적이 없었다는 점도 새삼 당혹스러웠다. 책만 열심히 만들어냈지 을유문화사의 책을 사랑해준 독자들에게 사례할 기회가 없었다는 것은 불비례(不備禮)가 아닐 수 없었다. 이들 모두에게 을유문화사 대표로서 더 늦기 전에 감사의 인사를 차리는 일도 반드시 필요한 일이고, 마땅한 도리일 것이었다.

마뜩찮게 시작했던 이 일이 나름의 소명(召命)으로 성큼 다가선 것이다.

이 작은 기록은 나 한 사람의 개인적 기록이자 동시에 을유문화사와 함께했던 분들을 향한 감사의 글이 되어야 할 것 같았다. 또 불모지나 다름없던 이 땅에 오늘의 출판문화가 정착하게 되기까지의 과정에서 내가 보고 느꼈던 기록물 성격이 되어야 했다. 아울러 을유문화사라는 출판사를 꾸려오는 과정에서 맞닥뜨리게 된 숱한 우여곡절에 대한 한 개인의 도전과 응전의 궤적일 수도 있을 것이다.

나이 들어갈수록 옛일은 더욱 선명해진다고 했던가.

해방 직후, 우왕좌왕하던 혼란기 속에서 출판사 창업을 위해 몇몇 동인들이 종로의 작은 사무실에 옹기종기 모였던 그날의 풍경이 마치 어제 일처럼 눈에 선하다. 시간은 눈 깜짝할 사이에 흘렀고 '어제의 일'은 이제 어언 60여 년 전의 일이 되어버렸다.

그 세월 동안 서로 도움을 주고받았던 숱한 사람들, 목소리와 표정까지도 또렷한 그들 대부분은 이제 나를 앞질러 먼 곳으로 총총 떠나버렸다.

세월의 흐름을 그 누가 막을 수 있을 것인가.

이처럼 짧은 인생살이에서 내 자신 스스로 보람을 느끼며, 책이라는 상품을 통해 다른 사람들의 유익한 삶을 위해 기여했다는 점에서 나는 어느 누구보다 의미 있는 삶을 살아왔다고 회고한다. 더욱이 책이라는 상품의 특성상 어느 누구에게도 해악을 끼치지 않고, 치열한 시장경쟁을 벌이지 않아도 되었기에 더욱 만족스럽다.

돌이켜보건대 세상살이에서 가장 어려운 것은, 아마 '어떤 일을 끝까지 해내는 것'이 아닐까 싶다.

그렇기에 지난 세월 동안, 온갖 우여곡절을 겪으면서도 처음의 뜻을 잃지 않고 오늘에 이르게 된 을유문화사의 생명력에 대해 천지신명께도 감사를 올리지 않을 수 없다.

을유문화사가 앞으로 100년, 200년 이어져 우리나라 출판의 명가(名家)로 거듭나기를 나는 희원(希願)한다. 더욱이 내가 꾸려온 출판사에서 처음이자 마지막이 될, 내가 살아온 이야기가 출간되는 감회 또한 무량하다. 책이 나오기까지 원고 정리에 수고를 아끼지 않은 김승기 선생과 편집에 애써준 권오상 부장에게 고마움을 전한다.

오동나무는 천년이 지나도 곡조를 머금고 있고, 매화의 일생은 춥지만 향기를 팔지 않는다.(桐千年老恒藏曲, 梅一生寒不賣香)

2007년 7월

隱石 鄭鎭肅

| 차례 |

책을 펴내며   5

프롤로그   19

제1장 뿌리 깊은 나무

1. 동래 정씨의 후예
출생   26
백부출계, 집안의 장손으로   27
문중(門中)의 뿌리   28
빛나는 3형제   30

2. 학창시절
한학(漢學)에 젖어 지냈던 유년기   32
서울유학을 떠나다   35
한 달 다녔던 중동학교   39
'민족의식' 싹 틔운 휘문고보 시절   41

3. 눈 떠보니 결혼했더라
열아홉 신랑   43
종손의 무게   46
근화학교에 입학한 아내   48

4. 생사(生死)의 갈림길
병마(病魔)를 만나다   50

낙향(落鄕)   54
중도에서 그만둔 보성전문학교   56
요양(療養)을 떠나다   58
간성에서의 아름다운 나날들   61
회복, 그리고 은행원으로 취직하다   65

5. 사람을 닮은 시간들
동일은행에 입사하다   67
경영 학습   70
전환기(轉換期)를 맞다   73

제2장 큰 뜻을 세우다

1. 반일(反日) 불순분자
뜻밖의 체포   78
징역 12월, 형무소 수감   81
옥중에서 해방을 맞다   83

2. 황무지에 심은 꽃
혼돈과 무질서   84
적산(敵産)의 유혹   87
우리말, 우리글 회복이 애국이다   88
네 개의 기둥   92

3. 출판사업, 첫발을 떼다
을유문화사의 탄생   94
네 가지 원칙   98
첫 출판 『가정 글씨 체첩』   101

아협(兒協)의 활동　104
어린이 문고를 펴내다　108

4. 도전과 응전
　열악한 출판 환경　111
　취약한 판매망　114
　종이전쟁　116
　임시정가 제도　118
　"정말 일하는 것 같군요."　120

5. 초창기 전성시대
　문장각을 열다　121
　교사 서수옥　124
　『지용시선』과 『청록집』　126

6. 나랏말 〈큰사전〉
　창고에 버려진 원고 보따리　131
　하늘은 스스로 돕는 자를 돕는다　136
　록펠러 재단과의 인연　140
　"누가 출판업자요?"　142
　〈큰사전〉에 얽힌 뒷이야기　147
　『표준국어사전』　152

제3장　자화상

1. 터전을 잃다
　6·25전쟁　156
　"책은 반동군대나 마찬가지야!"　158

적(敵)을 만들지 마라　160
부산에 마련한 다섯 평 임시사무소　162

2. 창업 동인들 떠나다
빚더미에 올라앉았다　165
금서(禁書)　167
무(無)에서 유(有)로……　169
10년 기획, 〈한국사〉를 준비하다　171
록펠러 재단의 두 번째 지원　173
영문판 〈한국사〉　176

3. 새로운 출발
잡지 춘추전국시대　178
소설 〈임꺽정〉　182
교과서 출간　184
전시(戰時) 출판　188

4. 진단학회
김재원 국립중앙박물관장　191
월탄 박종화　196
〈조선문화총서〉 시리즈　199
이상백 선생　200

5. 울타리를 벗어나다
국정교과서(주) 사장　206
세계의 도서관들　209
『한국출판연감』 제작　213
출협 회장에 피선되다　215

6. "당신네 나라는 책이 없소?"
    베를린 대학 도서관에서 만난 〈한국사〉 221
    『THE HISTORY OF KOREA』 226
    "이런 출판은 나라에서 할 일인데……." 228

7. 을유문화사의 빛나는 기획시리즈들
    〈을유문고〉 231
    〈대학총서〉 238
    〈번역신서〉 240
    중국문화를 소개하다 241
    〈세계문학전집〉 242
    출판 신념(信念)을 세우다 247

제4장 출판의 밀알이 되어

1. 책의 수명은 영원하다
    대기만성(大器晩成) 252
    출판이란? 254
    펜클럽과의 만남 258
    〈한국신작문학전집〉 260
    『도서(圖書)』 262
    〈세계사상교양선집〉 264
    해외문학으로 눈을 돌리다 267

2. 출판문화의 초석(礎石)을 놓다
    문화예술진흥법 269
    문예진흥원의 출발 274

출협 회관의 건립 275
한국출판금고 281
"100억 원을 지원하시오!" 283
유통구조 개선 286
출판문화 진흥책 288

3. 급변하는 출판시장
전집류에서 단행본으로 292
베스트셀러 294
관철동 시대에서 수송동 시대로 296
춘풍광란(春風狂亂) 300
위기를 딛고 304

4. 남겨진 이야기, 그리고 사랑하는 사람들
중앙도서전시관 307
교보문고, 영풍문고의 탄생 309
『독서신문』 312
『출판저널』 313
박술음 선생 315
남애 안춘근 319
가족 323

에필로그 327

주석 333
은석 정진숙 연보 343
발문(한운사) 347

프롤로그

"우리나라의 출판계는 평화스럽게 자란
행복한 과정의 성년(成年)이 아니고,
고아원의 고아처럼 쓸쓸히 고투하여 자수성가한 것이다."
『출판문화』, 권두언(1967. 1)

천직(天職)은 주어지는 것이 아닌, 삶의 결정(結晶)이다

세월을 거슬러 올라가 본다.

동래 정씨 문중의 후손으로 태어나 20대 초반 건강 문제로 생사의 고비를 넘나들었던 일, 대학을 중퇴하고 은행에 몸담았던 시절, 일제 말엽 치안유지법 위반으로 형무소 생활을 했던 일, 1945년 8·15해방과 함께 척박한 이 땅에 을유문화사를 창립했던 일, 1950년 6·25전쟁으로 모든 기반을 잃고 망연자실했던 일, 숱한 어려움 속에서도 사명감 하나로 펴냈던 한글학회의 〈큰사전〉과 진단학회의 〈한국사〉 등등, 그리고 나의 분신과도 같았던 수천여 종에 달하는 숱한 출판물들…….

36년 동안 일본의 식민지배 아래서 살아온 우리 겨레는 1945년, 일본의 패망으로 마침내 해방을 맞이했지만 대부분의 사람들은 기쁨보다는 불안감에 허둥대고 있었다. 우리 겨레 스스로 이룩한 독립이 아니었기에 해방의 감격을 누릴 마음의 준비가 미처 되지 못했기 때문이었다.

좌우익의 대립, 친일파 문제, 미국과 소련의 점령군 진주 등, 하루 앞을 내다볼 수 없는 정치적 혼란이 불어 닥쳤다. 어디로 향하고 있는지 모르는, 예측불허의 조국의 미래에 대해 갖는 불안감은 컸다.

당시 식자층이라면 누구나 해방된 이 나라와 겨레를 다시 일으켜 세우는 일에 관심과 사명감을 갖는 것이 당연한 의무였다. 일제 치하에서 단절되었던 우리 고유문화를 하루빨리 회복해 나라의 기틀을 세우고, 국리민복과 직결되는 실업(實業)을 일으키려는 뜻을 품었을 것이다.

그러나 당면한 현실은 너무도 암담했다. 모든 분야에서 처음부터 다시 시작해야 하는 형편이었다.

운 좋게도 맑은 정신과 겨레에 대한 사랑에 충만한 분들과 교유하고 있던 나는, 이 시기에 출판업을 통해 식민지배 36년간 끊겼던 민족정신의 정기(精氣)를 다시 되살리고, 우리 민족문화의 창달에 이바지한다는 커다란 목표를 가지고 출판문화 사업에 참여하게 된다. 나의 생애에 처음이자 마지막 행운이 있었다면, 그것은 바로 이 시기에 출판 사업에 뛰어든 것이 아닐까 싶다.

해방 후 혼란기의 우리나라 출판계는 사실상 '공백기'에 다름없었다. 출판사가 책을 펴내기 위해서는 필자와 제작 시설, 그리고 책을 구매해 줄 독자라는 세 가지 요소가 구비되어 있어야 하는 법이다. 그런데 해방 후의 현실은 이런 필수 요건을 제대로 갖추지 못한 상태였다.

제작 측면에서는 일본인들이 버려두고 간 인쇄 시설을 이용할 수 있었지만, 놀랍게도 우리말로 원고를 쓸 필자가 거의 없었다.

조선조 말, 언문(諺文)이라 불리며 여전히 폄하되고 있던 우리 겨레의 글이 미처 체계를 잡기도 전에 일본의 지배를 받기 시작했고, 일제 당국의 민족문화 말살정책으로 오랜 세월 동안 우리말은 여전히 천대받고 있었던 상황이었다.

당연히 한글 맞춤법에 대한 체계는 고사하고 표준말에 대한 개념도 없었으며, 그러다 보니 원고를 편집하고 교정볼 사람도 없었다. 더욱이 우리글로 만든 책을 읽어낼 능력을 가진 독자가 몇 명이나 되는지도 의심스러울 지경이었다.

일제 치하 36년간의 이민족 지배로 말미암은 후유증이 이토록 무서운 것인가를 새삼 실감하지 않을 수 없었다. 문화의 황무지 같았던 그런 시절, 나와 몇몇 지인들은 우리글로 우리 책을 만들어 민족문화 창달에 앞장서겠다고 나선 것이었다.

을유문화사('을유')가 고고지성(呱呱之聲)을 울린 것은 8·15민족해방의 감격과 흥분이 아직 채 가시지 않은 1945년 12월 1일의 일이다.

그로부터 60여 년 남짓, 나는 출판 외길을 오직 앞만 바라보고 달려왔다. 창업기로부터 오늘에 이르기까지의 을유문화사의 역정(歷程)은 우리나라 출판계의 성장 발전사와 그 궤적을 함께했다. 그만큼 을유문화사는 광복 후 우리 출판문화의 중심축을 이루며 한국출판의 위상을 높이는 나름의 소임을 다해 왔음은 자타가 공인하는 평가일 것이다.

을유문화사는 그동안 7,000여 종이 넘는 책을 펴냈다. 단순히 계산해도 1주일에 평균 두 권 정도의 책을 만들어낸 셈이다. '을유'가 펴낸 교과서에다 개정판, 증보판 등까지 감안하면 발행한 책들의 숫자를 정확히 모른다고 할 정도니, 가히 우리 국민들 가운데 을유에서 펴낸 책을 한 권도 읽지 않은 사람은 없다고 해도 과언이 아니리라.

그동안 을유의 얼굴이자 분신인 한 권 한 권의 책을 출판할 때마다 내가 가장 먼저 고려한 것은 그 책이 지닐 향기(香氣)였다. 이 책이 과연 우리 사회와 문화의 발전에 어떤 기여를 할 것인가 하는, 책의 가치를 최우선적으로 따졌던 것이다.

단언하건대, 나는 출판사 경영을 책을 팔아 이익을 남기는 사업이라고 생각하지 않았다. 후술하게 될 을유문화사의 창업 정신이 그랬듯이 지나친 상업주의와 몰가치성을 가장 경계해 왔던 것이다.

출판은 책을 팔아 이익을 남기는 장사 수단이어서는 안 된다. 아무리 유익한 책이라도, 아이스크림이나 설렁탕처럼 매일 똑같은 책을 사볼 수는 없는 일이다. 책이라는 상품의 특성상 반복구매가 불가능하다는 이야기다. 따라서 출판은 사명감이 반드시 전제되어야 하는 사업이다.

출판은 어느 때나 어느 민족에게나 사회와 문화발전을 이끄는 중요한 도구이며, 책은 문화의 창조와 민족적, 역사적 계승에 있어서 가장 중요한 견인차라는 나의 신념은 지금까지도 변함없다.

광복 이후, 세월의 부침(浮沈)과 더불어 명멸(明滅)한 수많은 출판사들, 그 어려웠던 고난의 시기를 함께 헤쳐 왔던 창립 동인들을 나는 잊을 수 없다. 오늘의 출판계가 이만큼이나마 성장하고 발전할 수 있었던 이면에는 그분들의 피땀과 희생이란 밑거름이 있었다는 점에서 숙연한 마음을 금할 수 없다.

지난날을 더듬으면서 나는 한 가지 새로운 깨달음을 얻게 되었다. 흔히 말하는 천직(天職)이란 것이 그냥 주어지는 것이 아니라는 점이었다. 남들이 그렇게 불러주고, 나 역시 출판이 천직이라고 무심히 받아들여 왔건만, 진정한 의미의 천직은 오랜 세월에 걸친 각고의 노력과 인내가 만들어내는 결정체라는 점을 새삼 깨닫게 되었다는 것이다.

이제 지나온 세월을 거슬러 올라가 보기로 한다. 오늘의 을유문화사가 있기까지 나와 관계를 맺었던 숱한 면면(面面)들, 출판을 하면서 새롭게 자각하게 된 사명감의 배경, 삶의 굽이굽이에서 정립하게 된 삶의 잠언(箴言)들에 대해 기억이 닿는 대로 풀어보고자 한다.

제1장

뿌리 깊은 나무

"독서는 진정한 투자요, 생산이요, 또한 모든 개발의 초석이다."
『출판문화』, 권두언(1970. 10)

1. 동래 정씨의 후예

출생

나는 1912년 11월 5일, 경기도 화성군(華城郡) 팔탄면(八灘面) 월문리(月門里) 갈곡(葛谷)에서 태어났다. 아버지(鄭順謨 公)와 어머니(豐壤 趙氏) 슬하의 장남이었고, 동래 정씨(東萊 鄭氏) 31세손(世孫)이었다. 집안은 선대로부터 물려받은 농토와 가산이 적지 않아 비교적 유복한 편이었다.

내가 태어난 시기는 일본제국에 의해 경술국치(1910)가 이루어졌던 무렵으로, 나라 잃은 망국(亡國)의 암울한 지경에 놓여 있었다. 당연히 모든 것이 혼란스러웠던 때였다.

내 나이 여덟 살 되던 해인 1919년, 이른바 '3·1운동'이 일어났지만 그때까지 나는 아직 어린애에 불과했다. 나라 잃은 백성으로서 민족의식이 처음 싹트기 시작한 것은 아마 이후 자라서 휘문고보에 다니던 시절쯤이 아니었을까 싶다.

장남인 까닭에 집안 식구들의 각별한 대접을 받았던 나는 별다른 어려움 없이 또래의 아이들처럼 천방지축 뛰어다니며 어린 시절을 보냈다.

집안 분위기는 엄격하면서도 고루했던 것 같다.

조선시대 때 숱한 학자와 관료를 배출한 집안이었던 터라, 이른바 양반집 분위기에 젖어 있었다. 물론 세상이 바뀌다 보니 양반이라는 체통만 남고 하루하루 그 빛이 바래가고 있었을 것이다.

오랜 세월 선비정신 하나만을 붙들고 꼿꼿하게 살아온 우리 집안 역시 나라 잃은 혼란의 와중에 휩쓸렸다. 내가 태어날 무렵부터 집안의 종손(宗孫)이셨던 백부(伯父)님은 경기도 화성의 오랜 생활 터전을 정리하시기 시작했던 것이다.

백부님은 그 무렵 새로운 터전을 충청도 천원군(天原郡) 북면(北面) 오곡리(梧谷里)라는 곳에 잡았고, 태어난 지 1년도 채 안 되었던 나는 인근의 화성군 매송면 야목리(野牧里) 외가 근처에서 자랐다.

백부출계, 집안의 장손으로

열 살 무렵이던 1920년대 초, 나는 외가 근처에 있던 반월면 소재 반월보통학교에 입학했다. 다른 아이들과 어울려 이른바 신식교육을 받게 된 것인데, 또래에 비해 좀 늦은 편이었다.

이후 보통학교 3학년 때인 열네 살 때부터 나 혼자 큰아버지(鄭顯謨公) 댁으로 거처를 옮겨야 했는데, 그 이유는 큰집으로 입양되었던 까닭

백부 정현모

이다. 이른바 백부출계(伯父出系)다. 생부(生父)가 집안의 둘째인 터라 가장 먼저 태어난 아들을 큰집으로 보냈던 것인데, 백부님은 그때까지 아들을 얻지 못하고 계셨다.

백부님과 집안의 서열을 정하고자 하셨던 집안 어른들의 결정 때문이었는데, 아무튼 나는 어른들의 결정으로 집안의 종손이 된 셈이었다.

이후 부모님은 내 아래로 4명의 남동생과 2명의 여동생을 두었고, 백부님 집에서도 뒤늦게 3명의 남동생 등 여러 형제들이 태어났다. 나는 훗날 동생들과 백부님 슬하의 사촌동생들을 모두 장가보내고 취직을 알선해 주거나 생활의 기반을 잡아주는 데에 힘을 기울였다. 결과적으로 어른들의 기대를 저버리지 않고 나름대로 종손 노릇을 착실히 한 셈이었다.

문중(門中)의 뿌리

집안 자랑은 하는 것이 아니라지만, 가문에 대해 언급하지 않고 넘어가는 것은 후손으로서 선대(先代)에 대한 도리에 크게 어긋나는 일이기도 하다. 뿌리 없는 나무는 없는 법이다. 자신의 근원을 아는 일은, 그 사람의 인격 형성이나 가치관을 이해하는 데 필수적이다.

나의 경우, 이런 뿌리 의식은 평생토록 나의 삶에 영향을 미쳤다고 생각한다. 어떤 행동을 할 때나 중요한 결정을 내려야 할 때 나는 늘 조상에게 부끄럽지 않은 후손이어야 한다는, 그런 심리적 부담감을 가졌던 것 같다.

나의 유년기 집안 분위기를 설명하기 위해, 더욱이 훗날 동래 정씨 대종회 일을 맡기도 했었기에 간략하게나마 문중(門中)을 소개하는 예(禮)부터 갖추는 게 마땅할 것이다.

문헌에 따르면 동래 정씨의 출발은 신라 유리왕(서기 24~56) 때부터라고 한다.

시조는 호장공(戶長公) 회(會)자 문(文)자로, 어언 2000년에 이르는 가문이라고 할 수 있다. 그러나 시조 이후 이렇다 할 문헌기록이 없어 고려시대 보윤공(甫尹公) 정지원(鄭之遠)을 1세(世)로 하고, 대를 이어 가문 번성의 터를 다져왔다.

동래 정씨 가문은 조선조(朝) 초기에 이르러 크게 번성하게 되는데, 우리 역사에 큰 족적을 남기신 몇몇 선조들의 면모를 살펴보아야 할 것 같다.

조선조 초기, 세조조(朝) 때 허백당(虛白堂) 정난종(鄭蘭宗, 1433~1489)이란 어른이 계셨다. 14세(世)로, 과거를 통해 출사했으며 예조정랑, 승지, 황해도 관찰사 등을 거쳐 이조판서, 공조판서, 호조판서를 역임하는 등, 평생 동안 관직에 몸담았다.

성리학(性理學)에 밝았으며, 서예에 일가를 이루어 초서(草書), 예서(隸書)를 특히 잘 썼고 촉체(蜀體)에도 뛰어났다고 한다. 당대 명필이었으며 지금 돈화문의 현판이 그분의 글씨다.

허백당의 아들인 15세(世) 문익공(文翼公) 정광필(鄭光弼, 1462~1538)은 성종조(朝) 때 부제학, 이조참의를 역임했다. 역사책에도 비중 있게 등장하는 분으로 연산군 시절, 갑자사화(甲子士禍) 때 귀양을 갔다가 중종반정(中宗反正)으로 복직, 이후 이조참판, 예조판서, 대사헌, 우의정, 좌의정을 거쳐 일인지하 만인지상의 자리인 영의정에 올랐다.

정광필 어른의 손자인 17세(世) 임당공(林塘公) 정유길(鄭惟吉, 1515~1588)은 동래 정씨 임당공파의 중시조로, 나의 직계 조상이 되시는 어른이다. 스물세 살 때 별시문과에 장원급제하여 정언에 오른 후, 공조좌랑, 이조좌랑, 중추부도사, 세자시강원문학 등을 역임한 학자였다. 이후 부제학, 도승지, 이조참판, 대사간, 예조판서, 대제학, 이조판서, 경상도 관찰사, 우의정, 좌의정에 올랐다.

그분의 직책을 보아도 알 수 있지만 충효와 근신을 근본으로 삼고 넓은 도량을 지녔다고 한다. 또한 시문에도 뛰어났고 서예에도 능하여 임당체(林塘體)라는 일가를 이루었다.

빛나는 3형제

이후 3대를 더 내려와 20세(世)인 충익공(忠翼公) 정태화(鄭太和, 1602~1673)도 빼놓을 수 없는 분이다. 특히 이분의 3형제와 사촌들이 당대의 요직에 중용되었던바, 조선시대 동래 정씨 가문의 커다란 영예가 아닐 수 없다.

충익공 정태화는 과거를 통해 출사하여 대사간, 평안도·경상도 관찰사, 도승지, 호조판서, 대사헌, 공조판서, 형조판서, 우의정, 좌의정, 영의정을 지냈다. 영의정 시절 모친상과 지병으로 사직했으나 무려 여섯 차례에 걸쳐 다시 등용되었으며, 이후 여러 차례 사직을 청했으나 허락되지 않다가 마침내 서른일곱 번의 청원(請願) 끝에 허락을 얻어 1671년 기로소(耆老所)에 들어갔다.

충익공의 동생 정치화(鄭致和, 1609~1677) 역시 인조 6년이던 1628년 별시문과에 급제, 여러 문한(文翰)의 관직을 거쳐 동래부사가 되었다. 특히 조정의 신망이 두터워 충청도 암행어사, 함경도 암행어사, 황해도 암행어사 등으로 활약했으며, 동부승지, 평안도 관찰사, 광주부윤, 경기도 관찰사, 도승지, 형조판서를 거쳐 우의정, 좌의정에 올랐다.

그는 형인 충익공 정태화가 영의정을 내놓고 중추부판사로 물러앉으면서 우의정 겸 의금부판사가 되었고, 이듬해 우암 송시열(宋時烈)이 우의정에 임명되면서 좌의정에 올랐지만, 곧 정태화가 영의정으로 복귀함에 따라 중추부판사로 물러났다.

셋째인 익암공(益菴公) 정만화(鄭萬和, 1614~1669) 역시 형들과 마찬가지로 과거를 통해 출사하여 정언, 수찬, 교리, 황해도 관찰사, 동부승지, 경상도 관찰사, 예조참판, 전라도 관찰사, 대사간을 지냈다. 이분이 바로 나의 직계 11대조(祖)다.

경기도 화성에 동래 정씨 집성촌이 이루어진 것도 이 무렵이다. 정만화의 손자이자 황해도 관찰사를 지냈던 백초(百初) 정시선(鄭是先)이 화성에 새로운 터전을 마련했던 것이다. 그 어른은 동래 정씨 21세(世)이자, 나의 9대조(祖) 되시는 어른이다.

아무튼 동래 정씨는 조선왕조 500년 동안 문과급제 198인, 상신(相臣) 17인, 정경(正卿) 28인 등을 배출한 선비집안이자 명문거족이었다.

 2. 학창시절

한학(漢學)에 젖어 지냈던 유년기

내가 부모님 슬하를 떠나 혼자 백부님 댁으로 옮겨간 것은 반월보통학교 3학년 때인 1925년이었다. 당시 백부님은 천안 목천(木川)에서 10여 리쯤 더 들어가는 천원군 북면 오곡리란 곳에 살고 계셨다. 지금은 천안시로 편입된 곳이다. 그곳에서 학교 공부 대신 증조부님(鄭競朝 公)으로부터 한학(漢學)을 배웠다. 할아버지(鄭寅夏 公)께서 일찍 돌아가셨던 터라 집안 후손들의 교육은 주로 증조부님께서 관장하셨다.

당시의 선비들이 대부분 그러했던 것처럼 엄격하고 완고하셨던 증조부님은 일본당국의 이른바 신식교육에 대해 강한 거부감을 갖고 계셨다. 그러나 반월보통학교에 잠깐 다녔던 나로서는 증조부님의 한학 교육에 도대체 흥미를 붙일 수 없었다. 집에서 한문을 깨우치고 『소학』이니 『사서삼경』 등을 읽는 일은 재미도 없었고 답답하게 느껴졌다.

유년기를 막 벗어나고 있던 나는 다른 아이들에 비해 뭔가 뒤처지고 있다는 그런 걱정이 들었다. 당시 대부분의 아이들은 모두 보통학교에 다니며 신학문을 공부하고 있었다.

나는 수시로 학교에 보내달라고 졸랐지만 번번이 거절당했다. 증조부님은 그때까지 모든 가사(家事)를 주관하고 계셨다. 백부님께 부탁해도 효과가 없었다. 학교에 보내달라고 울며 떼를 쓰진 않았지만, 틈날 때마다 그 이야기를 꺼냈다.

그러기를 몇 달, 마침내 내 고집을 이기지 못한 증조부님의 허락을 얻어 1927년, 열여섯 살 때 인근의 목천공립보통학교 4학년으로 편입하게 되었다. 집안 어른들 역시 새로운 문명과 시대의 흐름을 더 이상 거부하기 힘들다고 판단했던 것으로 보인다.

어렵사리 입학한 때문인지 학교공부는 무척 재미있었다. 요즘에 비하면 한참 늦게 공부를 시작한 편이지만, 나보다 나이 많은 떠꺼머리총각들도 적지 않았다. 결혼한 사람도 몇 사람 있을 정도였다. 나의 보통학교 시절의 성적은 늘 상위권이었다.

그 무렵 학교에서 일본어를 가르치기 시작했다. 어린 나이에 일본어를 배워서인지 금방 익혔고 지금도 여전히 잊지 않고 있다. 오히려 우리말 쓰기에 더 서툴렀다. 아니, 우리말의 체계가 아직 잡히지 않았기에 한문으로 읽고 쓰는 것에 가장 익숙했던 과도기였던 것으로 기억난다.

그 시절에 대한 기억은 몇 가지 단편적인 것들만 남아 있다.

집안에서 무심코 일본말을 썼다가 어른들로부터 꾸지람을 듣기도 했고, 학교에 갔다 오면 우물에서 손발 씻고 사랑 대청마루에 앉아 매미소리 들으며 숙제를 하곤 했다.

동무들과 뛰어놀았던 기억은 반월보통학교 다닐 때 잠깐 동안을 빼고는 없었다. 아마 나이가 또래들에 비해 많았기에 학교생활 외에는 동네 아이들과 어울려 노는 일은 없었던 듯하고, 근본 있는 양반이라는 가문의 법도 때문에 이런저런 제약을 받았던 것 같다.

늘 카랑카랑한 목소리로 일하는 사람들에게 이런저런 지시를 내리던 증조부님, 머리 수건 두르고 행주치마 차림에 분주하시던 백모님 등, 농사철의 모습이 단편적으로 기억 속에 남아 있다. 양반이라고는 하지만 가족들 외에도 일하는 사람들을 부리며 적지 않은 농사를 지었던 것 같다. 배를 곯아본 적은 없으니, 다들 어려웠던 시절이었지만 그런대로 중농 규모는 되지 않았나 싶다.

종손인 까닭에 어른들의 귀여움과 엄격한 통제를 받으며 학교에 다녔다. 성격적으로 특별히 모난 데는 없었고 말썽을 피우진 않았지만 고집은 좀 남달랐던 것 같다. 이후 상급학교 진학 문제 등, 한번 결심한 일은 결국 내 뜻대로 이뤄내곤 했으니까.

돌이켜보면, 나의 이런 성격은 성장기의 집안 분위기와 장손에 대한 가족들의 특별한 배려에서 비롯된 듯하다.

증조부님은 늘 중용지도(中庸之道)를 강조하셨다. 명철보신(明哲保身)과 불편부당(不偏不黨)의 중요성을 일깨워주시곤 했다. 이웃과 늘 화합하고 어느 누구도 적(敵)으로 삼지 않아야 한다고 당부하시곤 했다. 전형적인 유교식 교육이었다. 아마 집안 대대로 조선조 말의 사색당쟁에 가담하지 않아온 내력과 언제나 중재론을 펴온 선대의 전통을 그대로 이어받으신 것이었다.

당시엔 무슨 뜻인지 잘 몰랐지만, 철들고 난 후 되새겨보니 하나하나 이해가 되었다.

훗날 일제 치하를 별 탈 없이 지나오고, 해방 후 좌우익의 극심한 혼란기에서 어느 한쪽에 휩쓸리지 않았으며, 6·25전쟁의 와중에서도 가족 모두 이렇다 할 커다란 화를 입지 않은 것도, 어린 시절 내내 귀에 못이 박히도록 화합(和合)을 강조하신 증조부님의 가르침 덕분이었을 것이다.

무엇보다 다른 사람들과의 인화(人和)를 중시하고, 어려울 때일수록 모든 이들을 함께 아우르고자 했던 성격 역시, 그런 집안의 가풍에 의해 비롯된 것이라고 본다. 집안의 종손이라는 이유 등으로 나는 비교적 편안하고 유복한 유년기를 보낼 수 있었다.

서울유학을 떠나다

1929년 나는 목천공립보통학교를 우등으로 졸업했다.

보통학교를 졸업할 무렵 이미 열여덟 살 먹은 총각이었던 나는 당연히 상급학교인 중학교에 진학하려는 꿈을 갖고 있었다. 그러나 증조부님은 물론 백부님, 그리고 아버지까지도 진학에 반대했다. 더 이상 '왜놈교육'을 받아선 안 된다는 것이었다.

집안 형편은 갈수록 어려워졌지만 그렇다고 서울로 유학 보내기 힘들 정도로 곤궁한 처지는 아니었다. 그 무렵에는 반월에 따로 떨어져 살고 계시던 부모님과 동생들도 증조부님과 백부님 댁이 있는 천원군 북면 오곡리로 이사를 와 함께 살고 있을 때였다.

그럼에도, 중학교에 진학해 공부하고 싶다는 열망이 거세게 타올랐다. 시대의 변화를 따라가지 못하면 시골에서 '촌놈'으로 살아가야 했다.

뚜렷한 이유는 없었지만, 뭔가 더 배워야 한다는 생각은 확실했다. 나는 집안에서 대접받고 자란 때문인지 경쟁에서 뒤처지는 것을 몹시 싫어했다. 어떻게든 서울로 올라가 중학교에 다니고 싶었다.

나는 먼저 조심스럽게 아버지에게 서울로 가서 중학교에 다니고 싶다는 뜻을 전했다. 아버지는 일언지하에 거절을 하셨다.

증조부님과 백부님 역시 "보통학교만 마쳤으면 됐다! 종손이 집안을 지켜야지 무슨 엉뚱한 소리냐!"고 반대하셨다. 장손이라 증조부님과 백부님 그리고 아버지의 사랑을 한 몸에 듬뿍 받았지만 교육만큼은 이상하게 반대하시곤 했다.

어른들의 뜻에 따라 어쩔 수 없이 체념을 하고 농사일을 돕고 지내던 그해 여름이었다. 여름방학을 맞아 고향에 내려온 목천공립보통학교 때 친구가 찾아왔다. 목천학교 시절 나와 같은 반이었는데, 그는 학교를 졸업하고 바로 서울로 올라가 중동학교에 들어갔다고 했다. 그는 번쩍이는 금빛 교표(校標)가 붙은 모자에 멋진 교복을 입고 나타났다. 그 모습이 너무너무 부러웠다.

"남자는 많이 배워야 한다. 일본을 이기려면 공부를 해야 한다. 서울에 가보니 완전히 딴 세상이더라. 사람도 많고 학교도 많고……. 시골구석에 있다가는 우물 안의 개구리가 되기 십상이다."

그는 나에게 이런저런 서울소식을 전해 주었고 중학 생활의 즐거움도 들려주었다.

나는 무엇보다 친구가 입고 있는 중학생 교복이 너무 부러웠다. '우물 안 개구리'라는 그의 말도 충격적이었다. 또래의 벗들과 점차 격차가 벌어지고 있다는 걸 새삼 느꼈다. 어려서부터 친구 사귀기를 좋아했고, 누구보다 야심만만했던 나는 더 넓은 세상에서 공부하고 싶고, 많은 사람들과 어울리며 교제하고 싶었다.

새로운 세상과 새로운 문물을 접하고 싶은 욕망은 그 시절 청년들에게 당연한 것이었으리라. 세상은 너무도 빠르게 변하고 있었고, 그 흐름을 놓치면 영원히 뒤떨어질 것 같은 두려움이 찾아왔다. 어떻게든 상급학교에 진학해야 한다고 결심했다.

나는 그 여름 내내 집안 어른들을 조르기 시작했다. 하루가 멀다 하고 증조부님과 백부님과 아버지를 번갈아가며 나름대로 설득했다. 이런 식이었다.

"이제 시대가 변하고 있습니다. 그 시대의 변화에 맞추지 못하면 당연히 뒤처질 수밖에 없습니다. '망아지를 낳으면 제주도로 보내고 사람이 자식을 낳으면 서울로 보내라'는 속담도 있지 않습니까. 그리고 중학교만 마치면 고향에 돌아와 집안을 돌보겠습니다."

처음엔 "쓸데없는 소리!"라며 반대하시던 어른들도 거듭된 요청에 서서히 생각이 바뀌어가는 듯했다. 그런 기미를 알아챈 나는 결정적인 말로 어른들의 마음을 돌려세웠다.

"제가 장손이지 않습니까? 장손이 많이 배워야 집안이나 형제들을 잘 이끌 수 있을 것입니다. 앞으론 더 많이 배우는 세상이 될 텐데, 장손이 보통학교만 마쳐 가지고서야 장차 집안의 어른 노릇을 할 수 있겠습니까? 제가 공부를 더 해야 아우들의 앞길도 열어줄 수 있고……."

'지성이면 감천'이라고, 마침내 나의 열망에 집안 어른들이 마지못해 서울행을 허락했다. 결국 학비와 생활비 등으로 30원을 마련해 주셨다. 당시 30원이면 무척 큰돈이었다.

"매사 신중하고 적을 만들지 마라. 또한 너무 나서지도 말고, 매사 절약하고……. 알겠느냐?"

증조부님은 물론 백부님과 아버지 또한 신신당부를 하셨다. 나는 돈 30원을 지니고, 방학이 끝나 서울로 올라가는 친구를 따라 집을 나섰다. 그때가 1929년 초가을 무렵이었다.

지금 세상 같으면야 부모님이 따라나서서 하숙집이나 학교 문제 등 이것저것 챙겨주셨겠지만, 그 시절에는 전혀 그렇지 못했다. 옷가지 몇 개 달랑 싸주신 것이 고작이었다. 그래도 혼자 떠나는 서울길이 두려웠다기보다 신바람이 났다. 나이가 이미 청년으로 접어들고 있어서 그러했을 터이지만, 요즘 아이들에 비해 조숙했던 점도 없지 않았다. 나보다 어린 남자들 가운데 이미 장가를 간 사람들도 적지 않았던 시절이었다.

서울에 올라온 나는 친구의 소개로 종로통 청진동 근처에 하숙집을 마련했다. 친구가 다니는 중동학교에 진학하는 것이 목표였다.

지금에야 비할 수 없지만, 당시에도 서울은 무척 번화했다. 시골 목천에서 살다 온 내 눈에는 모든 게 화려하고 생동감이 넘쳐 보였다. 처음

보는 전차며 거리를 가득 메운 채 바쁘게 오가는 사람들, 그리고 교복을 입고 활보하는 학생들을 보며 비로소 내가 살아가야 할 곳에 정착한 듯 기쁨에 들떴다.

그때 처음 서울 땅을 밟았을 때 자리 잡은 종로는 이후 줄곧 내 삶의 터전이 되었음에, 이 또한 기묘한 인연이 아닐까 싶다.

한 달 다녔던 중동학교

서울에 올라온 뒤 얼마쯤 지나, 나는 친구가 다니고 있던 중동학교를 찾아갔다. 그 시절에는 보통학교를 졸업한 사람이면 아무 때나 입학이 가능했다. 얼마간의 학비를 내고 교복을 마련하고 중동학교 생활을 시작했다. 1학년 2학기로 편입한 것이었다.

남다른 포부와 희망을 갖고 자신감 넘치게 학교생활을 시작했지만 공부가 너무 힘들었다. 특히 1학기 때부터 배운 영어나 수학 등은 도저히 따라잡기 힘들었다. 좀처럼 다른 학생들과 경쟁할 수 없었고, 그렇기에 수업을 받는 일이 무척 고통스러웠다. 그렇다고 그냥 시간만 보내며 학교에 다닐 수는 없었다.

한 달 정도 다니다가 고민 끝에 자퇴를 결심했다.

먼저 기초 공부를 해서 실력부터 쌓은 다음, 이듬해에 다시 1학년에 입학해야겠다고 생각했다. 나는 하숙집에 들어앉아 하루 종일 혼자 책을 보며 공부하기 시작했다. 고향에 간혹 안부 편지를 띄우며 그렇게 3

~4개월 정도 혼자 공부를 하다 보니 은근히 자신감이 솟았다.

이듬해에 진학할 학교도 중동학교가 아닌, 제일고보를 목표로 변경했다. 제일고보는 훗날 경기중학이 되었는데 당시에도 명문이었다.

다음해인 1930년 3월, 나는 의기양양하게 제일고보 입학시험을 치렀다. 그런데 결과는 낙방이었다. 세상이 그렇게 호락호락하지 않으며, 나의 처지가 '우물 안 개구리'라는 걸 비로소 깨달았다. 시험을 보면 으레 붙을 줄 알았던 자신만만하던 예상이 빗나가 버린 것이었다.

당시 제일고보의 입학시험은 아마 3월 7, 8일경이었던 것 같다. 낙방을 하니 앞일이 캄캄했다. 나는 만에 하나 시험에 떨어졌을 경우에 대비해 놓았던 대로 휘문고보에 다시 응시했다. 휘문고보의 입학시험은 3월 23일경이었던 것으로 기억된다. 당시엔 학교마다 시험날짜가 조금씩 달랐다.

그런데 이때 작은 문제가 생겼다. 휘문고보 시험을 보려면 내가 졸업한 목천보통학교 때의 성적표가 필요했다. 그래서 나는 고향에 전보를 띄워 보통학교 때 성적표가 필요하니 빨리 보내달라고 했다. 하지만 전보가 제때 도착하지 않았는지, 아니면 어른들이 무심했던지 시험 전날까지도 성적표가 도착하지 않았다.

어쩔 수 없이 나는 휘문고보에 입학할 수 있는 자격시험인 검정시험을 따로 치러야 했다. 그때 시험을 본 수험생들은 70명 남짓 되었다. 6명 남짓 합격한 이 검정시험에 다행히 통과를 했다. 그렇게 해서 나는 마침내 휘문고보에 입학했다.

1930년 봄이었다. 이때 내 나이 이미 열아홉 살로 만학(晩學)이었다.

물론 나보다 더 나이 많은 학생들도 있었다.

'민족의식' 싹 틔운 휘문고보 시절

내가 휘문고보에 입학할 당시 우리나라의 상황은 무척 열악했다.

일본이 우리나라를 강점한 지도 강산이 두 번이나 바뀔 햇수인 20년에 이르고 있는 시점이었다. 1910년 을사늑약 이후 우리 민족에 대한 일본의 탄압이 갈수록 가혹해지고 있던 때였다.

이 무렵 일본은 우리나라의 인적·물적 자원을 징발하는 한편, 서서히 싹트기 시작한 우리 민족의 해방운동을 혹독하게 탄압하기 시작했다. 일제의 악랄한 수탈을 견디다 못해 농촌을 떠나는 농민들의 숫자가 갈수록 늘어났으며, 일제의 정책적인 군수공업화로 말미암아 도시 노동자 계층이 급증하게 된다.

지식인층을 중심으로 좌익사상이 태동하기 시작했고, 사회적으로 거센 반일 감정이 일어나기 시작했던 시기이기도 했다. 1926년에는 경성제국대학이 개교하였으나 한국인 학생의 입학은 제한되었다.

오히려 내선일체(內鮮一體)를 표방, 일본으로의 유학을 장려했고 일본 유학생의 수가 무려 3,000여 명에 달하기도 했다. 당시 언론기관으로 『조선일보』, 『동아일보』, 『시대일보』 등이 한글 신문을 발간했지만 검열제를 실시해 기사를 삭제하거나 압수·폐간하는 등 횡포가 심했다.

이런 역사적 사실들은 휘문고보 시절을 보내며 하나하나 알게 된 사실이었으나, 당시의 나는 이제 막 시골뜨기에서 벗어나 새로운 시대로 넘어가는 경계에 서 있는 어린 소년에 불과했다.

나는 이런 시기에 당대 5대 사학 가운데 하나로, 우리나라 사람이 세운 민족학교였던 휘문고보에 입학한 것이다.

훗날, 을유문화사 시절 교과서 문제로 인연을 쌓게 된 영문학자 박술음(朴術音) 선생과 철학자 이재훈(李載壎) 선생, 역사와 지리 과목을 맡았던 사학자 김도태(金道泰) 선생, 시조 시인이자 국문학자인 가람 이병기(李秉岐) 선생, 영어 담당 이일(李一) 선생, 역도의 창시자 서상천(徐相天) 선생 등이 당시 휘문고보 스승들이었다. 오늘날 어느 명문대학 교수진 못지않은 훌륭한 교사진이었다.

학생들에게 어느 시대 어떤 선생님인들 존경받고 위대하지 않을까만, 그 시절 선생님들은 뭔가 남다른 데가 있었다. 당시 선생님들은 식민지라는 나락으로 떨어진 우리나라의 '마지막 등불' 같은 존재였으며 민족의식이 투철했던 지식인들이었다.

그리고 학생들도 나이에 비해 성숙했다.

"너희들이 장차 이 나라와 겨레를 구해야 한다."

선생님들은 틈날 때마다 우리에게 이렇게 은밀히 당부하곤 했다.

휘문고보는 국어학의 선구자인 주시경(周時經) 선생의 문하생을 중심으로 조직된 '조선어연구회'를 잉태한 명문고였다. 국어 연구와 교육 및 생활화의 기점이 되는 학교이기도 했다.

조선어연구회는 오늘날 '한글학회'의 전신으로, 훗날 내가 몸담게 된 을유문화사에서 조선어연구회의 〈큰사전〉을 출간하게 된 것도 아마 이때부터 시작된 인연이 아닌가 싶다.

휘문고보 시절의 학교 성적은 비교적 우수했다.

한학(漢學)과는 다른 신학문을 배우는 공부는 재미있었다.

그리고 그때부터 조금씩 나라 잃은 백성의 설움과 민족의 소중함에 대한 자각이 싹트기 시작했던 것 같다.

학창시절, 나는 신의(信義)를 가장 중요하게 여겼다. 선생님들로부터 책임감이 투철하다는 좋은 평가를 받았는데, 이는 아마 엄격한 가풍(家風)과 종손으로서의 사명감 등에서 비롯된 습성이었을 것이다. 그래서였는지 모르나 휘문고보 1학년 2학기 때부터 반장을 맡았고, 이후 졸업할 때까지 계속 반장을 맡았다.

3. 눈 떠보니 결혼했더라

열아홉 신랑

휘문고보에 합격하고 하숙집에서 1학년 입학을 준비하며 장밋빛 꿈에 한창 부풀어 있을 때였다. 어느 날 갑자기 아무런 연락도 없이 아버지가 하숙집으로 찾아오셨다. 1930년 3월 말경이었다.

"할머니가 좀 위독하신데 잠시 집에 좀 다녀가야겠다."

나는 깜짝 놀랐다. 지난해까지만 해도 할머니는 무척 정정하셨기 때문이었다. 때마침 학기 시작을 앞둔 봄방학 기간이었기에 아버지와 함께 목천 고향집으로 내려갔다.

그런데 서둘러 도착한 고향집은 마당에 차일이 쳐 있고 음식 장만 등으로 어수선하여 그만 깜짝 놀랐다. 그 사이 할머니께서 돌아가신 것으로 오해했던 것이다. 그런데 분위기가 이상했다. 상갓집 분위기가 아니라 온통 잔칫집 분위기였다.

"아버지, 이게 어찌 된 일입니까?"

나는 어리둥절했다. 그제서야 아버지는 미소를 지었다.

"사실 내일이 네 혼삿날이다."

황당했다. 더군다나 급히 찾아뵌 할머니도 미소를 머금고 계셨다. 알고 보니 집안끼리 혼인날을 미리 정해 놓고 나를 불러 내린 것인데, 미리 혼인 이야기를 꺼내면 내가 반대할 것이 너무도 뻔해 그런 식으로 일을 꾸몄다는 것이었다.

나는 맥이 탁 풀리며 이렇게 엉뚱할 수가 있나 싶었다.

아직 신부 될 사람이 누군지도 모르는 상태였다. 그러나 이미 엎질러진 물이었다. 혼인을 거부할 분위기도 아니었고, 당시엔 그런 식으로 혼인하는 경우가 흔했기에 나는 묵묵히 어른들의 뜻을 따를 수밖에 없었다.

영국의 문호 바이런은 '잠에서 깨어나 보니 하루아침에 유명해졌더라!'고 했지만, 나는 어느 날 눈을 떠보니 장가를 가고 만 셈이었다.

"사돈댁이 천안 군수집이다. 그러니 매사 조심히 처신하거라!"

그때서야 비로소 나는 아내 될 사람에 대해 어른들로부터 들을 수 있었다. 풍양 조씨(豐壤 趙氏) 집안으로, 처가 역시 완고한 유교 집안이라고 했다.

처가댁 어른들 역시 나의 경우와 마찬가지로 딸이 신식교육을 받는 걸 원하지 않으셨는데, 그러나 아내(趙辛淑)는 내가 다녔던 바로 그 목천학교 교장을 직접 찾아가 학교에 다니고 싶다고 부탁했다고 한다. 그리고 목천학교 4학년으로 입학을 해서 2년 만에 졸업을 한 상태였다.

아내는 나보다 나이가 한 살 더 많았다. 여성의 처지에서 보면 당시로선 혼기에 다다른 나이였다.

혼인은 전통혼례였다. 처갓집으로 찾아가 사모관대를 갖춰 입고 맞절을 하며 장가를 들었다. 그때까지만 해도 신부 얼굴도 못 본 상태였다. 첫날밤 희미한 등잔불 밑에서 처음 아내의 얼굴을 볼 수 있었다. 자그마한 체구에 말수가 적고 수더분한 인상이었다. 그렇게 번갯불에 콩 구워 먹듯 나는 혼인을 치렀다.

내가 어른들의 혼인 결정을 순순히 받아들인 건 당시 관례에 따른 집안 어른들의 결단이었고 종손으로서의 책임감도 작용했다. 어른들의 그런 바람까지 내 마음대로 저버릴 수는 없었다. 특히 아직 결혼하지 않겠다는 둥, 반대라도 하고 나서면 모처럼 시작하게 된 학업을 그르칠까 염려되기도 했다. 그러나 한편으로는 학생인 처지에 결혼을 했으니 장차 아내를 어떻게 건사하나 하는 걱정에 마음이 무거웠던 것도 사실이다.

첫날밤을 보낸 후, 아내와 함께 본가로 돌아온 나는 곧바로 혼자 서울로 올라왔다. 새 학기가 시작되고 있었기 때문이었다. 학생 처지에 아내와 함께 서울로 올라올 그런 형편이 전혀 아니었다. 어른들도 시댁의 법도를 익혀야 한다며 아내를 고향집에 혼자 머물도록 했다.

종손의 무게

휘문고보 1학년 생활이 시작되었다. 학생이었지만 졸지에 아내를 둔 가장으로 변했고 그렇기에 장차 책임져야 할 일이 남들보다 많았다. 당연히 다른 학생들보다 열심히 공부해야 했다.

휘문고보 1학년 1학기를 마치고 여름방학을 맞아 고향집으로 내려갔을 때였다. 불과 몇 개월 만에 새로운 상황이 나를 기다리고 있었다. 어른들은 서둘러 나를 붙들고 청천벽력 같은 이야기를 꺼냈다.

"네 집사람이 다 죽게 생겼다. 당장 학교를 그만두고 내려와라!"

사연인즉, 아내가 그동안 병이 들었다는 것이었다.

아내를 만나 보니 말수가 적어지고 불과 몇 달 만에 몸이 무척 허약해져 있었다. 특별한 병이 생긴 것도 아니었으며, 어디가 아프냐고 물어도 "그렇지 않다"고 대답했다. 종손 며느리에 대한 어른들의 걱정은 이만저만이 아니었다. 나 역시 어린 나이였지만 남편으로서의 책임감에 마음이 무거웠다.

"장가를 갔으면 남편 노릇도 충실히 해야 하는 게 아니냐. 며느리가 생짜로 독수공방을 하니 어찌 마음이 편하겠냐!"

어른들은 내가 아내 곁에 없어 며느리가 생병을 앓고 있는 것으로 이해하고 있었다. 아버지는 즉각 학교를 그만두고 내려오라고 하셨지만, 나로서는 받아들이기 힘든 요구였다.

어렵게 시작하여 막 흥미를 붙이고 있던 공부를 절대로 포기할 수 없었다. 아무리 한 여성의 지아비이자 가문의 화평에 책임을 져야 할 종손이었지만, 학업 문제만큼은 확고한 입장을 분명히 말씀드려야 했다.

"아버지, 학문을 익히는 데는 다 때가 있다고 하지 않습니까? 그렇지 않아도 다른 친구들보다 늦은 나이에 공부를 하고 있는데, 이제 막 시작한 공부를 그만 두면 언제 다시 공부를 할 수 있겠습니까. 틀림없이 나중에 땅을 치고 후회하게 될 것입니다. 아버지는 일본놈들의 그깟 교육을 받을 필요가 없다고 하시지만, 휘문고보는 그런 학교가 아닙니다. 우리나라 사람이 세운 우리 민족학교입니다. 그리고 일본을 알고 그들을 넘어서야 일본을 이겨낼 방법도 알 수 있을 것 아닙니까? 시대가 변하고 있는데 제가 여기 시골에 머물면서 도대체 뭘 할 수 있겠습니까. 저는 학교를 그만둘 수 없습니다."

나는 내 뜻을 집안 어른들에게 분명하게 밝혔다.

어른들 역시 내가 쉽게 학업을 포기하지 않으리라는 것을 이미 짐작하고 있었을 것이다.

"네 생각이 정 그렇다면 색시를 데리고 함께 서울로 올라가거라!"

나는 그것만은 차마 거절하지 못했다. 이제 아내의 건강에 대한 책임은 내가 마땅히 맡아야 할 문제였기 때문이었다. 고향집에서 여름방학을 보낸 나는 아내와 함께 서울로 올라왔다.

아내와 나는 단칸 하숙방에서 신접살림을 시작했다. 아내가 이런저런 수발을 들어주었기 때문에 학교생활은 한결 편하게 할 수 있었고, 어느 날 틈을 내 개인병원으로 아내를 데리고 갔다. 의사가 이리저리 진찰한 후 야릇한 진단을 내렸다.

"아마 신경쇠약으로 보이는데, 이 병은 부인이 하고 싶은 일을 하도록 해야 나을 수 있는 병입니다. 그러니 부인께서 하고 싶은 일을 하도록 도와주세요."

나는 이게 무슨 엉뚱한 소린가 싶었지만, 지금 생각해 보면 무척 정확한 진단이고 현명한 처방이었다. 아내는 결혼한 후, 시댁에서 층층시하에 시집살이를 해야 했기에 요즘 말로 하면 스트레스요, 당시로선 신경쇠약에 걸려 있었던 것이다.

집으로 돌아온 나는 아내에게 이렇게 물었다.

"의사 말이 맞는 거요?"

아내는 작은 목소리로 대답했다.

"네!"

"그럼 뭘 하고 싶은 게요?"

"저, 공부를 더 했으면 해요……."

아내의 소원은 다름 아닌 학교에 가는 것이었다. 아내 역시 보통학교만 마친 상태 아니었던가. '과부 사정 홀아비가 안다'고, 나 역시 지난날 그런 경험이 있었던 터라, 즉시 그렇게 하겠다고 대답했다.

근화학교에 입학한 아내

나는 그때부터 아내가 다닐 만한 학교를 물색했다. 마침 근화(槿花)학교라는 곳이 있었다. 근화학교는 차미리사 선생이 설립한 학교로 지금의 덕성여자대학의 전신이다. 당시에는 일찍 시집을 가서 학교에 못 다니게 된 여성들이 많이 다니던 곳이었다.

아내는 근화학교에 입학했고, 학교를 다니기 시작하면서 점점 건강이 좋아졌다. 지난날 대법원장을 지낸 민복기 씨 누이와 집사람이 같은 반이었다.

한 가지 다행스러운 일이 있다면 그 무렵 장인어른이 천안군수를 그만두고 서울로 올라와 종로 5가의 양사골에서 살고 계셨다. 그랬기에 나만 하숙집에서 생활하고 아내는 처가에서 지낼 수 있게 되었다. 여러 모로 아내에 대한 미안함을 덜 수 있었다. 나는 그렇게 한동안 하숙집과 처갓집을 오가며 학교에 다녔다.

당시 근화학교는 2년제였고 휘문고보는 5년제였다. 2년 후 아내는 근화학교를 졸업하자마자 경성여자의학전문학교에 입학했다. 아내는 다시 경성여의전(京城女醫專)에 다니기 시작했고, 나는 휘문고보 3학년생인 처지였다.

그러나 아내의 공부는 그리 오래가지 못했다. 1934년 장남 낙영(洛泳)이 태어났고, 아내는 임신과 출산으로 그 무렵 학교를 도중에 그만두게 되었던 것이다. 어쩔 수 없는 일이었지만, 돌이켜보면 무척 미안한 일이었다.

아무튼 당시 학생인 처지에서 나의 가장 큰 고민은 새롭게 이룬 가족과 집안의 미래를 어떻게 잘 이끌어가야 할 것인가에 있었다. 그러려면 마땅히 최고의 대학에 입학해 최고의 인재로 성장해야 했다.

1930년대 초반, 우리 민족에 대한 일제당국의 탄압은 나날이 강화되어 갔고 수탈도 갈수록 심해지기 시작했다. 1931년 만주사변을 일으킨 일본제국은 대륙을 향한 침략 야욕을 본격적으로 드러내면서 승승장구하였다. 그럴수록 나는 오로지 학생으로서의 본분만을 다하려고 노력했다.

세상사의 흐름과 우리 민족의 운명을 자각하기엔 아직 어렸고 내 어깨에 짊어진 삶의 무게 역시 버거웠다. 휘문고보 4학년 때부터 나는 대학 진학을 준비하기 시작했다. 1923년 개교한 경성제국대학 예과(豫科)가 목표였다. 당시 경향 각지의 고보생들이면 누구나 품었던 꿈이었다.

나 역시 경성제대에 입학하는 것이 내게 주어진 당면과제라고 여겼고, 가문의 종손으로서 내가 할 수 있는 역할을 잘 해낼 것 같았다. 그런데 세상사가 모두 뜻대로 되는 것은 아니었다. 전혀 뜻밖의 일이 그 무렵, 힘차게 앞만 보며 걸어가던 내 발목을 덜컥 붙잡았던 것이다.

4. 생사(生死)의 갈림길

병마(病魔)를 만나다

사람에게 병(病)이 없다면 얼마나 교만해질 것인가?

병이란 오만하고 교만해질 수 있는 사람을 겸손해지도록 만드는 힘이라고 생각한다. 특히 젊은 날 힘든 투병생활을 경험해 본 사람은, 그렇지 않은 사람보다 삶을 대하는 태도가 진중하다는 것을 살아오면서 자주 느끼곤 했다.

그렇기에 '젊어 고생은 돈 주고라도 산다'는 말이 있는 모양이다.

휘문고보 상급반 시절은 반장으로 우등생으로 승승장구했다.

비록 몰락해 가는 잔반(殘班) 집안이었지만, 뿌리 깊은 터전을 갖고 있던 가문이었던 덕분에, 나는 학비나 생활비 걱정 없이 공부에 전념할 수 있었다. 그런데 그 무렵 전혀 예기치 못한 일이 일어났다.

1932년, 휘문고보 4학년 2학기 때였다.

경성제국대학을 목표로 밤낮없이 공부하며 지내고 있는데, 어느 날 코에 이상이 생겼다. 나는 체격이 큰 태음인(太陰人) 체질이라 평소 코와 기관지가 썩 좋지 않은 편이었다. 어느 날 갑자기 머리가 아파 견딜 수 없을 정도로 통증이 밀려왔다. 즉시 병원을 찾아가 진찰을 받았고, 진찰 결과 '비후성 비염'이란 진단이 나왔다.

일종의 만성축농증으로 코와 입에서 악취가 나며, 심할 경우 두통과 건망증이 심해진다고 했다. 의사는 수술을 받으면 완치가 된다고 했다. 몇 군데 병원을 더 가봤지만 다들 수술이 최선이라고 했다.

그때만 해도 신체발부(身體髮膚)를 온전히 하는 것이 '효(孝)의 기본'이라고 배웠던 터라 나는 가능하다면 수술을 받지 않고 나을 수 있는 방법을 찾았던 것이다.

나는 다시 비후성 비염을 잘 본다는 세브란스 병원의 이비인후과 과장을 찾아갔다. 그 역시 대수롭지 않게 말했다.

"정 군, 수술하면 완치할 수 있겠네."

어쩔 수 없이 수술을 받아들여야만 했다. 하지만 학기 중에 수술을 받을 수는 없었다.

"선생님, 얼마 후면 겨울방학이 시작되니, 그때 수술을 받겠습니다."

"그렇게 하게나."

나는 겨울방학이 시작되는 12월 23일만 손꼽아 기다렸다. 두통과 코의 통증으로 무척 고통스러운 시간을 보냈던 나는 방학을 하자마자 병원으로 향했다.

그런데 그분은 병원이 아닌, 자신의 개인진료실로 오라고 하는 것이었다.

당시엔 의료진이 부족했고 월급이 적었기에, 부수입을 올리기 위해 병원 근무를 마치고 난 후 개인적으로 환자를 진료하는 일이 허다했다. 그의 부친은 한의사였는데 한의원 한쪽에 작은 진료실을 만들어놓고 환자를 보고 있었다. 지금의 인사동 가구점 아래에 있던 작은 한옥이었다.

나는 약속한 날짜에 한의원으로 찾아갔다. 그분의 명성만 믿고 병실로 들어갔지만 제대로 치료를 할 수 있을까 싶을 정도로 진료 시설이 형편없었다. 왠지 불안감을 떨치기 어려웠다. 그래도 유명한 의사니까 괜찮겠지 싶었다.

그는 마취도 전혀 안 한 상태로 반달형의 기구를 나의 목에 씌운 후 무슨 기구를 이용해 코를 벌리는가 싶더니 뭔가를 집어넣어 콧속 환부를 단숨에 잘라버렸다. 순간 눈앞이 번쩍했다. 엄청난 통증과 함께 비명이 터져 나왔고, 피가 분수처럼 솟아 입으로 뿜어져 나왔다.

수술도구를 담는 반달 모양의 그릇으로 두 그릇 넘치도록 피를 받아

냈지만 출혈은 그칠 줄 몰랐다. 의사도 당황하는 기색이 역력했고 나 역시 놀라지 않을 수 없었다.

격심한 통증 속에서도 나는 '아차!' 싶었다. 진찰실 뒤에 작은 방이 하나 있었는데, 의사는 그 방 보료 위에 나를 눕혀놓고 솜뭉치를 묶은 막대를 콧속에 집어넣고 온갖 지혈 방법을 쓰기 시작했다.

어느 순간부터는 얼굴 전체에 감각이 없어지고 아무런 통증도 느껴지지 않았다. 정신이 혼미해지기 시작한 것이다. 열이 40도나 오르내리기 시작했고 마침내 인사불성이 되었다.

보호자로 따라왔던 아내와 동생은 당황해 어쩔 줄 몰라 했지만, 뾰족한 해결책이 없었다. 시간이 흐르자 다행히 출혈은 멈췄지만 나는 정신을 차릴 수 없었다. 누워 있는 내 귀에 주변 사람들의 두런거리는 이야기가 간간이 들려왔다.

"잘못돼도 크게 잘못된 것 같다. 회복하기 어려울 것 같다."

"설혹 낫는다 해도, 저렇게 피를 많이 흘렸으니 정상적으로 살아가는 일은 불가능해 보인다."

다들 침통한 이야기뿐이었다.

결국 나는 한의원 근처에 있던 고영순 내과에 입원하여 수술 후유증을 치료하기 시작했다. 그러나 시일이 흘러도 상태가 전혀 나아지지 않았다. 그해 겨울이 다 가도록 온갖 치료를 받고 약도 써보았지만 아무런 차도가 없었다. 소식을 들은 고향집은 온통 초상집 분위기가 되었다.

방학이 끝났지만 몸의 상태는 여전했다. 그러나 졸업반인 5학년에 진급해야 했기에 몸이 엉망인 채로 퇴원해야 했다. 수술 후유증과 격심한 두통 때문에 귀가 거의 들리지 않았다.

  수업시간에 선생님의 강의 내용을 들을 수 없다는 점은 치명적이었다. 나는 약한 청력 때문에 평생 고생을 했는데, 아마 이때의 수술 후유증 때문이었을 게다.

낙향(落鄕)

휘문고보 5학년에 진급은 했지만 공부는 고사하고 거동조차 힘들었다. 갈수록 체중이 줄어들었고 피골이 상접해 갔다. 밤새워 공부를 해도 시원찮을 판에 학교에 힘들게 갔다 오면 병석에 누워 있어야 하는 처지에 한숨이 절로 나왔다.

  문득 이럴 바에야 하숙집보다는 부모님이 계신 고향집에서 요양하는 게 낫겠다는 생각이 들었다. 담임선생님과 상의하여 병으로 인한 결석계를 제출하고 고향으로 내려갔다. 아예 휴학을 하고 요양을 할까 싶기도 했지만, 휴학을 하는 것은 망설여졌다. 한 가닥 끈을 남겨두어야 다시 학교로 돌아올 수 있을 것 같았다.

  인력거를 타고 서울역으로 가서 경부선 열차를 타고 고향으로 향했다. 그러나 고향에서의 약물치료와 요양생활에도 불구하고 별다른 차도가 없었다. 그렇게 휘문고보 5학년 여름이 지나가고 있었다. 여름방학이 끝나자 학교 측에서 연락이 왔다.

  '이제 졸업반이니까 학기말 시험은 꼭 쳐야 한다. 시험지에 이름이라

도 써야 졸업할 수 있다.'

 이런 내용이었다. 대학을 가려면 일단 어떻게든 졸업은 해야 했다. 겨우 몸과 마음을 추슬러 상경하기로 했다.

 "그런 몸으로 무슨 공부를 한다고 상경을 하느냐? 학교야 몸이 낫거든 다시 다니면 될 일이 아니냐!"

 집안 어른들은 극구 만류했지만 나는 힘겹게 서울로 올라왔다. 그러나 공부는커녕 정신조차 제대로 가누기 힘든 상태였다. 하숙집에 머물면서 시험 때만 등교해 겨우 시험을 치르곤 했다. 공부도 제대로 하지 못한 상태에서 시험을 본 터라 답안지 작성은 엉망이었다.

 나에게 닥쳐온 처지에 기가 막혔다. 마치 선두로 잘 달리다가 골인 지점을 눈앞에 두고 넘어져 다리를 다친 마라톤 선수가 다른 선수들이 골인하는 광경을 멍하니 지켜보고 있는 그런 심정이었다.

 다행히도 평소 성적이 참작되어 휘문고보는 졸업할 수 있었다. 그러나 졸업이 문제가 아니었다. 경성제대 입학시험이 코앞으로 다가온 것이었다. 더욱이 현재 상태로는 도저히 합격을 기대하기 어려운 상황이었다. 건강도 건강이었지만, 미래에 대한 걱정에 몸과 마음이 함께 고통스러운 날들이었다.

 밤이면 불면증으로 잠을 못 이루면서도 나는 대학진학의 꿈을 버릴 수가 없었다. 돌이켜보면, 이 시기가 나의 삶에서 가장 힘든 시절이 아니었나 싶다.

 1934년 3월, 한창 청년의 패기가 넘쳐나야 할 스물세 살 때였다.

중도에서 그만둔 보성전문학교

'건강한 몸에 건전한 정신이 깃드는 법'이다.

어찌 보면 내 인생의 가장 중요한 시기에 느닷없이 닥쳐온 병마가 원망스럽기도 했지만 마냥 좌절하고 한탄만 하고 있을 수는 없었다.

나는 그 와중에서도 대학진학을 준비하기 시작했다. 당초 목표였던 경성제대 예과를 떠올렸으나, 공부를 제대로 못했기에 현실적으로 실현이 불가능한 꿈이었다.

나는 보성전문학교 상과(商科)에 원서를 냈다. 고려대학교의 전신인 보성전문학교는 그땐 원서만 내면 입학이 가능했다. 보성전문학교는 법률학(法律學)과 이재학(理財學)의 2개 전문과로 설립된 2년제였다. 일단 보성전문에 학적을 두고 있다가 건강이 회복되면 다시 경성제대에 도전할 계획이었다. 대학진학을 하지 않고 있으면 고향에서 당장 내려오라고 할 것이 불을 보듯 뻔했다.

건강은 쉽게 회복되지 않았다. 그야말로 진퇴양난의 형국이었다.

아무튼 나는 보성전문학교 이재학과에 적을 두고 있었지만, 주로 하숙방에 틀어박혀 경성제국대학 입학시험 준비에 몰두했다. 건강 때문에 규칙적인 학교생활이 불가능했던 탓이다. 결국엔 이듬해 치른 경성제국대학 입학시험에 떨어지고 말았다. 온전한 정신으로 열심히 공부해도 힘든 판국에 병마와 싸워가며 경성제국대학에 입학한다는 건 당초부터 불가능한 일이었다.

경성제대 낙방이 문제가 아니었다. 이런 몸으로는 도저히 어떤 일도 할 수 없을 것 같은 두려움이 밀려왔다. 무엇보다 건강 회복이 급선무였다. 해를 넘겨 1935년, 나는 보성전문 2학년으로 올라갔지만, 극심한 체력 저하에 시달리며 이러지도 저러지도 못한 채 투병과 등교를 무기력하게 반복하고 있었다.

그 무렵 아버지가 갑자기 상경하셨다.

그동안 잘 지내고 있다는 안부 편지만 보내며 고향 방문을 삼가왔던 때문이었다. 나로서는 병약한 몸을 보여드리면 즉각 고향 땅에 발이 묶일 것이 너무도 뻔했기 때문이었는데, 그런 나의 행동에 뭔가 이상한 낌새를 채셨던 것이다.

아니나다를까, 느닷없이 하숙집으로 찾아온 아버지는 병골(病骨)에 무기력한 나의 처량한 모습을 보시고 불같이 화를 내셨다.

"도대체 이런 몸으로 무슨 공부를 한다고 이러고 있느냐! 네가 도대체 정신이 제대로 박힌 놈이냐. 매사 건강이 제일이라고 그렇게 일렀거늘, 지금 당장 고향으로 내려가자!"

그뿐만 아니었다. 책을 모두 들고나가 아궁이에 처넣고 책상까지 들어 엎으실 정도였다.

"아버님, 고정하세요. 알겠습니다. 아버님 말씀대로 몸이 다 나은 후 공부를 계속하든지 말든지 하겠습니다."

그제서야 아버지는 진정하셨다. 학업을 중단하고 가족들과 함께 귀향한다는 약속을 받아낸 후 아버지는 고향으로 내려가셨고, 나는 약속대로 자퇴서를 내고 1935년 10월, 보성전문학교 학창생활을 접고 말았다. 건강 때문에 열심히 공부하지도 못했지만 졸업을 불과 5개월 남짓 남겨

둔 상태여서, 그때 중도에서 포기한 보성전문학교 시절은 두고두고 후회스러웠다.

요양(療養)을 떠나다

학업을 중단하고 나니 더욱 앞길이 막막했다. 설혹 건강을 회복한다고 하더라도 다시 대학에 가게 될 것 같지 않았다. 고향에선 하루빨리 서울 생활을 정리하고 내려오라는 연락이 득달같이 전해져 왔고, 나는 이러지도 저러지도 못하고 망설이고 있었다. 그때 부모님 의견을 좇아 아내와 아들을 데리고 순순히 고향으로 내려갔더라면, 나의 삶은 과연 어떤 모습으로 펼쳐졌을까.

그러나 당시 뚜렷한 이유는 없었지만 왠지 낙향해서는 안 될 것 같았다. 일종의 운명적인 예감을 가졌던 듯하다. 고향으로 내려간다 해도 그 상태로는 별다른 뾰족한 수가 없었다. 건강도 건강이었지만 무엇보다 내 앞에 펼쳐질 미래가 더욱 어둡고 불안하게 다가왔다. 잠 못 드는 시련의 날들이 이어지고 있었다.

아내와도 이 문제로 이야기를 나눴지만, 아내 역시 별다른 방도가 있을 수 없었다. 무조건 나의 결정을 따르겠다는 것이 전부였다. 그러니 더욱 어깨가 무거워졌다. 물론 요즘 젊은이들처럼 취업에 대해 고민한 것은 아니었다. 사실 그 시절에는 월급 받고 일하는 직장이 그리 많지 않았으며, 대학공부를 했다 하더라도 졸업 후에는 낙향해 농사를 짓거나 가업을 잇는 경우가 대부분이었다.

음울한 회색의 상념에 빠져 망연자실한 심정으로 하숙집에서 한동안 두문불출하고 있을 때였다.

어느 날, 휘문고보 시절의 은사이자 교무주임이었던 이헌구 선생님이 하숙집으로 나를 찾아왔다. 아버지와도 친분이 두터웠던 분인데, 아마 아버지로부터 나의 투병생활에 대한 이야기와 '도대체 무슨 꿍꿍이속인지 한번 찾아가 보라!'는 부탁을 받으셨던 모양이었다.

"정 군, 그 몸으로 무슨 공부를 한다고 그렇게 고집을 피우나! 도대체 낙향하지 않으려는 이유가 뭔가? 일단 몸이 건강해야 무슨 일을 하더라도 할 것 아닌가?"

"……."

나로서는 뾰족이 대꾸할 말이 없었다.

이헌구 선생님은 이후에도 몇 차례 더 하숙방을 찾아와 일단 낙향해서 건강회복에만 전념하도록 당부하곤 했다.

그런데 그 사이 이헌구 선생님과 아버지 사이에서 따로 연락들이 오갔던 모양이었다. 어느 날 이 선생님은 무척 밝은 얼굴로 다시 나를 찾아오셨다.

"정 군, 좋은 소식이 한 가지 있네. 일단 심산유곡에 들어가 한 1~2년 정도 요양생활을 하게. 자네가 건강을 회복하는 일은 현재로선 그 길뿐인 것 같네. 강원도 간성(杆城)이란 곳에 김경배(金暻培)라는 내 친구가 있는데, 일본 메이지(明治) 대학을 졸업한 사람으로 축구 선수도 지낸 스포츠맨이라네. 지금 강원도 간성에서 무슨 금융조합 이사로 있는

데 그 친구에게 부탁했더니 자네 요양생활을 책임지기로 쾌락했네. 틀림없이 병을 완치해 줄 수 있다고 했으니까, 이곳 생활을 하루빨리 정리하고 떠날 준비를 하게. 자네 부친에게도 그리 이야기해 두었네."

나에게 낙향할 뜻이 없음을 간파한 선생님과 아버지가 새로운 방법을 찾아내신 것 같았다. 이후로 선생님은 사흘이 멀다 하고 나를 찾아와 요양을 떠나라고 채근했다. 나 역시 별다른 방도가 없었던 터라 마음이 움직이기 시작했다. 마침내 고향집에 그런 내용을 편지로 전하고 요양을 떠날 준비를 했다.

1935년 12월 23일, 날짜도 정확히 기억난다.

나는 크리스마스 분위기에 흠뻑 젖어 있는 서울을 떠나 야간 기차로 안변(安邊)에 도착, 다시 간성행 기차로 갈아탔다. 마음은 여전히 무거웠다.

'삶이 뜻대로만 풀리고 노력한 만큼 얻어진다면, 인생은 정녕 살아볼 만한 것이리라……'

그런 막막한 심정에 젖어 밤기차의 어두운 차창만 무연하게 바라보았던 기억이 지금도 새롭다.

밤새 달려 아침이 되자 흰 눈에 뒤덮인 금강산의 위용이 창밖으로 아름답게 펼쳐졌다. 그 장엄하고 빼어난 설경이 나를 압도했다. 왠지 답답하고 막혔던 가슴이 탁 트이는 듯한 기분이었다.

간성에 도착한 첫날은 일단 여관에 짐을 풀었다. 사실 난생 처음 보는 장쾌한 바다 풍경에 홀렸던 때문일까. 간성에 도착하자 심신은 너무 상쾌했고, 문득 이곳이라면 어쩌면 병이 깨끗이 나을 수도 있겠다는 그런 생각이 들었다.

하루 종일 간성의 이모저모를 구경하며 지내고, 이튿날 아침 일찍 간성 금융조합 사무실로 이 선생님이 소개한 김경배 씨를 찾아갔다. 당시 40대에 접어든 그는 나를 매우 반갑게 맞이했다.

"정 군, 어서 오게! 그러잖아도 연락받고 기다리고 있던 참이네. 정말 잘 왔네!"

그는 나를 무척 따뜻하게 반겼다. 그리고 급사를 시켜 여관에 맡겨놓은 내 짐을 찾아오게 했다. 그는 자신의 사택에 딸린 작은 방 한 칸을 나에게 내주는 등, 많은 배려를 해주었다. 심지어 목욕물까지 직접 데워줄 정도였다.

간성에서의 아름다운 나날들

간성에서의 요양생활은 그렇게 시작되었다.

아침에 눈을 뜨면 차갑고 맑은 공기가 몸 안 깊숙이 스며들었고 멀리 바라보이는 청정하고 수려한 금강산의 맑은 정기가 가슴을 정화시키는 듯했다.

김경배 씨는 오전 10시쯤 금융조합 사무실로 출근했다가 오후 4시경에 퇴근했다.

나는 그가 근무를 끝내고 돌아올 때까지 방안에서 책을 읽으며 소일하거나 바닷가를 산책하며 별다른 상념 없이 자연풍광과 내게 주어진

하루하루의 시간들을 음미하며 지냈다.

김경배 씨는 퇴근 후엔 나와 함께 이곳저곳 나들이를 다니곤 했는데, 병원이나 한의원을 찾아다닌 게 아니었다. 그저 함께 어울려 지낼 뿐이었다. 내가 요양 중인 환자 처지라는 사실을 알면서도 술을 마시러 갈 때도, 근방의 경치 좋은 곳이나 사람들을 만날 때도 꼭 나를 데리고 다녔다.

당시 동해안의 간성 일대에선 청어와 정어리 등이 많이 잡혔다. 그런 해산물을 통조림 등으로 가공하는 공장들이 많아, 일제 강점기였던 그 시절에도 경기가 꽤 좋은 편이었다. 김경배 씨가 일하던 금융조합은 지역 상인들의 자금을 관리하는 요즘의 신용금고 같은 곳이었다. 그렇기에 금융조합 이사이자 일본유학까지 다녀온 김경배 씨는 간성 지방의 유지였고, 여기저기 아는 사람들이 많았으며 어디를 가나 극진한 환영을 받았다.

그는 새벽 5시면 어김없이 나를 깨웠다.

"어이, 정 군 어서 일어나게!"

비록 요양을 한다고 하지만 고민이 전혀 없을 수는 없는 노릇이었다. 병이 과연 완쾌될 것인지, 더 늦기 전에 공부는 다시 시작할 수 있을지, 그리고 장차 어떤 일을 하며 식구들을 먹이고 살아갈지 등등, 이런저런 고민을 하느라 늦게 잠들 때가 많았는데, 김경배 씨는 개의치 않고 새벽부터 나를 깨웠다.

때는 겨울철이어서 새벽 5시면 무척 어두웠다. 추위와 어둠 때문에 선뜻 일어나기가 괴로웠지만 '로마에 가면 로마법을 따라야' 하듯이, 나는 그의 재촉에 따라야 했다. 그는 겨울철 수렵기에 맞춰 새벽이면 사냥을 다녔던 것인데, 백설이 뒤덮인 산기슭으로 사냥개를 앞세우고 엽총을 들고 나섰다.

토끼나 꿩 같은 사냥감을 쫓아 아침이 밝아올 때까지 두세 시간 남짓 그렇게 산을 오르내리다 보면 온몸이 김이 서릴 정도로 땀에 젖었다. 사냥에서 돌아온 나는 방 청소와 목욕을 하고 그와 함께 아침을 들었다.

그런 다음 김경배 씨는 출근을 했고 나는 사택 주변을 산책하거나 낮잠을 자기도 했다. 그러다 오후 4, 5시경 퇴근한 그는 다시 밤늦게까지 나와 술집 순례를 했고, 이튿날 새벽이면 어김없이 사냥을 나가자며 나를 깨웠다. 그게 그해 겨울 동안의 나의 규칙적인 일과였다.

처음엔 이런 일과가 무척 힘이 들었지만 시일이 흐를수록 점차 적응해 가기 시작했다. 육체적인 고달픔이 모든 잡념을 차츰 몰아내 주었다. 게다가 사냥에도 흥미를 붙이기 시작했다. 그런 심산유곡에서의 생활은 나도 모르게 건강을 회복시켜 주고 있었던 것이다.

간성에서의 일과는 봄으로 접어들며 더욱 흥미롭게 진행되었다.

얼음이 녹고 땅이 풀리자 김경배 씨는 사냥을 그만두고, 이번에는 고기잡이에 나섰다. 아침마다 배를 타고 바다에 나가 낚시를 두어 시간 하다가 돌아오곤 했는데, 나는 그때 처음으로 낚시 요령을 배웠고, 싱싱한 해산물을 원도 한도 없이 맛보았다. 초여름으로 접어들자 수영도 익히게 되었다. 물론 그런 자리에는 늘 술이 함께 있었고 나에게도 어김없이 술잔이 돌아왔다.

나는 평생 술을 즐겼는데, 술을 처음 배운 건 바로 이때 간성에서였다. 결과적으로 사냥을 통한 겨울 운동, 수영과 싱싱한 해산물 섭취, 그리고 적당한 술은 나의 건강 회복에 더할 나위 없는 치료법으로 작용했던 듯하다.

나는 집안의 장남으로서의 의무나 책임감, 한 여자의 남편으로서의 의무까지도 모두 까맣게 잊은 채 휴양생활을 즐기며 지냈다. 김경배 씨는 당시 보기 드문 인텔리였지만 동시에 한량(閑良)생활을 하는 셈이었는데, 그의 삶의 모습이 부러울 정도였다.

물론 그 시기에 온전히 놀고먹는 휴양만 즐긴 것은 아니었다. 내가 보성전문 이재학과(理財學科)를 중퇴한 사실을 알고 있던 김경배 씨는, 간혹 금융조합 관련 서류나 장부 정리를 내게 맡기곤 했다. 주로 부기(簿記) 장부였다.

사실 제대로 공부한 적이 없었기에 경리 장부는 내게 생경했다. 그는 나에게 대차대조표 보는 법, 복식부기 작성법 등 하나하나 장부 기입 요령을 가르쳐주곤 했는데, 내가 복잡한 회계 원리를 쉽게 이해하는 것을 보며 새삼 감탄하곤 했다.

나는 당시 아무런 대가 없이 생면부지의 나를 먹여주고 재워주는 김경배 씨를 조금이라도 돕는다는 뜻에서 장부 정리를 해주곤 했다. 하지만 이때의 회계 경험은 훗날 내가 은행원으로 일할 때 적잖은 도움을 주었으니, 세상일이란 어떻게 펼쳐질지 아무도 모르는 것이리라.

회복, 그리고 은행원으로 취직하다

간성에서의 생활이 8개월쯤 흘렀을 1936년 초여름 무렵이었다.

어느 날 문득 스스로를 돌아보니 신기할 정도로 정신도 몸도 너무 개운했다. 두통과 허약함 그리고 신경쇠약을 앓았다는 게 거짓말처럼 느껴졌다. 내가 언제 그렇게 아팠을까 싶을 정도였다.

20대 초반, 젊은 나이였기에 회복 또한 그렇게 빨랐던 것 같다. 병원에 찾아가 굳이 진찰해 보지 않아도 병이 완쾌되었다는 것을 스스로 느낄 수 있었다. 나는 이런 신체변화를 어느 날 김경배 씨에게 알려드렸다.

"그래? 벌써 그렇게 좋아졌다니 다행이네. 나에게 보내면 반드시 낫게 해주겠다는 이 선생과의 약속을 지켰구만……. 허허허! 그럼 이제 서울에 돌아가 미루었던 학업을 계속하게! 틈이 나면 가끔 놀러오기도 하고."

1936년 6월경이었다. 나는 그에게 거듭 감사 인사를 드린 후, 건강한 몸으로 서울로 돌아왔다. 그리고 즉각 고향으로 내려가 아버님을 뵙고 다시 학업을 계속할 뜻을 밝혔다. 가족들은 몰라보게 달라진 내 모습을 보며 무척 좋아했지만 나의 진로에 대한 생각은 달랐다. 병이 재발할 것을 염려한 탓인지 학업에 정진하기보다 가업에 충실하거나, 곧바로 직장에 진출해 사회생활을 하도록 권했다.

나는 이때 이미 슬하에 두 살배기 아들을 둔 아버지였다.

내 앞에는 대학진학 문제와 가장으로서의 생계를 꾸려가야 할 역할이 동시에 놓여 있었다. 집안의 종손이라는 책무에다 한 아이의 아버지이며 한 여자의 지아비로서의 책임과 의무를 다하는 일도 중요했다.

이번에는 내 고집을 꺾을 수밖에 없었다. 그리고 간성에서의 요양 중, 김경배 씨의 영향을 받았던 이유에서인지 아버지의 소개로 곧바로 금융계에 진출하게 된다.

가정(假定)이지만, 만약 건강한 몸으로 다시 학창생활에 몰두할 수 있었다면 어떻게 되었을까. 신병으로 인해 학업에 몰두하지 못했지만, 휘문고보 시절 공부 잘하는 축에 들었고 간성으로 떠나기 전까지만 해도 책을 놓지 않았으니, 다시 공부를 시작했더라면 아마 경성제국대학에 입학했을 수도 있었을 것이었다. 또한 집안 분위기가 나의 학업에 대해서는 이미 넓게 열려 있던 편이었고, 경우에 따라서는 일본 등지로 유학을 떠날 수도 있는 환경이었다.

사람에게는 '필연적인 운명'이 있다는 생각을 그때 처음으로 하게 되었다.

내가 청년 시기에 공부를 더 했더라면, 필경 관료가 되었거나 교육자가 되었을 것이다. 그러나 나의 운명은 은행원이라는 엉뚱한 방향으로 펼쳐졌다.

결과적으로 볼 때, 그럴 수밖에 없는 운명이었다고 해석할 수도 있을 것이다. 한 사람의 운명이란 밑그림을 그릴 때가 아니라 완성된 작품을 보고 평가하는 것이기 때문이다. 그러나 뭔가 나의 운명이 원치 않는 방향으로 흐르고 있다는 것을 느끼는 것처럼 곤혹스러운 경우도 없을 것이다.

젊은 날의 이런 방황과 고난의 경험 때문이었을까.

훗날 나는 5남 1녀의 자녀들을 기르면서 단 한 번도 그들의 삶과 진로에 간섭을 하려 들지 않았다. 자신의 삶의 주인이 될 아이들 스스로 그들이 원하는 것을 선택하게 했던 것이다.

5. 사람을 닦은 시간들

동일은행에 입사하다

일제 강점기 시절, 은행원이라면 무척 선망의 대상이자 든든한 직장이었다.

그 시절엔 우리 젊은이들이 진출할 만한 변변한 직장이 드물었다. 따라서 은행원이 되는 것은 장남으로서 집안에 대한 책임을 충분히 다할 수 있는 자리였다.

내가 은행에 들어갈 수 있었던 건 아버지의 두터운 교분 덕이었다.

조흥은행의 전신이었던 당시 동일은행(東一銀行) 중역들 가운데, 전무였던 성원경이라는 분이 아버지와 형제처럼 지냈던 연유로 나는 은행에 취직하게 되었던 것이다. 비록 중퇴를 했지만 보성전문 이재학과에 다녔던 것도 취직에 어느 정도 도움이 됐으리라. 당시 동일은행은 지금의 종각 근처에 있었다.

나는 행원으로 입사했다. 그때가 1936년 7월이었으니 내 나이 스물다섯 살 때의 일이었다. 비로소 직장생활을 시작한 것이었다.

동일은행은 당시 조선의 재벌로 유명했던 민씨 가문의 민영휘[1] 씨가 설립한 은행이었다. 더욱이 민영휘 씨는 동일은행 외에도 휘문학원 설립자이기도 했다. 휘문고보를 나온 나로서는 전혀 모르는 분이 아니었다.

민영휘 씨는 이렇듯 민족교육에 이바지한 면도 적지 않았지만, 일제 치하에서 일본당국에 협조했다는 점 때문에 훗날 '친일파'라는 오명을 얻기도 했던, 어찌 보면 '시대의 풍운아'였다.

세월이 흘러 우리가 해방을 맞았을 때, 우리 사회에 광풍처럼 휘몰아쳤던 '친일파'라는 용어에 대해 한번 짚고 넘어가야 할 듯하다.

당시의 친일파라는 용어는 마치 6·25전쟁 이후의 '빨갱이'라는 표현처럼 단일민족이던 우리 겨레를 분열과 대립으로 몰아간 낙인(烙印)에 다름 아니었다.

따라서 친일파란 오명을 뒤집어쓰지 않으려면 온갖 수모를 묵묵히 견디며 오로지 시골에서 농사나 짓고, 고기나 잡으면서 지내야 했다. 그런데, 의미 없는 역사적 가정에 불과하지만 우리 겨레가 모두 그런 식으로 살았다면 우리 민족의 역사는 과연 어찌 됐을까.

친일 매국행위를 찬양하자는 것이 아니라, 당시의 상황에 대한 불가피한 점을 어느 정도 수긍하고, 해방 후 분열과 대립보다는 화합과 관용의 정신을 먼저 펼쳤어야 했다고 생각하는 것이다.

민영휘 씨 일가는 해방 후 친일파 집안으로 매도된다. 나로서는 가슴 아픈 일이 아닐 수 없었다. 민영휘 씨가 잘못 처신한 부분도 없진 않았겠지만, 그의 자손들 가운데 어려운 사람을 힘써 돕는 데 일생을 바친 사람도 적지 않았다. 더욱이 그는 휘문학교 외에도 여러 개의 학교를 세웠으며 결과적으로 나를 포함한 숱하게 많은 조선인 청년들을 깨우치게 했고, 그들이 해방 이후 우리 사회 도처에서 나름의 역할을 하도록 만든 점을 간과해서는 안 된다는 것이다.

내가 민영휘 씨가 설립한 은행에서 직장생활을 했다는 것을 변명하려는 것이 아니다. 세상사 모든 일을 어느 한쪽으로 치우지지 않고 중용지도(中庸之道)의 시각에서 바라보는 여유를 가져야 한다고 생각하기 때문이다.

동일은행의 경우도 마찬가지다.

물론 당시엔 이렇다 할 민족자본이란 것도 미미했지만 결국 훗날 조흥은행으로 발전한 동일은행이 민족자본의 맹아(萌芽)였다는 점에서 이에 대한 평가를 정확히 내려야 한다는 것이다.

일제 치하에서 고위관료를 지냈거나, 호의호식했다거나, 심지어 일본군 장교 이상을 지냈다고 해서 모조리 '친일파'로 몰아붙이는 식의 획일적인 잣대를 들이대며, 해방 이후 60여 년이 훌쩍 지난 지금까지도 설왕설래하고 있음에 통탄을 금할 길이 없다. 더욱이 우리는 이후 1950년 6·25전쟁 때도, 이번에는 좌우익으로 나뉘어 피의 살육을 벌였다.

우리가 일본으로부터 결국 해방을 맞이하리라는 사실을 예견했더라면 친일파가 생겼을 리도 없고, 공산주의가 패퇴하고 민주주의 대한민국이 탄생하리라는 것을 알았다면 6·25 당시 부역(附逆) 혐의로 그토록 처참한 보복 살육이 자행되었을 까닭도 없을 것이다.

이 모든 것이 무명(無明)과 무지(無知)의 소치요, 관용과 용서보다 대립과 보복을 먼저 내세운, 천박하고 무지몽매한 우리 겨레의 뼈아픈 역사적 과오가 아닐 수 없다.

즉, 잃은 것은 우리 민족 특유의 인화와 담박(淡泊)한 선비정신이요, 남은 것은 분열과 상잔(相殘)의 상처뿐이었다.

아무튼 나는 동일은행에 취직해 첫 직장생활을 시작했다.

당시 동일은행은 한국 사람들이 주로 근무했던 은행이었고, 몇몇 간부들만 일본인들이었다. 민영휘 씨 아들인 민대식 씨가 두취(頭取)로 있었는데, 두취는 요즘 말로 은행장이다.

내가 들어갔던 동일은행 종로 지점에는 당시 민영휘 씨의 손자 민병도가 대리로 있었다. 그는 나보다 네 살 아래로 당시 일본 게이오(慶應)대학을 졸업하고 은행에서 근무하고 있었다. 첫인상은 조용한 성격에 매사 치밀한 수재(秀才)형이었는데, 아호 역시 수재(守齋)라고 해서 웃음이 나왔다.

경영 학습

종손이라는 책임감 때문이었을까. 나는 어려서부터 언젠가는 집안 가족들을 모두 돌봐야 한다는 책임감을 갖고 살아왔던 듯하다. 매사 적극적인 성격이 아마 그런 성장 환경에서 비롯된 습성 때문이었을 것이다.

목천보통학교와 휘문고보를 다닐 때도 그랬고, 동일은행에서 직장생활을 시작하면서도 은행 일을 마치 내 일처럼 받아들여 진취적으로 일하고자 했다. 또 학업을 중도에서 그만둔 탓인지 늘 나보다 월등한 벗이나 공부를 많이 한 사람들과 잘 지내려고 했으며 뭔가 새로운 것을 하나라도 더 배우려 노력했다.

이런 나의 성격으로 인해 민병도 대리와는 금방 허물없는 사이로 발전해 호형호제하는 사이가 됐다.

당시 나는 술을 즐겨 마시고 무척 사교적이었다. 은행에 필요한 새로운 거래처를 개척하는 데도 별다른 어려움이 없었다.

이 시기에 나는 참으로 많은 사람들을 만났고 그들과 깊은 교분을 나누었다. 그리고 이들은 훗날 출판사를 운영하게 되었을 때, 음으로 양으로 커다란 도움을 주게 된다.

결과적으로 해방을 맞아 동일은행을 그만둘 때까지 7, 8년 동안, 나는 '사람을 닦으며 출판의 기초를 구축한 시기'였다고 해도 과언이 아닐 정도로 각계각층의 많은 분들에게 나에 대한 좋은 인상을 심어주었다.

이런 나의 활발한 활동이 인정받았음인지, 이듬해 나는 조사계 주임으로 승진하게 되었다.

새로이 맡게 된 업무 범위도 점차 넓어졌다. 이 무렵 동일은행 본점이 종각에서 광교로 옮겨가는 바람에 종각 자리에 있던 은행은 한성은행과 합병하여 종로 지점이 되었다. 그때 종로 지점장에는 김교철 씨라는 분이 새로 부임해 왔다. 그러나 그분은 은행 업무를 잘 모르는 분이었다. 무슨 이유 때문인지 모르지만 은행 일에는 별다른 관심이 없었다.

아침에 출근해서 신문이나 들여다보고 앉았다가 오후 2시쯤 되면 수

건 가지고 나가 청계천 변에서 바람이나 쐬다가 퇴근하곤 했다. 은행 일의 본업인 대외 예금유치 활동을 전혀 하지 않았던 것이다.

이때부터 은행의 대외 활동을 '지점장 대리' 자격으로 내가 모두 맡게 되었다. 나는 개인 예금보다는 주로 기관 예금을 끌어오는 일을 담당했는데, 국영기업체는 물론 각종 일본기관이나 기업들의 예금도 유치했다. 거래처의 주요 담당자들을 모두 내가 만나고 다녔다.

당시엔 여기저기서 대접을 받고 은행 일에 기여한다는 생각에 나름의 보람을 느꼈지만, 이제 와서 생각해 보니 일본 기업들이나 총독부 기관을 상대해야 하는 껄끄럽고 불편한 일은 모두 나에게 떠민 셈이었다. 어찌 보면 세상물정 모르고 순진했던 것 같기도 하다.

나와 함께 당시 동일은행에 근무했던 사람들 가운데는 인촌(仁村) 김성수[2] 선생의 장남이자 후일 동아일보사 회장을 지낸 일민(一民) 김상만[3] 씨 등이 있었다.

은행원으로서 내게 주어진 일에 열중하던 무렵인 1937년 일본은 마침내 중일전쟁을 일으켰고, 온 세상이 급박하게 돌아가기 시작했다. 이어 1939년 독일과 이탈리아가 동맹을 맺었고, 유럽에서는 마침내 제2차 세계대전이 벌어졌다.

일본 역시 호전적인 독일, 이탈리아와 군사동맹을 맺은 후 아시아 대륙에 대한 침략 야욕에 열을 올리고 있었다. 이어 1941년 12월 8일, 일본은 선전포고도 없이 미국 해군기지가 있는 하와이 진주만을 기습 공격하여 태평양전쟁을 일으켰다.

전쟁은 세계적으로 확대되어 갔으며 전쟁에 대한 공포로 인심이 흉흉해지기 시작했다. 물자는 갈수록 궁핍해 갔고, 우리 민족에 대한 조선총독부의 각종 탄압정책은 자심해 갔다.

이런 나라 밖 소식을 접할 때마다 문득문득 우리 겨레의 장래가 걱정되는 바 없진 않았지만, 식민지 조국에서 태어나 자랐고 일개 은행원인 처지의 나로서는 주어진 현실에 최선을 다할 수밖에 없다고 여겼다.

나라를 잃은 지 어언 30년이 지난 당시로선 일본의 탄압에 대항해 내가 할 수 있는 일은 사실 아무것도 없었다. 문득문득 겨레의 암울한 운명과 스스로의 무능력함에 서글플 뿐이었다.

전환기(轉換期)를 맞다

'달도 차면 기우는 법'이라고 했다.

중국을 넘어 동남아시아까지 파죽지세로 진격하던 일본은 태평양전쟁이 장기화함에 따라 새로운 국면을 맞게 된다. 미국과의 전쟁으로 갈수록 전황이 불리해지기 시작했던 것이다.

이 무렵 일본은 동시에 우리 민족 말살정책의 실현을 위해, 그동안 허용해 왔던 우리말과 우리 역사 교육을 전면적으로 금지시켰고, 민족지인 『동아일보』와 『조선일보』 등을 폐간시켰으며, 신사참배와 궁성요배 그리고 창씨개명 등을 강제로 실시했다. 또 인적·물적 자원을 보충하기 위해 지원병, 징병, 징용, 학병, 근로보국대, 여자정신대 등의 강제적 징발과 쌀, 유기(鍮器) 등을 공출이라는 명목으로 강제 징발하기도 했다.

민심은 갈수록 흉흉해지기 시작했고, 머지않아 일본이 패망할 것이라는 이야기가 은밀하게 나돌기도 했다. 강제징용에 차출되지 않기 위해, 집안 동생들을 간수하는 전전긍긍의 날들이 이어졌다.

이 무렵이던 1943년, 동일은행과 한성(漢城)은행[4]이 합병을 하게 되었다. 두 은행의 합병으로 본점이 지점으로 되는 과정에서 이완용의 조카인 한상용(韓相龍)의 생질인 이동구(李東九) 씨가 종로 지점장이 되어 개성에서 부임해 왔다.

그러나 이 지점장은 개성에서 7년이나 근무했던 탓에 서울 지리도 잘 모르고 아는 사람도 별로 없었다. 그는 내게 지점장 대리 업무를 맡겼다. 이미 동일은행 본점에서 확보해 놓은 예금을 고수하고 거래선 확장을 맡도록 위임되었던 것이다. 주요 거래선 확보와 총독부 고관 접촉은 거의 내가 도맡아 해야 할 일과(日課)였다.

유럽에서는 독일이, 아시아에서는 일본이 서서히 패색이 짙어가던 무렵이었다.

나는 은행업무로 다양한 사람들을 만날 수 있었고, 특히 일본 고관들과 자주 접촉하면서 그러한 국제정세의 흐름을 일찍 알아챌 수 있었다. 그 무렵부터 머잖아 일본이 패망하게 될 것이라는 점과 어쩌면 우리 민족이 해방을 맞이하게 될지도 모르리라는 막연한 희망을 품을 수 있었다.

간혹 만주와 중국에서 온 독립운동 소식을 접하거나, 고문을 당하거나 처형을 당한 독립투사들의 이야기를 전해들을 때마다 분노와 자괴감에 몸을 떨었지만, 불민한 탓인지 내가 몸담은 현실 속에서 어찌할 바를 알 수 없었다.

국권을 빼앗긴 지 한 세대인 30년의 세월이 흐르고 있을 때였다. 그 시대를 살았던 많은 사람들이 그런 실의에 빠져 무기력하게 지냈던 것이다.

시대적으로 암울했던 나의 청년기가 지나가고 있었다. 내 나이 30대 초반을 넘어설 무렵이었다. 그 사이에 나는 슬하에 다섯 자녀를 둔 가장이 되어 있었다. 1937년 차남 운영(芸泳)이 태어났고, 1939년 딸 지영(芝泳), 1942년 3남 필영(苾泳), 1944년 4남 무영(茂泳)이 뒤를 이었다.

제2장

큰 뜻을 세우다

"출판은 세계와 인류의 진실을 담은 책을 만드는 업종인만큼
출판인은 무엇보다 먼저 진실해야 한다.
양서(良書)는 양식(良識)으로 만든다."

『일간스포츠』, 1983. 7. 16

1. 반일(反日) 불순분자

뜻밖의 체포

내가 묵묵히 동일은행 종로 지점의 지점장 대리 노릇을 한 것은 회계나 자금관리 요령, 은행 업무를 익힐 수 있는 좋은 기회였기 때문이다. 하지만 이로 인해 전혀 뜻밖의 봉변을 당하기도 했다.

내가 은행 일로 총독부 여러 기관들을 무시로 출입하고 총독부의 고위 관료들까지 만나고 다니는 것을 당시 용산 일본헌병대에서 주의 깊게 감시했던 모양이었다.

당시엔 모든 것이 일본 사람들 마음대로였다. 무조건 붙잡아다 놓고 불라면 없던 일도 불어야 하는 세상이었다. 코에 걸면 코걸이요, 귀에 걸면 귀걸이인 세상이었다.

그런 살벌한 세상인 줄 익히 알고 있었기에 나는 늘 조심했다. 내게 주어진 일에만 충실했던 것이다. 그렇게 살얼음 걷듯 매사 조심했음에도 불구하고, 30 초반의 젊은이에 불과한 내가 일본 고관들과 신분을 넘어선 교제를 하다 보니 용산 헌병대로서는 '의문의 조선인'으로 보였던 것이다. 굳이 말하자면 나를 암약(暗躍)하는 항일운동 투사쯤으로 의심했던 것 같다.

1944년 12월 24일 오후였다. 우리나라가 해방되기 불과 여덟 달 전이었다.

그날 나는 평소처럼 섭외활동을 마치고 은행으로 돌아왔는데, 본점의 일본인 상무가 급히 나를 호출했다. 상무실로 들어서니 일본 헌병들이 나를 기다리고 있었다.

"당신이 정진숙 주임인가?"

"그렇습니다만……."

나는 어리둥절한 눈으로 헌병들을 바라보았다.

당시 일본 헌병은 우는 아이들도 울음을 그친다는 그런 존재들이었다. 나는 등골이 오싹했다. 대답이 끝나자마자 그들은 나를 용산 헌병대로 연행해 갔다. 뭔가 일이 잘못되고 있다는 생각이 퍼뜩 스쳤다.

헌병대 조사실로 나를 끌고 간 그들은 내가 한 일을 낱낱이 자백하라며 심문하기 시작했다. 그들은 지난 몇 개월 동안의 나의 행적을 아주 샅샅이 알고 있었다.

당시 나는 최남선[5] 선생 같은 분도 친분이 있어 간혹 만나고 다녔는데, 그런 사람들과 도대체 무슨 작당을 했는지 불라며 고문했던 것이다. 헌병대에서 2주일 넘게 고문을 당하고 취조를 당했다. 당시에는 그렇게 느닷없이 붙잡혀 온 사람들이 많았다.

한참 지난 뒤에야 알게 되었는데 당시 내가 근무하던 동일은행 종로 지점 아래 영본가구점이라는 가게가 있었다. 그곳에 방을 하나 얻어 매일 나의 일거수일투족을 뒤따르며 감시하던 헌병이 상주하고 있었고, 은행 내에서도 동료 행원 하나가 나에 대한 동향을 수시로 그들에게 보고했다고 한다.

헌병대에서 나를 조사할 때 당시 경성 지도를 하나 펼쳐보였는데, 내가 간 곳에 대한 표시와 내가 만난 사람들의 이름이 날짜별로 빽빽이 적혀 있었다. 그들의 주장은 대부분 사실이었다. 그러나 내가 그 사람들을 만난 것은 은행 일이나 단순한 친분관계에 불과했는데, 그들이 헌병대의 감시 대상이었던 까닭에 나를 거물 취급한 것이었다.

나는 굳이 숨길 일이 없었기에 사실 그대로 인정했지만, 헌병대 측은 총독부의 고관들을 통해 내가 고급 정보들을 빼내지 않았나 하는 의심을 버리지 못했다.

아무런 혐의나 물적 증거 같은 것이 있을 리 없었다. 조사 과정에서 지점장이 증인으로 왔다가 헌병들에게 물볼기를 맞은 후 돌아가기도 했다. 당시 지점장인 이동구 씨는 명색이 친일파로 알려져 있는데도 불구하고 헌병에게 몽둥이질까지 당한 것이었다. 나로 인해 여러 사람들이 본의 아니게 피해를 입었다.

그들은 구구절절 내가 무심결에 했던 말까지 들먹였다.

"네놈 입으로 일본의 전황이 불리하니 조선 독립이 미구(未久)에 온다고 말하지 않았나? 도대체 누구한테서 어떤 정보를 빼내고 다닌 거냔 말이다!"

말이야 맞는 말이었다. 사람들을 만나 이런저런 이야기를 하다 보면 무심결에 전황(戰況)에 관계된 이야기가 튀어나올 때도 있었고, 일본이 머잖아 패망할 것이라는 시국담이 은밀하게 오갈 때도 있었다. 일본헌병대는 내가 어느 자리에서 누구와 만나 무슨 말을 한 것까지 모두 기록하고 있었던 것이다.

그들은 사소한 것들을 주워 모아 나를 반일(反日) 불순분자인, 이른바 '후데이센진(不逞鮮人)'으로 만들어갔다. 내게 주어진 혐의에 기가 막혔지만 도저히 빠져나갈 구멍이 없었다.

징역 12월, 형무소 수감

나는 결국 서대문에 있던 검찰국으로 넘겨졌다. 검찰국에 넘겨졌지만 별다르게 할 말이 없었다. 결국 어설픈 혐의만으로 재판을 받기에 이르렀다.

재판 과정에서는 헌병대가 조작한 치안유지법 위반으로 공소 유지가 될 수밖에 없었다. 항소하거나 항변한다는 자체가 불가능한 시대였다. 묵묵히 처분을 기다려야 했다. 결국 불온사상혐의 부분의 유죄가 인정되어 이듬해인 1945년 4월, 징역 1년 형을 선고받고 수원형무소로 이감되었다.

하루아침에 반일(反日)분자로 몰려 은행에서 쫓겨난 나로서는 너무나 억울했지만, 내가 할 수 있는 일은 아무것도 없었다. 형무소 측은 가족면회도 허용하지 않았으며 나를 요시찰 인물로 다루었다.

나는 수원형무소에서 복역을 시작했다. 용산 헌병대에서 조사받으며 수시로 몽둥이로 맞거나 있지도 않은 사실을 불라며 고문당한 것에 비하면, 수원형무소에서의 생활은 한결 편했다. 그나마 1년 형을 받은 것을 다행이라고 여기며, 묵묵히 내게 다시 닥쳐온 시련을 의연하게 맞겠다고 마음먹었다.

복역을 시작한 지 얼마 뒤부터 나에게 형무소의 농업 담당 감독이라는 일이 주어졌다. 당시 수원형무소에는 죄수들이 경작하는 커다란 농장이 있었는데 그 농장 일을 관리 감독하는 자리였다. 은행원이었다는 이유로 나에게 수확한 농산물에 대한 통계와 수량을 파악하는 일을 맡긴 것이었다.

그러다 보니 농장 이곳저곳을 자유롭게 다닐 수 있었다. 빨갛게 익은 토마토를 따먹으며 주린 배를 채웠던 일은 지금도 생생하다.

나는 농장과 형무소 사이를 수시로 오갔고 감독이라는 이유로 먹는 것도 마음대로 먹을 수 있었다. 하지만 다른 수감자들은 대부분 굶주렸다.

고구마를 심을 때의 일은 참혹할 정도였다. 감독관들이 고구마를 일단 변기통에 부어 놓고 이를 건져 밭에다 심도록 지시하곤 했다. 굶주린 수감자들이 땅에 심어야 할 고구마를 함부로 먹지 못하도록 하기 위해서였다.

하지만 워낙 배를 곯린 수감자들은 그 고구마를 씻을 데가 없어 옷에 문질러 닦은 후 그걸 베어 먹을 정도였다. 당시 일반 서민들이 초근목피로 생활할 정도였으니 수감자들의 생활은 더 말할 나위도 없었다.

옥중에서 해방을 맞다

용산 헌병대에 끌려가 구금된 이후 8개월, 징역 1년 형을 선고받고 수원 형무소에서 복역한 지 4개월 만인 1945년 8월 15일, 우리나라는 마침내 해방을 맞이했다.

나는 그날 형무소 사무실에 있었는데 라디오를 통해 일본 천황이 무조건 항복을 했다는 내용을 들을 수 있었다. 그때 사무실에 모여 있던 일본인들의 표정은 그야말로 고양이 앞의 생쥐꼴이었다.

그런데 이때 인상적이었던 점은, 당시 형무소에 근무하던 일본인 교도관들의 태도였다. 그들은 무척 침착했다.

나는 수감자들이 해방 소식을 듣고 난동을 부려 예기치 않은 불상사가 일어날 것을 염려했지만, 일본의 항복 소식을 교도소 마이크를 통해 공개적으로 알린 후, 조만간 석방 절차가 진행될 것이니 동요하지 말고 질서를 지켜달라고 거듭 부탁하는 것이었다.

그들은 마치 이런 패망을 미리 알고 있었고, 이미 모든 절차를 세워놓고 계획대로 진행하고 있는 듯한 그런 느낌을 받았다.

나와 수감 중이던 모든 사람들은 이튿날인 8월 16일 오전, 수원에서 기차를 타고 서울 서대문형무소로 송치되었으며, 신원 확인 후 그날 오후 모두 석방되었다. 나는 행여 일본인들이 어떤 극단적인 조치를 취할지도 모른다는 생각에 서대문형무소에서 나올 때까지 가슴 졸이며 조마조마한 시간을 보내야 했다.

어디서 어떻게 소식을 들었는지 형무소 밖에는 수감자들의 가족들로 인산인해였다. 형무소에서 나온 나는, 마중 나온 가족들과 함께 종로로 향했다. 그때의 거리 풍경은 지금까지도 생생하다.

거리는 온통 축제 분위기였다. 수많은 사람들이 거리로 몰려나와 목청껏 대한독립만세를 부르고 있었다. 다들 제정신이 아니었다. 그도 그럴 것이, 장장 36년간의 억압에서 비로소 해방된 날이 아니었던가.

나와 함께 석방된 사람들 중에도 만세를 부르고 눈물을 흘리는 이들이 있었다. 나는 그렇게 서대문형무소에서 조국의 해방을 맞았다.

2. 황무지에 심은 꽃

혼돈과 무질서

해방은 분명 우리 민족에게 커다란 기쁨이자 축복이었다. 그러나 우리 스스로 이룩한 해방이 아니었기에, 무지갯빛 미래가 아닌 먹구름이 곧바로 사회 전반을 강타했다. 혼돈과 무질서가 팽배했고 사회 분위기가 하루가 다르게 어수선해져 가기 시작했던 것이다.

우리 땅에 살고 있었던 일본인들에 대한 약탈과 테러가 은밀하게, 때론 공공연하게 자행됐다. 일본인들은 단계적으로 철수하기 시작했다. 당시 일본은 비록 패전했지만 자국민의 안전한 철수와 연합군이 한국을 인수하기 전까지 질서를 잡기 위해 상당 기간 치안을 담당했다. 그러나 자국민들의 생명과 재산을 보호하는 데 눈치만 살폈지 혼란과 약탈, 방화에는 무관심했다.

무정부 상태의 혼란 속에 하루하루가 바람처럼 흘러갔다.

1945년 을유년(乙酉年)의 해방, 그러나 해방으로 모든 게 이루어지는 것은 아니었다. 광복과 더불어 들뜬 민중의 흥분과 환호 속에 각종 정당과 사회단체가 난립하기 시작했다. 하루아침에 무슨 단체가 생기느니, 무슨 정부가 들어선다는 둥 근거 없는 유언비어가 꼬리를 물고 활개를 쳤다. 사분오열(四分五裂)된 우리 민족을 규합하고 이끌 구심체가 없는 탓에 우리 겨레는 그야말로 우왕좌왕하고 있었다.

형무소에서 석방된 후 나는 한동안 집에 머물렀다.

'이제 무엇을 할 것인가?'

당시 나에게 주어진 새로운 고민이었다. 마땅히 할 일이 없었다. 동일은행에 복직하는 것도 생각해 보았고, 실제로 은행에서 나를 몇 번 찾아와 복직을 하라고 요청하곤 했다. 그러나 감옥살이로 끝맺은 은행원 생활을 다시 하는 것은 그다지 내키지 않았다. 해방된 조국을 위해 이제는 뭔가 다른 일을 해야 할 것 같았다.

무질서 속에 거리는 하루아침에 술집이 난립했고, 사람들은 해방과 동시에 마치 모든 것이 잘 될 것이라는 들뜬 분위기에 싸여 있었다. 이 무렵 중국에 머물던 임시정부 요인들이 곧 귀국하여 정권을 담당할 것이라는 소문이 돌았다. 동시에 좌익계의 여운형, 조동호, 최근우 같은 이들이 나서서 소위 '조선건국준비위원회'[6]를 발족했다.

또 이에 맞서 우익 민족주의 진영에서는 조선국민당과 송진우를 중심으로 한 한국민주당이 생겨났고, 좌익세력 쪽에서는 인민공화국이라는 정치단체를 만들어 상해(上海) 임시정부 요인들의 귀국을 반대하는 등, 뭐가 뭔지 모르는 혼란 속으로 점점 빠져들고 있었다.

해방과 동시에 그동안은 반일(反日)과 항일(抗日)이라는 공통 목표 아래, 은밀하게 협조적이었던 좌우익세력이 마침내 분열과 대립으로 변해갔다.

해방과 동시에 북위 38도선을 경계로 남북한이 나뉘는 비극이 벌어졌다. 소련은 일본 패망을 불과 며칠 앞두고 약삭빠르게 대일 선전포고를 한 후, 한반도에 대한 공격을 개시하여 파죽지세로 북한 쪽으로 밀고 내려왔던 것이다.

이 같은 소련의 빠른 진격에 당황한 미국은 38도선을 경계로 한반도를 분할 점령할 것을 제의, 소련이 이에 동의함으로써 미소 양군에 의한 군정이 실시되었던 것이다. 오늘날까지도 지속되고 있는, 민족분단을 야기한 너무도 가슴 아픈 일이 아닐 수 없었다.

미국의 24군 군단장 하지 중장이 인천을 통해 서울로 들어온 게 1945년 9월 8일이었다. 그는 서울로 들어오자마자 일본 최후의 조선총독인 아베로부터 항복을 받고, 같은 날 한국에 대한 군정(軍政) 실시를 발표했다. 해방 후 불과 한 달이 채 지나지 않아 벌어진 엄청난 변화였다.

한마디로 난세(亂世)가 아닐 수 없었다. 중용지도(中庸之道)를 귀에 못이 박히도록 들어온 터라, 나는 이럴 때일수록 처신에 신중해야 한다고 조심 또 조심했다.

어느 한쪽에 뛰어들기보다는 장마 끝난 뒤 흙탕물의 홍수처럼 몰려오는 이런 사회적 어지러움이 진정되기를 묵묵히 관망하는 길을 택했다.

적산(敵産)의 유혹

일본인들이 물러가면서 일제 총독부 당국과 일본 군부의 창고에서 각종 부동산과 물자가 쏟아져 나왔다. 소위 '적산(敵産)'이 그것이었다.

  은행에 근무했던 나는 누구보다 적산의 실태를 샅샅이 잘 알고 있었다. 당시 나와 안면이 있던 수많은 일본인들이 본국으로의 철수를 앞두고 나를 찾아와 자기들의 재산을 맡아 관리해 달라거나 헐값에 사라는 요청을 해왔다.

  일부 약삭빠른 사람들은 '임자 없는 물건'인 적산을 가지고 장난질을 치곤 했다. 혼돈스러운 상황이 빚어낸 파렴치한 일이 아닐 수 없었다. 나 역시 적산 소유에 대한 유혹이 없었던 건 아니었지만, 이런 혼란을 틈타 사욕을 챙기는 일을 결코 해서는 안 된다는 소신을 굽히지 않았다. 남의 불행을 나의 횡재수로 이용한다는 것은 도의상 도저히 있을 수 없는 일이었다.

  국내외 정치상황은 급변하고 있었다.

  1945년 12월 15일, 미국과 영국 그리고 소련의 3개국 외상들이 모스크바에서 회의를 열고 패전국 일본 문제 등을 토의하는 과정에서 한국 독립에 관한 구체적인 절차를 결정하였다.

  한국에 임시정부를 수립하고, 한국을 최장 5년간 미국 · 영국 · 중국 ·

소련 4개국의 신탁통치하에 둘 것이며, 그 준비를 위하여 미국과 소련의 현지 주둔군 사령관은 2주일 이내에 미·소 공동위원회를 개최하도록 한다는 것 등이었다. 이후 신탁통치를 둘러싼 찬탁·반탁운동을 통해 좌익과 우익이 선명하게 드러났던 것 등은, 너무도 잘 알려진 역사적 사실이다.

우리말, 우리글 회복이 애국이다

조풍연(趙豊衍, 1914~1991)

윤석중(尹石重, 1911~2003)

이처럼 정국이 어지럽던 1945년 11월 어느 날이었다.

오래 전부터 알고 지내던 조풍연[7]과 윤석중[8] 형이 나를 찾아왔다.

나보다 두 살 아래인 조풍연은 내가 몸담았던 동일은행의 지점장 민병도와 교동학교 동창생이었다. 이런 관계로 그동안 간혹 술자리 등에서 어울려 서로 친해지게 된 사이였다. 윤석중은 집안끼리의 친분을 통해 알고 지내던 터였다.

두 사람은 일제 강점기에 잡지 등을 만들면서 스러져 가는 우리 민족문화를 일으키기 위해 부단히 노력하던 사람들이었다.

그런데 그들이 나를 찾아와서 느닷없는 제안을 했다.

"정 형, 우리 함께 출판업을 해봅시다. 민족이 해방된 이런 세상에서 출판업을 하지 않는다면 또 무엇을 할 수 있겠소."

뜬금없는 이야기였다. 책을 만드는 사업을 나와 함께 해보자는 것인데, 나는 썩 내키지 않았다. 일단 나는 출판에 대해 무지했고, 무엇보다 그다지 돈벌이가 잘 될 것 같지 않았던 탓이다.

이것도 나중에야 알게 된 사실인데, 당시 우리나라에 출판사가 없었던 것은 아니었다. 영창서관, 덕흥서림, 박문서관 등이 있었다. 하지만 그 시절의 책은 『흥부전』, 『심청전』, 『춘향전』 등등, 그런 값싼 책들이 대부분이었다. 그런 싼값의 책을 만들어서 과연 무슨 수익을 올릴 수 있다는 것인가 하는 의문부터 들었던 것이다.

"정 형, 민병도가 자금을 대기로 했으니 어렵지 않게 시작할 수 있을 겁니다. 한번 해봅시다."

"글쎄요……."

민병도는 물론 잘 알고 있는 사이였다. 자초지종을 들어보니, 조풍연과 윤석중이 민병도의 자금으로 출판사를 만들기로 했는데, 출판사 살림을 도맡아 운영할 사람이 마땅하지 않았던 것 같다. 그러자 민병도가 나를 적임자로 적극 추천했으며, 내가 참여하지 않으면 투자하지 않겠다는 조건을 달았다는 것이었다.

나는 민병도가 세상물정을 몰라 사업자금만 날릴 수 있겠다는 그런 생각을 했다. 나는 완곡하게 거절 의사를 표시했고 두 사람은 낙담한 표정으로 돌아갔다.

위당 정인보
(鄭寅普, 1892~1950)

그런 일이 있고 난 뒤 얼마 지나지 않아서였다. 위당 정인보[9] 선생이 내게 한번 다녀가라는 전화를 주셨다. 위당 선생 역시 동래 정씨 가문으로 내게 할아버지뻘 되시는 어른이었다. 당시 서른네 살인 나보다 딱 서른 살이 많았던 분이었다. 집안 어른이 부르니 즉각 찾아뵙고 인사를 올렸다.

"조풍연이 너보고 출판업 하자고 안 그러더냐?"

조풍연과 윤석중이 출판업 하자며 나를 졸랐던 일이 아마 위당 어른의 귀에도 들어간 모양이었다.

"네, 그런 일이 있었습니다."

"네가 안 한다고 했다며?"

"네, 그랬습니다."

"왜 안 한다고 했는데?"

"해방이 됐으니 이래저래 할 일이 많을 것 아니겠습니까? 저는 출판에 대해서도 사실 잘 모르고 장래성이 있어 보이지도 않고, 또다른 할 일도 많을 것이고 해서 일단 그렇게 대답을 했습니다."

"그건, 네가 크게 잘못 생각하고 있는 거야."

위당 어른은 정색을 하고 나를 타이르기 시작했다.

"요즘 건국준비위원회다 뭐다 정치하는 사람들이 너도나도 나서서 제 세상인양 나다니는데 거기 애국자는 몇 사람 없어. 내 말 듣고 출판업을 시작해라! 36년 동안 일본놈들에게 빼앗겼던 우리 조선의 문화유산, 언어, 문자, 이름까지 되찾으려면 36년이 다시 걸리는 거야. 오늘날에는 우리 문화유산을 되찾는 일, 그런 걸 하는 게 진짜 애국자다. 그리고 그런 일을 하려면 무엇보다 출판업을 해야 해. 다른 걸 하는 것보다 출판업을 해야 한단 말이야! 우리말, 우리글, 우리 민족의 혼을 되살리는 유일한 문화적인 사업이 출판인데 왜 그걸 안 하겠다는 거냐?"

불호령에 가까운 힐책이었다.

"그리고 네가 안 한다면 조풍연이나 윤석중, 그리고 민병도 다들 안 하겠다니 이 일을 어쩌겠냐?"

나는 일단 심사숙고해 보겠다고 인사를 드린 후 물러나왔다.

그 일이 있고 난 뒤, 며칠간 곰곰이 생각해 보니 위당 어른의 말이 맞는 듯했다. 이 혼란의 시대에 우리글 우리말로 좋은 책을 만들어 보급하는 일처럼 나라와 민족을 위한 보람 있는 일도 없겠다는 판단이 들었다.

더욱이 학업을 도중에 중단한 나로서는, 출판사를 하게 되면 다양한 책들을 자연스럽게 접할 것이고, 이 또한 반드시 필요한 공부라는 점도 관심을 끌었다.

문득 어릴 적 사랑방에 앉아 증조부님 곁에서 뜻 모르고 읽었던 『논어』의 한 구절, '학이시습지 불역열호(學而時習之 不亦說乎)'라는 구절이 번개처럼 스쳐갔다. 또 "선비란 평생토록 학문을 닦는 일을 게을리 해서는 안 된다"며, 늘 책읽기를 독려하시던 증조부님의 말씀이 귓전에 들려오는 듯했다.

네 개의 기둥

나는 그때 돈암동에 살고 있었다. 위당 선생 댁에 다녀온 며칠 후 윤석중과 조풍연이 다시 연락도 없이 찾아왔다. 때마침 가족들과 아침을 들고 있는 중이었다.

"정 형, 요즘 어떻게 지내십니까?"

"그냥저냥 조용히 지내고 있습니다."

"아침 드시고 우리랑 종로로 나가 다방이나 한 바퀴 돌고 옵시다."

나는 그때까지 출판업에 참여하기로 마음을 완전히 정한 상태는 아니었다.

"그럽시다."

나는 옷을 챙겨 입고 그들을 따라나섰다. 돈암동에서 종로를 지나 명동까지 걸어가며 이 다방 저 다방 돌아다니며 차도 마시고 점심도 먹으며 세상 돌아가는 이야기를 함께 나누었다.

"이왕에 나왔으니까 우리 민병도네 집에도 잠깐 들릅시다."

조풍연이 점심을 끝낼 무렵 민병도 얘기를 꺼냈다. 나 역시 민병도를 만난 지 오래되어서 그러자고 했다.

민병도 집에 모인 네 사람은 자연스레 해방 후 우리들이 해야 할 일에 대한 이야기를 나누었다. 나는 그저 듣는 쪽에 가까웠다. 그런데 세 사람의 의견이 모두 출판업 쪽으로 기울어졌다. 민병도와 조풍연, 윤석중은 모두 교동학교 동창생들이었다.

조풍연과 윤석중은 출판에 대한 의욕이 대단했지만, 경영에는 문외한들이어서 은행 경력이 있는 내가 이 일에 꼭 참여를 해야 한다는 의견이었다. 이미 어느 정도 마음이 기운 상태였던 나는, 취지에는 찬성하지만 나 자신이 출판에 대해 너무나 아는 게 없다고 변명했다.

민병도(閔丙燾, 1916~2006)

"출판 경력은 이제부터 쌓으면 될 것이고, 은행원 시절의 경험을 살려 착실하게 운영을 맡아주면 어떻겠소?"

자본을 댈 민병도는 나의 참여를 거듭 권유하며 결단을 재촉했다.

결국 그날 그 자리는 출판사 발기인 모임이 되고 말았다. 그들은 위당 선생에게 부탁을 했으니 내가 승낙을 했으리라 판단했고, 그날을 발기인 모임으로 잡았던 것이다. 나는 더 이상 물러설 수 없는 경계에 서 있었다.

"영보빌딩 4층에 사무실을 하나 마련해 놨으니 내일부터 일단 그리 나오시오."

영보빌딩은 당시 화신백화점 건너편에 있는 종로통에서 제일 큰 빌딩으로 민병도 집안 소유의 건물이었다.

그렇게 나는 자의 반 타의 반으로 출판사의 발기인이 되었다.

민병도가 자본을 대고 조풍연과 윤석중이 편집위원을 하고 나는 전무 직함으로 출판사의 살림살이를 맡기로 결정되었다.

우리 민족이 해방되던 해 1945년 말, 내 나이 서른네 살이 저물어가던 때의 일이었다.

# 3. 출판사업, 첫발을 떼다

을유문화사의 탄생

다음날부터 나는 영보빌딩으로 출근을 했다.
"출판사 이름을 무어라 지으면 좋겠소?"
출판사를 차렸으니 출판사 이름이 있어야 하는 건 당연했다. 민병도는 자리에 없었고 윤석중과 조풍연 그리고 나와 셋이 앉아 의견을 나누고 있었다.
"우리가 해방을 맞이했으니 해방문화사라고 했으면 좋겠는데 이건 너무 정치색이 짙어 보이니까, 올해 을유(乙酉)년을 따서 을유문화사라고 하는 게 어떻겠습니까?"
조풍연이 을유문화사를 제안했다. 윤석중은 물론 나 역시 그 이름이 무척 마음에 들었다. 또 출판사라는 이름 대신 문화사라고 지은 것은, 책이나 내는 단순한 출판사가 아니라 장차 다양한 사업을 통해 민족문화를 계승하고 발전시켜 나갈 수 있는 큰 뜻을 이어가자는 취지에서였다.
그렇게 1945년 12월 1일, 을유문화사는 첫걸음을 내디디게 되었다.
서울시 종로 2가 82번지 영보빌딩 4층에 사무실을 여는 그 순간에도 나는 출판업이 내 평생의 업이 되리라고는 전혀 상상하지 못했다.

우리 민족문화를 총괄한다는 명칭에 걸맞게 을유문화사는 독자적인 로고타이프를 갖고서 출판을 시작한다. 이런 출발은 요즘 출판사들도 하기 어려운 일인데 당시로선 무척 획기적인 일이었다.

을유문화사 로고와 현판

을유문화사(乙酉文化社)라는 한자 글씨는 서예가 유길상(劉吉相) 씨의 필체였다. 심벌마크는 서양화가 홍우백(洪祐伯) 씨의 작품으로 '乙酉'에서의 '乙' 자가 서로 교차하는 형상이었다. 그러면서 '문(文)'자와 '만(卍)'자가 이와 동시에 나타나도록 표현했다.

홍우백 화백은 서울 제2고등보통학교(훗날 경복고등학교)의 제1회 졸업생으로 고보 재학시절부터 그림 잘 그리기로 유명했던 분이다.

도안자인 홍우백 화백의 말에 따르면, 을유문화사의 로고는 '궁궁을을(弓弓乙乙) 만대(萬代)의 문풍(文風)을 주도한다'는 의미에다 그 끝의 뾰족한 형상은 '잎사귀의 새순으로 앞으로 얼마든지 피어나간다는 뜻'이 담겨 있다고 설명했다. 로고의 사방에 뿔이 달린 것은, 고대 건축문화를 상징하는 동시에 '아칸서스(acanthus)'란 풀의 모양을 채용한 것이었다.

회사 이름과 로고 등, 일단 출발부터 매사 의욕적이고 체계적이란 점이 무척 마음에 들었다.

모든 것은 기초가 튼튼해야 하는 법이다. 아마 을유문화사가 그동안 우여곡절을 겪으면서도 오늘날까지 건재함은, 아마 이 시기의 확고한 목표의식과 철저한 준비 때문이 아니었나 싶다.

이상하게 들릴 수도 있겠지만, 마치 기초가 튼튼한 건물처럼 어떤 일을 시작할 때 청징한 정신과 철저한 준비는 그 자체가 생명력을 지니는 것이어서, 때론 불가사의한 힘을 발휘하기도 하며 어려움을 쉽게 극복할 수 있게 한다는 것이 나의 지론이다.

이름을 정하고 로고를 만드는 동안 우리 네 사람은 을유문화사가 추구해야 할 목표를 설정했다.

먼저, 도서출판을 중심으로 도서의 출간 및 판매에 힘쓰고 장차 도서의 수출입과 대대적인 국민계몽운동을 전개하는 한편, 특히 아동문화의 선도적 창달에 앞장서기로 뜻을 모았다. 아동문화에 대한 관심은, 우리 민족이 식민지배의 기억에서 벗어나 하루빨리 민족주체성을 회복하려면 아동에 대한 계몽에 있다고 판단한 윤석중의 남다른 의욕 때문이었다.

요즘에야 어린이들이 귀하게 대접받는 사회지만, 사실 당시만 해도 어린이들에 대한 관심은 무척 희박했다.

외화내빈의 정치적 수사와 구호성 공약들이 난무하던 해방 직후의 풍조를 감안하면, 을유문화사가 내세운 '출판의 지향'은 일단 소박하기 이를 데 없었다.

하지만 민족문화의 향상에 기여한다는 대의가 결코 숭고한 정신이나 포부만으로는 실현되기 어렵다는 점에서, 구체적이면서 실천적인 을유문화사의 지향점이 갖는 의미는 각별했다.

우리는 '전통적 민족문화의 선양과 선진적인 해외문화의 섭취'를 을유문화사 사훈(社訓)으로 삼았다.

이러한 다짐은, 민족문화를 향상시키기 위해서는 무엇보다 좋은 원고를 성실하게 가다듬어 저렴한 가격에 보급한다는 의지의 표현이었다. 궁극적으로는 을유문화사의 책이 일부 식자층의 전유물이 아니라 국민 대중 모두로부터 사랑을 받겠다는 것이었으니, '출판의 지향'과 '사시'는 출판의 정도(正道)를 걷겠다는 을유문화사의 비장한 결의가 담겨 있었던 셈이다.

당시 서른다섯 살이었던 윤석중이 편집을 총괄하는 주간(主幹)을, 내가 회사 살림을 맡는 전무로 서른네 살, 편집국장은 서른두 살이었던 조풍연이 맡았으며, 사장인 민병도는 서른 살이었다. 모두 패기만만한 30대 초반의 청년들이었다.

을유문화사의 창업은 무엇보다 건국사업에 그 뜻을 두고 있었다.

책을 팔아 이윤을 남긴다는 그런 사업이 아니라는 이야기다.

회오리바람처럼 일어났던 전 민족의 기쁨이 넓고 푸른 하늘 위로 풍선처럼 둥둥 떴을 때, 먼저 참다운 문화사업을 통해 이 땅과 이 겨레에게 자연과학, 인문과학, 예술 등 각 분야의 전반에 걸쳐 정신의 양식(良識)을 제공하자는 것이 을유문화사의 설립 목적이었다.

나라를 잃어버렸던 지난 36년간을 생각할 때, 우리 겨레가 망국을 맞은 원인은 정신적 양식과 세계적 견문(見聞)이 너무나 결여된 데서 기인한 것임을 우리 네 사람 모두 뼈아프게 느꼈던 까닭이었다.

우리말과 우리글을 소생시키고 부흥시켜 우리 고유의 민족문화를 꽃피우자는 것이 진정한 창립 취지였다.

네 가지 원칙

의욕적으로 출발했지만 하나하나 출판물을 기획하고 추진하는 일은 결코 쉽지 않았다. 갈수록 태산이요 가로막아서는 것은 첩첩산중이었다. 요즘처럼 제대로 된 인쇄, 제본 시설도 없었고 일본의 식민지 정책으로 인해 우리글이 소멸되고 있던 시점이었다.

당연한 이야기지만 한글 문맹(文盲)도 적지 않았다. 심하게 말하면 일단 한글부터 가르쳐서 책을 읽어줄 독자들부터 만들어내야 했고, 책을 만드는 일은 그 다음 일이 되어야 했을 정도였다. 을유문화사가 첫 번째 책으로 『가정 글씨 체첩』을 펴낸 것도 바로 이런 이유 때문이었다.

인쇄 시설, 출판물 유통구조 등도 열악했고, 특히 좋은 원고를 써줄 필자들을 섭외한다는 것도 쉬운 일이 아니었다. 하지만 나를 비롯한 창립 동인들은 서두르지 않고 하나하나 해결해 나간다는 데 의견을 모으고, 출판에 임하는 네 가지 자세를 정했다.

첫째, 원고를 엄선하여 민족문화 향상에 기여하자.
둘째, 교정을 엄밀히 하여 오식(誤植)이 없도록 하자.
셋째, 제품을 지성(至誠)으로 만들어 독자의 애호를 받자.

넷째, 가격을 저렴(低廉)히 하여 독자에게 봉사하자.

민족문화의 향상은 숭고한 정신과 포부만으로 이루어지는 것은 아니었다. 그것은 그러한 정신에 근거한 치밀한 계획과 착실한 실천으로써만 이룩되는 것이었다. 창립의 네 기둥인 우리는 서로 사명감을 가졌으며, 뜻도 맞았고 누구 하나 게으름 피우지 않고 부지런했다.

출범과 동시에 윤석중의 제안을 받아들여 을유문화사 부설로 '조선아동문화협회(아협)'를 창설, '도서출판과 어린이 문화운동'의 두 가지 일을 동시에 추진해 나갔다. 30대의 혈기 왕성한 네 사람이 합심해서인지 을유는 활력에 넘쳐 있었고, 책을 기획하고 준비하는 작업 속도 또한 눈부셨다.

그 무렵, 출판계에 하나의 폐단이 생기기 시작했다.

저자, 역자, 편자의 의사와는 무관하게 오로지 지형(紙型)의 매매와 양도에 의한 출판행위가 자행되기 시작한 것이다. 요샛말로 하면 저작권과 출판권의 일방적인 매매였다.

오래 전 다른 출판사가 펴낸 책의 지형을 사들여 날림으로 출판하는 작태가 우후죽순처럼 생겨났다. 지형의 양도에 지불된 비용은 지형 제작비의 5% 정도였으니 거의 공짜나 다름없었다.

그런데 이런 식으로 만들어진 출판물일수록 책이름 앞에는 반드시 '최신(最新)'이니 '신편(新編)'이니 하는 수식어가 따라붙었다. 마치 지형을 인수받은 출판사가 새로 책을 펴낸 듯한 착각을 불러일으키게 하는 이런 수작은 한마디로 독자를 기만하는 행위였다.

이와는 별도로 처음부터 온갖 수단을 동원해 저질 출판을 일삼는 경우도 있었다. 원고를 표절한 책에서부터, 편집이 조잡하거나 교정이 엉망이며 인쇄와 제본 상태가 조악한 불량품 책들이 많이 나돌았다. 이 같은 비정상적인 출판물은 문화 발전에 전혀 도움이 되지 않는 일이었다.

어쨌든 해방 후 한국은 출판물이 홍수를 이루었다.

해방되던 해인 1945년에 등록된 출판사는 정음사, 고려문화사, 을유문화사 등 45개에 불과했다. 그리고 발행된 책은 구지형으로 찍은 『한글말본』, 『조선사』 등을 비롯해 100쪽 이상의 분량을 지닌 책다운 책은 불과 수십 종에 지나지 않았다.

특히 1945년에서 1946년 사이에 출판된 책들은 당시의 시대상황 때문인지 정치와 사상 관련서가 주종을 이루었고, 특히 좌익계열의 도서가 압도적이었다. 이런 상황에 직면한 출판인들은 좌익서적 범람에 심각한 우려를 표명하고 대책을 강구해야 한다는 데에 의견을 모았다.

출판물의 편향성을 시정하려는 움직임은 '조선출판문화협회'의 결성으로 결실을 맺었는데, 해방 2년 뒤인 1947년 3월 15일, 당시 132개 출판사 대표가 YMCA 강당에 모여 출판문화협회의 탄생을 만방에 알렸던 것이다.

우리 역사에 1945년은 따지고 보면 4개월 반의 짧은 기간에 지나지 않는다.

해방 이후의 시간만을 의미하기 때문이다. 그러나 바로 이 짧은 시기는 정치, 경제, 문화 등 사회의 모든 분야가 혼란에 휩싸인 시기였으며, 밖으로부터 밀어닥친 변화의 바람을 막아내기에는 힘에 부친 몹시 불안

한 시기이기도 했다.

특히 이데올로기 등으로 인한 사회계층 간의 불신과 위화감은 심각한 상태에 이르러 있어서, 해방 후 상당 시간 종로거리의 서점들은 문을 열고 장사를 할 수 없을 정도였다. 말하자면 이 시기를 객관적으로 '혼란의 135일'이라고 칭할 수 있을 것이다.

이 시기의 출판물은 길거리 노점에서 직접 구독자의 손으로 넘어가는 팸플릿 형태이거나, 초·중·고등학생용 교재를 인쇄하거나 등사판으로 찍어 출판사에서 학교로 나르는 식의 직접거래로 유통되고 있었다. 이것이 해방 직후 우리나라 출판계의 양상이었다. 미군정청이 군정 법령 제19호로 '출판등록제'의 실시를 공표한 것은 1945년 10월 30일이었다. 그러니까 해방 후 약 2개월 동안은 출판활동 역시 무정부 상태나 다름없는 실정이었다.

을유문화사도 그해 12월 1일에 창립되었을 뿐, 을유년에는 출판실적이 하나도 없었다.

첫 출판 『가정 글씨 체첩』

을유문화사는 1946년 2월 1일이 되어서야 첫 번째 책을 펴냈다.

첫선을 보인 출판물은 『가정 글씨 체첩』이란 책으로, 교육학자 이만규[10] 씨의 딸인 이각경(李珏卿) 씨가 저자였다. 이 책은 한글을 모르는 세대를 위해 펴낸 B5판 크기에 26쪽 분량의 일종의 습자(習字) 책이

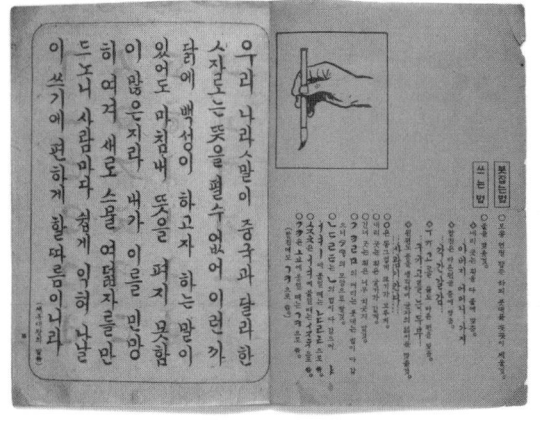 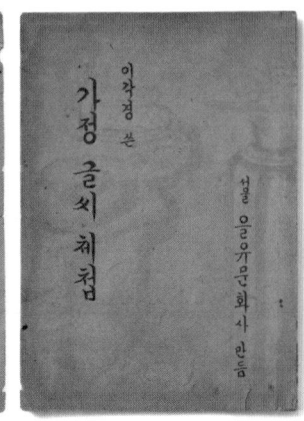

첫 출판 도서 『가정 글씨 체첩』, 1946

었다.

당시로서는 어린 세대들이 한글을 터득할 수 있도록 하는 게 가장 급선무였다. 따라서 을유문화사가 일제 강점기를 통해 사라진 언어문자를 복구해야 한다는 정신으로 『가정 글씨 체첩』을 첫 번째 책으로 펴낸 것은 당연한 귀결이었다.

『가정 글씨 체첩』은 얇은 책자였으나 내용에 있어서는 한글 글씨본으로 전혀 손색이 없었다. 이각경은 곧바로 16쪽 분량의 『어린이 글씨체첩』도 펴냈는데, 가격은 각각 6원(圓), 4원이었다.

표지에 '서울 을유문화사 만듦'이라는 한글 문구도 선명한 두 책에 대한 경향 각지 독자들의 반응은 몹시 뜨거웠다. 재미있는 것은 광주 지방에서 한동안 해적판이 나돌 정도로 인기를 끌었다는 점이다.

해적판 소식은 오히려 고무적인 일이었다. 『가정 글씨 체첩』을 만든 이유는 우리글을 제대로 알려 잠재적인 독자층부터 양성한다는 것이 주된 목표였기 때문이다. 출발부터 순조로웠다.

을유의 첫 번째, 두 번째 간행물을 잇달아 펴낸 이각경은 당시 한글 궁체의 1인자로 꼽히던 이철경[11]의 쌍둥이 언니이기도 하다. 이각경은 이화여전 가사과를 나와 부친 이만규의 절친한 친구였던 여운형(呂運亨)의 조카 여경구와 결혼하고, 해방기에 건국부녀동맹위원장을 지내다 이후 아버지를 따라서 월북했다.

그런데 월북하기 전까지 이만규, 이각경 부녀는 을유문화사에서 여러 권의 책을 낸 을유의 단골 필자였다. 특히, 1946년 5월 1일 출간한 『새 시대 가정 여성훈』은 부녀 합작 출판물로 화제를 모았다.

『새시대 가정 여성훈』은 식민지의 압박에서 벗어난 자주 독립국의 여성이 새로운 민주국가를 건설하는 과정에서 지녀야 할 자세를 차분하게 일깨우는 내용을 담고 있었다. 책에서 이만규 씨는 여성이 마땅히 취해야 할 바를 조목조목 일러주었다.

이만규 씨는 또 1947년 『조선교육사』를 을유에서 펴내기도 했는데, 1947년 12월에 상권 '구교육' 편이 출판되고, 하권 '신교육' 편은 1949년 2월에 발간되었다. 이 책은 조선 말 고종 때의 갑신개혁을 분기점으로 한국의 교육제도의 흐름을 상·하권에 나눠 통시적으로 살피고 있으며, 이후의 모든 교육사 관련 저술의 모범적 전례로 높이 평가받고 있는 책이다.

돌이켜보면, 『가정 글씨 체첩』이 을유의 첫 출판물로는 의외로 소박하게 여겨지기도 하지만 나름대로 시의적절한 책이었다.

당시는 '한글'보다는 '언문'이라는 명칭에 더 익숙한 시절이었다. 게

다가 맞춤법마저 제대로 정립되어 있지 못한 까닭에 한글 표기가 들쑥날쑥하던 때였다. 그렇기에 본격 저작물보다는 오히려 한글의 원형 회복과 질서정연한 언어생활을 도모하는 글씨교본이 더욱 긴요했다. 『가정 글씨 체첩』은 이러한 시대적 상황의 산물이었다고 할 수 있었다.

정치적 선전책자들이 범람하던 시대에 국민생활의 시발점이라고 할 수 있는 우리말, 우리글의 올바른 전파를 출판사업의 제1차 목표로 삼았던 것이다.

아협(兒協)의 활동

예나 지금이나 을유문화사는 묵직한 책을 주로 내는 학술서적 전문출판사로 인식되어 왔다. 하지만 우리는 초창기부터 종합출판을 지향했다. 학술서뿐만 아니라 문학전집 같은 교양서적도 다수 출간했다.

우리는 해방된 우리 겨레를 가르치고 교화하는 것을 가장 큰 목표로 세웠다. 구체적으로는 성인들에게는 우리 민족의 학문과 문화를 알리고, 아동들에게는 국어의 보급을 통해 우리글을 읽고 정확히 말할 수 있도록 하는 것이었다.

특히, 초창기 을유의 도서목록에서 아동서는 큰 비중을 차지하고 있는데, 이것은 '민족문화 향상에 기여한다'는 당초 출판목표를 실천한 결과였다. 어린이를 위한 출판 및 문화사업은 을유문화사 병설 '아협(兒協)'이 담당했다.

아협을 담당했던 윤석중이 그 무렵 발표했던 「아동문화선언」은 지금 읽어도 감동적이다. 어린이에 대한 사랑이 듬뿍 담긴 그 내용의 일부를 간추려본다.

조선아동문화협회 마크

흙탕물에서 피어나는 연꽃을 보라!

우리는 이 혼란 가운데서도, 우리 문화의 발굴과 새 문화 창조를 위하여 굽힘 없이 전진해야 할 것이다. 한 나라 문화의 중추는 아동문화다. 아동문화야말로 모든 문화의 저수지요, 원천인 것이다.

그렇거늘, 노래 한 마디, 그림 한 폭, 장난감 한 개 물려줄 것 없는, 거덜 난 조선에 태어난 어린이야말로 어버이 없는 상제 아이보다 더 가엾지 아니한가. 조선의 어린이는 어른의 노리개로 온실 속 식물처럼 자라지를 않으면, 거추장스러운 짐처럼 천대를 받으며 크고 있지 아니한가.

해방의 기쁨을 어린이에게도!

마침내 우리는 외치고 나섰다. 서리 맞은 풀밖에 안 되는 우리는 조선의 새싹인 우리 어린이들을 위하여, 스스로 썩어 한줌 거름이 되려 한다.

뜻있는 이여, 공명하라! 그리고 이 일을 도우라!

조선 어린이도 만국 어린이와 더불어 어깨동무를 하고, 역사의 바른 길을 힘차게 달리게 하라!

윤석중은 어린이에게 우리말과 글을 깨우치게 하는 가장 효과적인 방법은 문화 활동을 통한 학습이라고 판단했다.

1947년 5월 5일 어린이날을 맞이하여 기념음악회를 개최하기도 했고, 을유장학회를 설립하여 서울시내 각 국민학교와 중학생들 가운데 우수한 학생들을 각각 2명씩 뽑아 장학금을 지급하기도 했다.

이후 38선을 경계로 남북이 분단되자 이북 출신 중학생·대학생들에게도 학비를 지급하는 일을 병행했다. 동시에 '소학생 웅변대회' 등을 개최하여 당시 '머릿속'에 있던 우리말을 바로잡고 되살리는 일에도 앞장섰다. 이런 사업의 배경에는 민병도 사장의 후의(厚意)와 노력이 감춰져 있었다.

이 같은 문화 활동과 함께 우리는 아동도서와 어린이 잡지 간행에도 심혈을 기울였다. 『어린이 한글책』이 을유의 세 번째 출간물이 된 것은 이런 이유에서였다.

이 책은 우리말을 모르는 어린이를 위해 그림 위주로 엮은 일종의 한글사전으로, 윤석중이 편집을 맡았고 그림은 을유의 로고를 도안한 홍우백 화백이 그렸다.

우리는 이 책의 제작에 꽤 공을 들였다.

구식 인쇄이기는 했어도 당시로선 최상급으로 꼽히던 보진재(寶晋齋)의 석판 시설을 활용해 고급 모조지에 컬러 인쇄를 했다. 이에 따라 가격이 20원으로 다른 책에 비해 3~4배 비쌌지만, 독자들의 반응은 썩 좋았다. 발매되자마자 초판 2만 부가 금세 동이 나서 재판 2만 부를 다시 찍었을 정도였다.

동시에 어린이 잡지 발간도 시작했다.

『주간 소학생』은 당시로서는 참으로 대담하고 획기적인 기획이었다.

본격적으로 발간을 시작한 1946년 2월 11일자『주간 소학생』창간호는 타블로이드판형에 12면으로 임시정가 20전에 보급하였는데, 해방 후 최초로 발간된 어린이 주간지로 나는 알고 있다. 격문, 규탄서, 성명서 따위가 어지럽게 쏟아져 나오는 상황에서, 이 잡지는 가히 '흙탕물 속의 연꽃' 같은 존재라고 할 수 있었다.

최초의 어린이 주간지『주간 소학생』

윤석중이 이미 밝힌바, 해방의 기쁨을 어린이와 함께 나누는 일에 을유문화사가 팔을 걷어붙이고 나선 것이다.

돌이켜 생각하면, 출판사가 출범한 초창기부터 이런 담대한 기획을 시도했고 성공적인 결과를 이룩한 공로는 오롯이 윤석중과 조풍연 씨에게 돌아가야 마땅하다. 두 사람의 남다른 기획력과 다채로운 어린이 잡지 제작 경험이 바탕이 되어 탄생한 결과물이었기 때문이다.

잡지『주간 소학생』은 신인작가에게 작품발표의 기회를 많이 주었다. 형제 만화가인 '코주부 김용환(金龍煥)'과 김의환(金義煥)이 이 책을 통해 본격적으로 이름을 알렸으며, 잡지에 실렸던「어린이 만화」와「어린이 그림」이라는 두 형제의 작품은 독자들에게서 큰 인기를 모았다.『흥부와 놀부』,『15소년 표류기』,『플란더스의 개』등은 어린이 독자들로부터 열화와 같은 성원을 받았다.

권태응 시인이 쓴 동시의 인기도 대단했다. 「감자꽃」과 「땅감나무」가 특히 그랬다. 권태응의 대표작 「감자꽃」을 읽은 독자 중에는 훗날 시인이 된 이도 있는데, 신경림 시인이 바로 그런 사람이었다.

잡지 『주간 소학생』은 1947년 4월까지 총 45호가 발간되었다. 그 이후로는 간행 주기를 월간으로 조정하고, 제호도 『소학생』으로 바꾸었다. 월간 『소학생』은 1950년 6·25전쟁 직전 제75호까지 나오고, 전쟁으로 인해 종간되고 말았다.

어린이 문고를 펴내다

을유는 어린이 잡지를 펴내는 한편으로 아동용 단행본 출간도 시작했다. 단행본 중에서는 〈소파동화독본(小波童話讀本)〉과 시리즈로 출판한 〈아협 그림얘기책〉이 눈에 띄는 책이다.

1946년 11월 출간된 전5권짜리 〈소파동화독본〉은 우리나라 어린이 문화 운동의 선구자 소파 방정환 선생의 동화작품을 모은 것이었다. 당시 다섯 권이 한꺼번에 발행되었으며, A5판 70쪽 내외의 반양장본으로 소파 선생의 글에 각 권마다 각기 다른 화가(김의환, 정현웅, 윤희순, 김규택, 한홍택)에게 삽화를 맡긴 것이 특징이었다.

이 책은 아동문학에 관심이 낮았던 당시로서는 선구적인 출판기획이었다. 아울러 해방 최초로 출간된 '아동물 개인 전집'이라는 남다른 의

의도 갖고 있었다.

〈아협 그림애기책〉시리즈는 장장 3년에 걸쳐 출간된 기획물이었다. 1946년 9월 김용환 화백이 그린 『흥부와 놀부』를 시작으로, 『손오공』, 『피터어팬』, 『보물섬』 등, 1949년 3월 출간한 『린큰』에 이르기까지 총 10권의 책을 펴냈다.

특히 삽화는 김용환, 김의환 형제가 번갈아 그렸는데, 형제 화백의 만화적이고 해학적인 기법을 채용한 것이 화제에 오르기도 했다. 그 덕분에 한동안 책이 잘 팔렸다. 이 밖에도 해방기 을유가 펴낸 어린이 책으로는 〈그림동산〉(전4집)과 〈아협 어린이 벽도(壁圖)〉(전3집) 등이 있다.

훗날의 이야기지만 〈아협 그림애기책〉시리즈가 끝날 무렵이던 1950년 6·25전쟁이 발발했다. 이후 을유문화사는 오랜 세월 동안 어린이 도서를 만들어내지 못했다. 첫 책을 만들어낸 후, 30년이 흐른 먼 훗날의 이야기지만, 항상 내 심중에는 아동도서를 만들어야 한다는 생각이 자리하고 있었다.

그러나 좀처럼 계기가 마련되지 않아 실행하지 못하다가, 1975년 을유문화사 창립 30주년을 맞아 〈을유소년문고〉를 기획해 출판하게 된다.

전쟁으로 인해 중단되었던 어린이 도서를 다시 출간하게 되자, 나는 형언키 어려운 남다른 감회를 느꼈다. 그것은 마치 오랜 숙원을 성취한 사람의 심정이기도 했고 미처 다하지 못한 숙제를 마친 어린 학생의 마음 같은 것이기도 했다.

〈을유소년문고〉는 1975년 1차분 열 권을 출간한 이후, 4년 6개월 만인 1979년 전 35권으로 완간되었다. 초창기 을유의 어린이 책과 마찬가지로 국내 아동문학계를 대표하는 작가들이 필진으로 참여했고, 유명화가들이 그린 그림을 원색 삽화로 곁들였다. 다른 점은 예전에 비해 책의 부피가 커지고, 가로짜기 조판을 한 것이다.

최근 어린이 책이 수지가 맞는다 하여 출판사들이 앞뒤 가리지 않고 너도나도 아동서 시장에 뛰어들고 있다고 한다. 내가 보기에 이런 모습은 썩 바람직한 현상이 아니라고 생각한다.

성인용 도서와는 달리 아동도서는 투철한 소명의식에 기초한 장기적인 출판기획이 필요하며, 도서가 감수성이 예민한 아동에게 미칠 영향까지 고려한 신중한 제작이 요구되기 때문이다.

창간 시절로 다시 돌아가 본다.

1946년, 을유문화사는 5월에는 정지용(鄭芝溶) 시인의 『지용시선』, 박목월·조지훈·박두진의 『청록집(靑鹿集)』 등, 훗날 한국현대문학사의 대표작들로 평가받는 시집을 펴내는 등, 본격적으로 출판을 시작한 그해에 무려 35종에 달하는 책을 출간하는 기염을 토했다.

당시 을유에서 출간한 책들은 대부분 50~100쪽 미만이 주류를 이뤘지만, 이태준의 『사상(思想)의 월야(月夜)』(322쪽)나 『학생조선어사전』(226쪽) 등 두꺼운 책도 적지 않았다. 단행본만 아니라 잡지도 함께 만들어내야 했으니 창립 멤버 네 사람은 그야말로 눈코 뜰 새 없이 바쁘게 움직여야 했다.

4. 도전과 응전

열악한 출판 환경

을유문화사가 빠른 변모를 이룩하고 있던 것처럼, 해방 후의 한국 역시 급격한 변화를 맞고 있었다. 일본의 식민지에서 가까스로 벗어난 우리 겨레에게 이른바 신탁통치는 또다른 식민지 통치에 다름 아니었다.

문제는 이런 상황에서 우리 민족이 일관된 목소리를 내지 못하고 우익과 좌익진영으로 나뉘었다는 점이다. 그야말로 적전분열(敵前分裂) 형국이었다.

1946년 2월, 을유에서 첫 출판물 『가정 글씨 체첩』이 나올 무렵 서울의 덕수궁에서 제1차 미소(美蘇)공동위원회가 개최되었다. 그 후 매일 회담이 개최되었고 신탁통치를 반대하는 정당이나 사회단체들은 장차 수립될 임시정부에서 제외시켜야 한다는 소련 측 주장에 동조했다. 반면 미국 측은 신탁통치를 반대하든 찬성하든 모두 참가시켜야 한다고 주장했다. 결국 미소공동위원회는 아무런 합의를 보지 못한 채 회담이 끝나고 말았다.

해방된 나라의 틀을 새롭게 잡아가는 과정은 결코 순탄치만은 않았다. 1946년 10월에는 대구폭동이 일어났고, 1948년에는 제주도에서 '4·3사건'이 터졌으며 여수, 순천에서도 좌익계 군인들의 반란과 보복으로 많은 사상자가 나왔다. 또한 민족지도자 송진우와 여운형, 장덕수가 암살되었으며 민족지도자였던 김구 선생 역시 안두희의 총에 맞아 쓰러지는 등, 나라 전체가 혼란스러웠다.

나는 자중지란(自中之亂)을 보는 것 같아 기가 막힐 따름이었다.

혼란기의 민중을 이끌어갈 정치지도자는 하나하나 사라져 갔고, 사리사욕에 눈이 어두운 선동가들만이 난무하는 세상이었다. 나는 이런 혼란의 원인을 모두 무지몽매한 탓에서 찾고자 했다. 그리고 이럴 때일수록 더욱 출판에 전념하는 것이 민족과 나라를 위해 봉사하는 길이라고 여겼다.

을유문화사는 이런 상황에서도 나름대로 당초 설립 취지를 다하려고 진지하게 노력했다. 그러나 출판 여건은 여전히 열악했다.

무엇보다 출판을 할 만한 좋은 저작물을 구하기 어려웠다. 오랜 일제 강점 아래 우리말 원고가 제대로 나올 수 없는 것은 당연한 일이었다. 일제 강점기 시절에는 책을 내고 싶어도 낼 수 없었던 사람들이 원고를 들고 찾아왔지만, 함량 미달인 경우가 많았다.

마땅한 저작물을 구하기도 힘들었지만 설혹 적당한 원고를 구했다고 하더라도 또다른 어려움이 적지 않았다. 그 시절에는 출판사로 들어온 원고가 열에 여덟은 문맥이 통하지 않았다. 심지어 무슨 말을 하려고 하는 것인지조차 알 수 없는 것들도 있었다.

사정이 이렇다 보니 편집진은 원고 정리에 무던히 애를 먹었다. 어떤 원고는 아예 새로 써야 했다.

나는 편집 실무에는 직접 관여하지 않고, 출판 자료를 구하거나 책을 판매하는 일 등, 지원을 담당했지만 편집자들이 밤을 새워가며 애쓰는 모습을 늘 가까이서 보았기 때문에 그들의 남다른 고충을 잘 알 수 있었다.

우리말과 글을 되찾았지만 막상 우리글을 제대로 구사하는 사람은 드물었던 것이다. 한 민족의 '문화적 공백'이란 이런 경우를 두고 하는 말일 것이다.

교정(校訂)은 출판에 있어서는 생명과 같이 중요하다.

자기 출판사에서 발간된 책에서 오식이나 문맥이 통하지 않는 대목이 있어 독자로부터 지적을 받는다면 쥐구멍에라도 들어가고 싶은 심정일 것이다.

교정보기 어려웠던 또다른 이유는 인쇄 활자 크기 때문이기도 했다. 해방 직후의 활자는 규격이 통일되지 못했고, 높낮이가 들쑥날쑥했다. 종이마저 두께가 고르지 못하여 교정쇄(校正刷)를 낼 때 키가 큰 활자는 심히 눌려서 구멍이 나도록 찍히고 낮은 활자는 아예 보이지 않아 교정보는 고통이 이만저만이 아니었다.

지금도 그렇지만 출판기획에서 가장 먼저 부딪치는 일이 좋은 필자로부터 좋은 원고를 발굴하는 일이다.

저술이 없는 출판이란 배지도 않은 아기를 낳으라는 것과 마찬가지다. 을유는 이 무렵 저작자를 육성해야 한다는 결론에 이르렀고, 이를 위해 구체적으로 세 가지 목표를 세웠다.

첫째, 학술서적을 본격적으로 간행하여 국학(國學)의 본산으로 삼자.

일제 강점기 동안 잊혀지고 소실된 우리 문화를 발굴하고 되찾자는 내용이었다.

둘째, 문학·어학 관계의 서적 출판에도 관심을 기울인다. 우리말과 우리글을 되살리자는 취지였다.

셋째로는 새 시대의 주역으로 자라날 어린이들을 위해 아동물의 저술을 장려하기로 한 것 등이었다.

그러나 출판사의 첫째 목표였던 학술서적의 본격적인 간행에는 저작 기간이라는 이유 때문에 시일이 걸렸으므로, 초창기에는 문학 작품집과 어학 교재의 출판에 열을 올리지 않을 수 없었다.

취약한 판매망

이처럼 좋은 필자를 발굴해 책을 출간하는 일도 힘들었지만, 내가 맡았던 책을 판매하고 자금을 회수하는 일도 쉽지 않았다.

지금도 그렇지만, 당시에도 신간을 서점에 보냈다고 해서 자금이 곧바로 회수되는 것이 아니었다. 돈이 들어가기만 하고 회수가 부진한 상태였던 것이다.

당시로서는 시중에 서점이 귀한 판이라 각 출판업자들은 책방이 생기면 앞 다투어 외상으로 책을 보내주었다. 서점은 책이 팔리면 그 액수만큼을 출판사에 지불해 주면 되는데, 그러한 기본 약속마저 이행되지 않기가 일쑤였다. 심지어 얼마쯤 책을 팔다가 문을 닫고 종적을 감추는 서점 또한 없지 않았다.

그러던 중 서적 도매상이 처음으로 생겨났다. 당시 청구서림과 삼중당이 을유와 활발한 거래를 텄다. 서적 도매상의 출현으로 그나마 출판사들이 숨통을 조금 틀 수 있었던 것이다.

단행본은 그나마 사정이 나은 편이었다. 해방 직후의 사회적 여건을 고려할 때, 주간지, 그것도 어린이 잡지를 꾸려가는 일은 생각처럼 쉽지 않았다. 경영과 판매를 맡고 있는 나로서는 잡지의 보급 문제가 가장 큰 어려움이었다. 무엇보다 교통체계가 제대로 갖추어져 있지 못했다.

당시 서울에서 부산까지 가장 빠른 교통수단은 경부선 급행열차였다. 그나마 정상적으로 운행될 경우의 평균 소요시간이 12시간으로 '급행'이라는 단어가 무색할 지경이었다.

게다가 도서유통 구조마저 취약하기 짝이 없었다. 지방의 서점 주인이 독자에게 팔 신간을 구하는 방법은 직접 가방을 메고 열차편을 이용해 서울의 출판사로 찾아오는 것 말고는 달리 방도가 없었다.

이 같은 열악한 상황에서 매주 주간지를 발행하는 일은 커다란 모험이었다.

어쨌든 잡지는 출간되었고, 영업을 담당한 나로서는 어떻게 해서든지 잡지를 원활하게 배포할 책임이 있었다. 고심 끝에 나는 안정적인 보급을 위해 전국에 지사를 모집하자는 안을 내어 실행에 옮겼다. 그러나 이것 역시 난관이 적지 않았다. 우선, 지사 모집이 제대로 이뤄지지 않았다. 그리고 어렵게 개설한 지사에서도 예기치 못한 문제가 나타났다.

방학 중에는 학생들에게 잡지를 나눠 줄 길이 없다며 약정한 잡지를 고스란히 반품하는 사례가 발생한 것이다.

지사들이 출판사와 맺은 계약을 일방적으로 파기한 일이었지만 그래도 딱 한 곳의 지사에서는 신의를 지켰다. 부산 지사를 맡은 '신생사'란 서점이었다. 그곳만 유일하게 방학을 이유로 잡지를 반품하는 일이 없었다.

당시 신생사의 정재표 사장은 '출판사와 약속한 것을 이행하지 않고 잡지대금을 안 보내면 잡지사가 어떻게 유지되겠느냐?'며 오히려 우리에게 반문할 정도였다. 이런 일이 인연이 되어 훗날 6·25전쟁 때 부산으로 피난 갔던 우리는 임시 연락사무소를 신생사 사무실 한 칸을 빌려 마련하기도 했다.

이렇듯 출판사 입장을 헤아려주는 서점은 그때나 이제나 참으로 귀한 존재가 아닐 수 없다. 오늘날 출판시장이 엄청난 규모로 팽창하고 유통체계나 판매동향 파악이 정확히 집계되고 있는 요즘도, 일부 서점인들은 위탁 판매를 빌미로 책값의 결제를 늦추는 경향이 있다고 한다. 그러나 이런 작은 행태가 출판계 전체를 위축시킬 수도 있다는 점을 서점인들은 알았으면 한다.

종이전쟁

지금이야 종이를 못 구해 책을 찍지 못하는 일은 없을 것이다. 하지만 해방 이후 우리나라는 종이 자체가 너무 귀했다. 돈을 갖고도 종이를 구하지 못해 책을 만들어내지 못한 경우가 종종 있었다.

종이의 절대량이 부족했던 탓이었다. 단지 종이뿐만 아니라 모든 물자가 귀한 시절이었다.

해방되던 해는 일본인들이 경영하던 조선양지배급회사 창고에 쌓여 있는 재고 종이가 유일했을 정도였다. 그나마 교과서와 신문 용지로 우선 배정되고 나머지가 출판사 몫으로 돌아왔다. 이후 종이 배급은 미군정 산하의 상공부가 맡았는데 상공부의 허락이 있어야 종이를 가져올 수 있었다.

그런데 출판사가 용지를 배급받는 절차가 꽤나 까다로웠다.

상공부 유기가공과에 신청을 하고 다시 미군정 고문관의 서명을 얻어 조선양지배급회사 창고에 가면 출판계획서 검토과정을 거쳐 책정된 양만큼의 종이를 구입할 수 있는 복잡한 단계를 밟아야 했다.

당시 용지 배급을 제일 많이 받은 곳은 천주교회였고, 둘째가 우리 을유문화사였다. 천주교회는 을유의 5~10배씩 종이를 받아낸 것 같다. 당시 천주교회는 『경향신문』 창간에 주도적으로 참여하느라 많은 종이가 필요했던 것으로 기억한다.

배급받는 것 이외에 종이를 구하는 방법으로는 을지로에 있는 종이가게를 통하는 길이 있었다. 그것은 일종의 암거래였는데 무엇보다 물량이 적었다. 이 집 저 집을 돌아다녀도 필요한 분량을 채우기 어려웠다. 게다가 가격 또한 만만치 않았다. 대략 배급가의 10배에 달해, 이 종이로는 도저히 책의 판매가격을 맞출 수 없는 상황이었다.

우리는 일단 필요한 용지를 확보한 다음, 출판하는 것으로 순서를 정했다.

이런 방침에 따라 영업을 맡고 있던 나는 온갖 수단을 동원해 용지 확보에 힘을 쏟아야 했다. 종이를 구하러 이리저리 뛰어다니다 보니, 나중에는 동업자들로부터 이런 말까지 듣게 되었다.

"갱지든 모조지든, 종이 구하는 데는 을유를 따라갈 재간이 없다!"

배급 창고에서 한 번에 내올 수 있는 양은 많아야 갱지 1~2톤 정도였고, 화물 트럭이 거의 없던 때여서 마차로 종이를 실어 날랐다. 어렵게 구한 종이가 행여 분실될까, 마차 꽁무니를 일일이 따라다니는 일도 출판사 직원의 중요한 업무 가운데 하나였다.

임시정가 제도

당시 출간된 대부분의 책들은 '임시정가'라고 가격을 표시했다. 이것은 해방 후 하루가 다르게 물가가 치솟는 인플레 영향 때문이기도 했지만, 인쇄용지의 공급이 절대적으로 부족해서 생긴 풍속이다.

책을 인쇄할 때 책값 란은 비워둔 후, 책을 판매하기 직전 고무도장으로 그때그때 책값을 찍어 넣었다. 따라서 초판과 중판 사이에 가격차가 생기는 것은 물론이고, 심지어 같은 판에서도 판매 시기별로 가격 차이가 났다.

그러나 을유 동인들은 아무리 물가와 종이값이 널뛰듯 하더라도 초판 정가를 고수하기로 기본 운영방침을 정했다. '책은 다른 상품과 다르다'는 생각에서 내린 결단이었다. 또한 설령 물가고로 손해를 보는 경우가 있더라도 독자를 보호하는 출판문화의 전통을 세워 보겠다는 의지의 표현이었다.

또 대외적으로 출판사에 대한 명예와 신용을 쌓기 위해 저자에게 저작료 지불방법을 인세(印稅)제로 정했다.

그러나 이런 정가 원칙이 반드시 효율적인 것은 아니었다. 왜냐하면 초판 매진 뒤에 재판할 때, 제작비가 올라 곧바로 증쇄(增刷)하기 어려운 경우, 책을 더 팔아 인세를 기대하고 있는 저자에 대한 대우 문제가 발생하기 때문이었다.

그러나 우리들은 고집스럽게 일단 한번 정해진 가격을 그대로 받았다.

1947년 하반기부터 종이 수급 사정이 한결 나아졌다. 물물 교환 방식의 해외 무역이 시작되면서 마카오로부터 갱지가 수입된 것이다. 울릉도 오징어와 맞바꾼 마카오 종이가 부산항에 들어온다는 소식은 당시 출판계의 빅 뉴스였다.

나 역시 기쁜 마음에 들뜨지 않을 수 없었다. 돈 주고도 구하기 힘든 종이를 풍족하게 쓸 수 있게 되었으니 어찌 기쁘지 않을 수 있겠는가. 그러나 교통수단이 좋지 않았던 탓에 종이가 많이 필요할 경우 출판사 관계자들이 직접 부산으로 내려갔다. 종이의 운송비용을 절감하기 위해서였다. 부산에서 종이를 직접 구입해 철도편으로 부치는 진풍경이 연출되기도 했다.

　이때 출판사 직원은 열차의 화물칸에 실린 종이 곁에서 새우잠을 자기도 했다. 종이가 사람보다 더 대접을 받은 셈이다. 마카오 갱지가 수입되자 그때부터 을지로 1가와 2가 사이에 지업상들이 속속 들어섰고, 종이 거래가 활기를 띠었다. 지금까지도 번성하고 있는 을지로 일대의 인쇄소와 지업사들의 출발은 바로 이 무렵부터 시작된 것이다.

"정말 일하는 것 같군요."

해방 직후, 출판계의 현실은 종이만 부족했던 것이 아니었다.

　책을 찍어낼 인쇄기계는 물론 다양한 크기의 활자 등 부자재가 거의 없었다. 이렇다 할 우리글 활자가 없었고, 인쇄기계도 대체로 낡았으며, 인쇄공장 또한 제대로 가동되지 않았다. 하지만 이미 이 모든 것을 각오하고 출발한 일이었다. 그런 어려움은 오히려 사소한 것이었다.

　창업 초기 우리는 정말 열심히 일했다. 4명의 창업 동인이 선두에 서서 이끌어간 을유문화사 편집실은 시장통을 방불케 했다. 동인들이 역할 분담에 따라 맡은 각자의 분야에서 열심히 일하기도 했지만 무엇보다 서로 호흡이 척척 맞았다.

　뿐만 아니라, 직원들과의 융화도 잘 이뤄졌다. 영보빌딩 4층에 마련한 사무실은 그리 큰 방이 아니었다. 비좁은 공간에 책상을 너무 많이 들여놓은 탓에 자기 자리에 앉으려면 옆걸음을 걸어 책상 사이를 통과해야 했다. 따로 응접실도 없었고, 사장실도 없었다. 용무가 있어 온 손님들은 책상 옆에 선 채로 편집자와 몇 마디 주고받다가 돌아가곤 했다.

그 무렵 한번은 이런 일도 있었다. 소설가 이태준[12] 씨와 훗날 6·25전쟁 때 인공(人共) 치하에서 서울시 인민위원장을 지낸 이강국[13] 씨가 우리 사무실을 찾아왔다. 두 사람은 사무실 밖에서 기웃거리다가 들어서지도 못하고, "여기 와 보니 정말 일하는 것 같군요" 하면서 그냥 되돌아갔다. 당대 최고의 작가였던 이태준 씨는 1946년 11월 『사상의 월야』라는 책을 을유문화사에서 출간하기도 했는데, 얼마 뒤 월북했다.

더러 병나지 않게 쉬엄쉬엄 일하라고 우정 어린 충고를 해주는 친구들도 있었다. 그때마다 병이 생길 틈이 어디 있냐고 대꾸할 정도로 우리는 눈코 뜰 새 없이 바쁜 나날을 보냈다.

5. 초창기 전성시대

문장각을 열다

나를 포함한 창업 멤버들의 의욕과 사명감, 민병도 씨의 적극적인 후원을 바탕으로 한 비교적 여유로운 자금력, 출간한 책들에 대한 독자들의 호응에 힘입어 을유문화사는 6·25전쟁이 나기 전까지 수많은 책을 펴냈다.

1945년 12월 1일 창립 이후, 1946년에 총 35종의 책을 펴냈으며, 1947년에는 33종, 1948년에는 62종, 1949년에는 45종, 1950년에는 14종을 펴내는 등, 활발한 출간 실적을 쌓아갔다.

1주일에 평균 한 권꼴로 신간도서를 펴낸 것이었다.

출판 여건이 그 시절과는 하늘과 땅 차이로 잘 갖춰진 오늘날에도, 1주일에 한 권씩 펴내는 출판사는 손으로 꼽을 수 있을 정도로 드물다. 하물며 하나에서부터 열까지 모든 것이 열악했던 그 시절임을 감안하면, 우리들의 노력은 가히 초인적인 것이라 해도 과언이 아니었다.

출판할 가치가 있다고 일단 판단되면, 수익성 여부를 따지지 않고 출판에 들어갔다. 특히 다른 출판사들은 외면했던 학술서 쪽으로 출판을 많이 한 편이었다. 오로지 좋은 책을 많이 만들어야 한다는 단 한 가지 사명감만으로 출판을 했던 것이다.

우리는 심지어 전쟁 중이던 1950년 10월에도 주요섭의 『사랑손님과 어머니』를 펴냈으며, 1953년 7월 종전되기까지 전쟁의 와중에서도 11종의 책을 펴냈다. 단 한 권의 책도 펴내지 못한 시기는 우리 국토가 전화(戰禍)로 붉게 물들었던 1951년 한 해뿐이었다.

초창기의 활발한 출간활동으로 처음 영보빌딩 4층에서 시작한 을유는 확장을 거듭하여 나중에는 같은 빌딩 3층과 2층은 물론 지하까지 사용하게 되었다. 동시에 영보빌딩 건너편에 '문장각(文章閣)'이라는 소매점을 차려 우리가 출간한 책을 직접 독자들에게 판매하기도 했다.

문장각이 생긴 뒤 다른 출판사들뿐 아니라, 심지어 지방에 있던 출판

을유문화사 직매서점 문장각(文章閣)

사들까지 책을 가져와 팔아달라고 부탁을 하곤 했다. 이런 수요에 부응하고자 영보빌딩 2층에 150평 크기의 공간을 마련하여 구매부로 쓰게 되었다. 아동물, 교재, 문학, 잡지 등을 지속적으로 출판하는 한편, 소매점과 도매점을 운영하는 명실 공히 종합출판사 형태를 띠게 된 것이었다.

당시 종로에는 서점가라 해도 좋을 만큼 유서 깊은 대형서점들이 밀집해 있었다. 문장각도 이들 틈에 끼어 있었다. 이때 문장각 살림을 맡아 주었던 사람은 나와 학창시절부터 같은 집에서 하숙했던 엄병률 씨란 분이었다.

그는 우리가 출판한 교재와 참고서를 시내 각급 유명학교에 직접 배달도 하고 주문을 받아오기도 했다. 자전거에 책을 가득 싣고 영등포 등

지까지 직접 배달을 다니던 그의 모습이 눈에 선하다.

그 시절에는 교통사정이 말이 아니었다. 통신 또한 수월하게 이루어지던 시대도 아니었다. 출판한 책을 팔거나 사려는 사람들은 주로 리어카를 이용했다.

편집 기획 부문을 제외한 도매부, 소매부 경영 및 출판제작 진행 등이 나에게 주어진 임무였는데, 창립 1년을 넘기면서부터는 초기 투자에 따른 적자 상태에서 벗어나 부분적으로 흑자를 올리기 시작했다.

우리글과 문화, 그리고 서양의 새로운 지식에 목말라 있었던 때문일까. 몇몇 책들은 종이가 없어서 만들지 못해 팔지 못하던 그런 시절이었다. 물론 민병도 씨의 재정적 지원과 윤석중, 조풍연 씨의 열정이 초창기 을유문화사가 비약적으로 성장하게 된 초석이 되었음은 두말할 나위가 없을 것이다. 그리고 우리 문화와 새로운 지식에 굶주렸던 경향 각지의 남녀노소 독자들의 성원도 빼놓을 수 없는 일이다.

교사 서수옥

창립 2년이 지난 1947년 9월 20일, 을유문화사는 미군정 당국의 포고령에 따라 정식으로 출판사 등록 절차를 밟았고, 이듬해인 1948년 4월 1일 주식회사 을유문화사로 정식 법인 등기를 했다. 주식회사로 거듭나면서, 처음 4명의 창립 발기인들 외에 민덕기 씨가 감사역으로, 문장각 담당으로 엄병률 씨가 역원(役員)으로 편입되었다.

경영진이 정비가 되자 하부조직도 충원하기에 이르렀다. 이때 편집 직원 채용 과정에서 출판계에 화제가 된 일화가 있다.

서수옥(徐洙玉)이라는 사람이 화제의 장본인이다.

서수옥 전 상무이사

그는 해방을 전후해서 안양국민학교에 근무했던 교사였다. 해방을 맞아 우리말과 역사를 알고자 서울에서 자주 열리는 국어·국사 강습회에 열심히 참가했던 그는, 우리가 출판하는 '아협' 간행물을 구입해 학급도서로 비치하는 한편, 학생들로 하여금 동요·동화 등을 투고하도록 했다. 그가 담임한 학생들의 작품과 이름이 곧잘 아동잡지 『주간 소학생』에 오르내렸다.

그런데 그는 아협에서 발간한 책을 그냥 읽는 것이 아니고 맞춤법 틀린 것을 일일이 바로잡는다든가, 교육현장에서 느끼는 책에 대한 소감 등을 꼬박꼬박 적어 을유문화사 편집실로 보내왔다. 향후 편집에 참고해 달라는 뜻이었다. 그런 일이 반복되자 우리는 그의 정성에 감동해 서울에 오는 길이 있으면 한번 들르라는 내용의 답장을 보냈다.

그가 어느 날 을유문화사를 찾아왔다.

그를 맞이한 사람은 당시 편집 책임을 맡고 있던 조풍연 씨였다.

"당신이 서수옥이오?"

"네, 그렇습니다."

조풍연은 연신 고개를 갸웃거렸다. 건장한 몸집의 청년이 찾아온 때문이었다.

"난 여선생인 줄 알았는데……."

조풍연의 말이 끝나자마자 편집실에는 폭소가 터졌다.

그 일이 인연이 되어 그는 교사생활을 그만두고 을유문화사 편집부에 입사했다. 그는 1948년 입사해서 1978년에 퇴직했다. 정확히 30년을 을유문화사에서 보냈는데, 정말 책을 사랑한 유능한 편집자이자 출판인이었다.

이 무렵 또 한 사람이 영입되었다. 한규문 씨라는 분이었다.

나와 동일은행에서 함께 근무를 했던 분으로 나는 본점에 있었지만 그는 지점에 있었다. 은행원 시절, 나는 그가 매사에 빈틈이 없고 매우 근면함을 눈여겨보았었다. 나와는 매우 대조적인 성격이었다. 내가 적극적이며 동적(動的)이고 모험적이라면, 그는 소극적이지만 정적(靜的)이고 현실적이었다.

이렇게 새로운 인물들을 충원하면서 을유는 본격적인 전성시대를 맞을 준비를 하기 시작했다.

『지용시선』과 『청록집』

을유가 최초로 단행본다운 단행본을 펴낸 것은 1946년 상반기를 넘기면서부터였다. 그해 6월, 우리는 잇달아 세 권의 시집을 펴냈는데 앞서 언

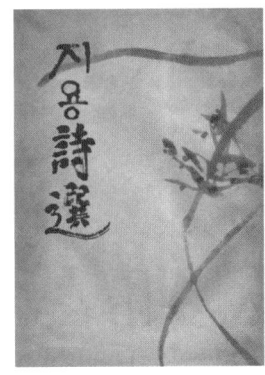  

『지용시선』, 『청록집』, 『석초시집』, 1946년 초판본

급한 정지용의 『지용시선』, 박목월 · 조지훈 · 박두진의 공동 시집인 『청록집(靑鹿集)』, 신응식의 『석초시집(石艸詩集)』이 그것이었다.

이 세 권의 책은 해방 이후에서 6 · 25에 이르는 시기, 한국 현대시의 중요한 흐름을 대변하는 문학사적으로 매우 중요한 시집이었다.

특히 『청록집』은 한국 현대시 역사에서 한 획을 그은 시집으로 평가받고 있다. 이런 점은 3인 공동 시집에 참여한 시인들이 오늘날까지 '청록파'로 일컬어지고 있는 것만 봐도 알 수 있는 일이다.

그런 정황을 감안하여 2006년, 편집부에서는 초판 발행 60주년을 기념하여 세 권의 책을 다시 펴냈다. 당시 초판본을 그대로 영인(影印)하여 싣고, 현행 맞춤법 규정에 맞춰 새롭게 편집하여 출간한 것이었다.

나는 그 책이 나오던 날 뭉클한 감회에 젖어 눈시울을 적시지 않을 수 없었다. 이미 앞서 세상을 떠난 창립 동인들이 60년 전 그 책을 만들어 내놓고 즐거워하던 모습이 바로 어제 일처럼 눈앞에 선명하게 떠올랐던 때문이다.

그들과 함께 즐거워하지 못함이 새삼 아쉬웠고, 우리 네 사람이 지난 날 이룩했던 우리 출판계와 문학계의 커다란 족적에 더할 나위 없는 자긍심과 보람이 가슴 가득 치밀어 올랐기 때문이었다.

해방 직후에는 시집 출간이 아주 드물었다.
해방되던 해와 그 이듬해 2년 동안 선보인 시집은 불과 서른다섯 권이었다. 여러 시인들의 작품을 모은 앤솔러지(anthology)와 일제시대 시집의 복간본을 합친 숫자가 그랬다. 그렇기에 시집 출간은 을유문화사가 문학출판의 터전으로 발돋움하는 계기로 작용했다.
시집에 이어 1946년 9월에는 소설집을 펴내기에 이른다. 허준의 『잔등(殘燈)』은 을유의 첫 번째 소설집이다. 이 여세를 몰아 을유는 해방기 소설 출판에서 화려한 업적을 쌓았다.
염상섭의 『삼대』, 채만식의 『당랑(螳螂)의 전설(傳說)』, 김동리의 『무녀도』, 이태준의 『복덕방』, 안회남의 『불』, 김남천의 『맥(麥)』, 그리고 벽초 홍명희의 〈임꺽정(林巨正)〉 등을 속속 선보였던 것이다.

1946년 9월 10일 발간된 일석(一石) 이희승의 『조선문학연구초』는 을유 최초의 학술도서라고 할 수 있다. 우리 문학에 대한 근원적 이해와 인식을 새로이 하려는 취지로 출판된 이 책은 대학 교재의 효시

첫 소설집 허준의 『잔등』, 1946

이기도 하다. 나중에는 『국문학 연구초』로 제목을 바꿔 달았고, 이후 시리즈로 출간하기 시작한 〈대학총서〉의 기틀이 되었다.

1947년 4월 간행된 무애 양주동의 『여요전주(麗謠箋注)』는 A5판 486쪽의 본격 학술서로 을유가 펴낸 최초의 양장본이었다. 처음 만드는 양장본이라 편집과 제작에 어려움이 많았지만 그런 만큼 보람도 적지 않았다.

이후 1962년 양주동의 『국문학연구논고』를 간행하기로 결정한 것도 무애 선생과의 이런 초창기 인연 때문이었다. 당시 『국문학연구논고』 같은 책을 내기에는 출판사 안팎의 사정이 좋지 않았지만 나는 출판에 쾌히 응했다. 그리고 책의 체재에서 교정에 이르기까지 출판사의 고유 권한이라 할 수 있는 부분을 까다롭게 챙기려는 저자의 요구도 다 들어주었다. 이에 대해 무애 선생은 나와 우리 을유에게 두고두고 감사의 뜻을 표했다.

1946년 10월 펴낸 『학생조선어사전』은 을유의 첫 번째 사전(辭典)이었다. 학생을 대상으로 한 해방 후 최초의 국어사전으로 주목을 받았다.

이영철이 엮고 이희승이 감수한 이 사전은, 그러나 본격적인 체계를 갖춘 사전으로 보기엔 여러모로 미흡

해방 후 최초의 우리말 사전
『학생조선어사전』, 1946

한 점이 없지 않았다. 그러나 당시 우리말 사전은 1938년 문세영이 엮은 『조선어사전』이 유일했던 터라 급한 대로나마 제 몫을 다했다.

을유의 『학생조선어사전』은 당시의 열악했던 용지 사정이 그대로 반영된 탓에 사전치고는 다소 기형적인 외양을 지녔다. 사전용의 얇은 종이를 쓰는 것은 엄두조차 낼 수 없던 처지여서 불가피하게 선화지를 본문 용지로 사용했다.

얇은 선화지에 인쇄할 경우 뒷면이 비친다. 그래서 하는 수 없이 한쪽 면을 인쇄한 다음, 반으로 접어 인쇄가 안 된 부분은 안으로 들어가게 했다. 말하자면 옛날의 한지 목판본처럼 제본했던 것이다. 그럼에도 불구하고 『학생조선어사전』은 늘 주문이 밀릴 정도로 독자들로부터 커다란 호응을 받았다.

예상 밖으로 판매 호조를 보이는 책들도 적지 않았다. 1949년 5월에 출간된 『소년상식』이라는 책은 초판 1만 부를 찍었는데, 순식간에 팔려 나갔다. 일종의 교과목별 상식백과 같은 책이었는데, 재판으로 2만 부를 찍었고, 이어 3판으로 5만 부를 찍었는데도 주문이 넘쳤다.

6. 나랏말 〈큰사전〉

창고에 버려진 원고 보따리

한 나라에는 그 나라의 말을 담은 '사전'이 있어야 한다는 것은 너무도 당연한 이야기다.

지금이야 '우리말 사전'이 다양하게 구비돼 있지만, 해방 직후엔 제대로 된 우리말 사전이 없었다. 근대기에 36년 동안이나 일본에 강점당한 탓에 우리말과 우리글이 실종된 것이 주요 원인이겠지만, 이유야 어찌 됐건 실로 부끄러운 일이 아닐 수 없었다.

당초 우리말과 우리글을 되살린다는 취지로 출판 사업을 시작한 을유 동인들은 물론, 당시의 많은 지식인들이 우리말 사전의 필요성을 절감하고 있었다. 하지만 사전을 만드는 작업이 너무 방대하여 아무도 엄두를 못 내고 있을 때였다.

우연한 일이 계기가 되어 을유문화사는 본격적으로 사전 편찬 작업에 뛰어들게 된다. 우리말의 모든 것을 담은 이른바 〈큰사전〉을 펴내기로 한 것이었다. 그리고 나는 〈큰사전〉을 통해 출판의 '매운 맛'을 혹독하게 겪기도 했다.

그도 그럴 것이 이 사전은 을유가 펴낸 최초의 본격 출판물이었고, 제작과정에 우여곡절이 많았으며, 을유의 역량이 총동원된 시험무대 같은 것이기도 했다.

〈조선말 큰사전〉, 1947~1957

　첫 출발 후, 장장 10년에 걸쳐 완성된 〈큰사전〉의 서막은 출판사 창립 3년째인 1947년 봄에 시작됐다.

　어느 날, 당시 '조선어학회' 간부인 이극로[14] 씨, 김병제 씨 등이 보자기에 싼 원고 뭉치를 들고 을유문화사 사무실로 찾아왔다. 이들은 족히 20년이 걸린 우리말 사전 원고에 얽힌 사연을 들려주면서 우리말 사전 출판을 제의해 왔다.
　이 원고는 일제 말기 '조선어학회사건' 때 일제에 압수되었다가 해방 후인 1945년 9월 8일 서울역의 한국통운 창고에서 기적적으로 발견된 것이었다. 그 과정을 좀 더 자세히 살펴보면 이렇다.
　오늘의 '한글학회' 전신(前身)인 조선어학회라는 학술단체가 있었다. 1931년 11월, 몇몇 학자들이 모여 활동하던 '조선어연구회'를 모태로 발족한 민간학술단체로 우리말의 연구·발전을 모임의 취지로 표방했다.
　초기엔 나름대로 활발한 활동을 벌였지만, 1942년 무렵 일본어 사용과 조선어 말살을 꾀하던 일제가 조선어학회의 회원을 체포해 투옥한

사건이 벌어진다. 이른바 조선어학회사건이 그것이었다.

일제 총독부 당국은 조선어학회를 학술단체를 가장한 독립운동단체로 지목했다. 이어 모든 회원들에게 혹독한 고문을 자행했고, 법원에서 유죄 선고를 받아 모두 감옥살이를 하게 된다. 이로 인해 조선어학회는 해산되었으며, 당시 활동하던 이희승, 이극로, 김병제, 최현배 같은 분들은 대부분 징역형을 선고받고 감옥에 수감되어 있다가 해방과 함께 석방되었다.

문제는 조선어학회의 주요 간부들이 검거되면서 일본 경찰이 증거물로 가져갔던 사전 편찬용 원고가 송두리째 사라져 버린 것이었다.

회원들로서는 1930년대부터 오랜 세월에 걸쳐 수집하고 정리한 우리말 사전 원고였으니, 그 안타까움이 이만저만 아니었을 것이다. 따로 복사본을 만들어놓은 것도 아니었던 탓에 절망감은 극에 달했을 것이다.

그러나 해방 1년이 지난 후 이극로, 김병제 씨가 기적적으로 잃어버렸던 그 사전 원고를 되찾게 되었다. 원고 뭉치가 한국통운 창고에 방치돼 있었던 것이다. 아마 재판과정에서 증거물이 운송회사를 통해 법원을 오가던 중에 해방을 맞아 그리 된 터였다.

원고를 되찾은 조선어학회 사람들로서는 감회가 정말 무량했을 것이다. 문제는 원고를 사전으로 만들어 출판하는 일이었다. 그들은 몇몇 출판사를 찾아다녔지만, 엄청나게 방대한 작업이다 보니 어느 누구도 선뜻 나서지 못했다고 한다.

이 원고에 얽힌 사연을 알게 된 우리는 "검토해 보겠다!"고 대답했고,

그들은 일단 돌아갔다. 이후 우리는 회의를 통해 이 문제를 다시 논의했고, 출판 취지에는 찬성하지만 여러 가지 여건상 시기상조라는 쪽으로 결론을 내렸다.

사전 제작 후 판매수익 문제는 접어두고라도 무엇보다 사전 용지 자체를 구하는 일이 불가능에 가까웠다. 더욱이 〈큰사전〉은 종이만 있다고 해서 만들 수 있는 책이 아니었다.

또 책을 낸 후에 당장 출판자금이 회수될 수 있는 책이 아니었다. 설혹 종이를 구한다 하더라도 사전을 만들고 나면 다른 책을 낼 종이가 없어지므로 다들 못하겠다는 의견이었다. 창업한 지 만 1년을 넘기고 있던 을유문화사 입장에서는 여러모로 무리한 기획이었다.

며칠 후 이극로, 김병제 씨가 다시 나를 찾아왔고, 이극로 씨의 하소연이 다시 이어졌다.

"정부 기관 같은 데서 만들어주면 더할 나위 없이 좋겠지만, 사전 출판이 시급한 터라 정부 수립까지 마냥 기다릴 수도 없고 하니 어찌하면 좋겠소? 그러니 을유문화사에서 한번 용단을 내려 이 일을 시작해 주시오!"

우리들의 대답은 여전히 소극적이었다.

"취지에는 적극 찬성하지만 아직 제반여건이 마련되지 않았으니, 좀 더 기다려 보기로 하죠."

확답을 해줄 수 없었다. 그들은 낙담한 표정으로 돌아갔다.

얼마 뒤 삼고초려 격으로 이극로 씨, 김병제 씨가 또 찾아왔다. 이때는 이희승[15] 씨도 동행했는데 이번에는 뭔가 끝장을 볼 기세였다. 이극로 씨는 원고 뭉치로 책상을 연신 두드리며 격앙된 목소리로 이렇게 말했다.

"누구 하나 사전에 관심조차 보이지 않으니 우리나라가 해방된 의의가 어디 있단 말이오. 그래, 이 원고를 가지고 일본놈들한테 가서 출판해 달라고 사정해야 옳은 일이겠소?"

아호가 '고루' 또는 '물불'이었던 이극로 씨는 당시 조선어학회 이사장이면서, 〈큰사전〉 편찬원 겸 간사장을 맡고 있었다. 그는 이호대로 사전 편찬에 물불을 가리지 않았다.

우리는 이극로 이사장의 격렬한 토로에 마음이 흔들리지 않을 수 없었다. 그의 노호일성(怒號一聲)이 그대로 우리 민족의 분노의 목소리로 들렸기 때문이다.

그때였다.

조풍연, 윤석중 씨 등이 제작과 영업을 책임지고 있던 나를 쳐다봤다. 이극로 씨 등도 덩달아 마치 내가 최종 결정권을 쥐고 있는 사람처럼 간절한 눈빛으로 나를 바라봤다.

나는 순간 당황했고, 전혀 생각지도 않았던 엉뚱한 말을 덜컥 내뱉고 말았다.

"사전을 내기로 하겠습니다. 다만 여러 여건상 우선 1권만 간행해 놓고 나머지는 차차 대책을 마련해 봅시다."

순간 이극로 씨와 김병제 씨의 얼굴에 화색이 돌았다.

"고맙소! 정말 그래 줄 수 있겠소? 이건 우리 민족의 중요한 자산이란 말이오."

"잘 알고 있습니다."

이왕지사 내친김이었다. 해보는 수밖에 없었다. 세 사람은 원고 뭉치를 남겨두고 거듭 사의를 표한 후 만면에 희색을 띠고 돌아갔다. 원고 뭉치는 어른 키 높이 이상의 방대한 분량이었다.

우리들은 뒤늦게 우리 앞에 놓인 엄청난 문제에 대해 토의하기 시작했다. 편집 문제는 사실상 중요한 문제가 아니었다. 사전 편찬의 특성상 조선어학회와 공동으로 진행해야 할 사안이었기 때문이다. 문제는 제작이었는데, 나는 당시 이런 논지로 동인들을 설득해 나갔다.

'사전 작업은 비록 지금이 아니라 하더라도 언젠가는 우리가 해내야 할 일이다. 그렇다면 일단 작업을 시작하자. 다음으로 미루자는 말은 결국 안 하겠다는 이야기 아니겠느냐? 그러니 이왕 하게 될 일이고 분명히 의미 있는 일이라면 하루라도 빨리 시작하자.'

이때 그들이 놓고 간 〈큰사전〉 원고는 이후 10년에 걸쳐 1957년 10월 9일, 마침내 총 6권으로 완간하게 된다.

B5판 크기에 총 3,558쪽에 달하는 대역사(大役事)였다. 원고가 지난날 우여곡절을 겪었던 것처럼, 사전 제작 과정 역시 실로 파란만장한 경로를 거쳐 탄생하게 된다.

하늘은 스스로 돕는 자를 돕는다

〈큰사전〉 출판이 결정되자 용지 확보가 급선무로 대두됐다. 나는 서울

시내를 샅샅이 뒤진 끝에 제1권 제작에 사용할 용지를 가까스로 구할 수 있었다. 백도림지(白道林紙)라고 불리는 60근 모조 용지로 대략 1만 부 정도 찍을 분량이었다.

용지가 마련되자 편집 및 제작은 일사천리로 진행되었고, 1947년 10월 9일 한글날을 기해 〈큰사전〉 첫째 권을 간행하는 개가를 올린다. B5 판형에 564쪽의 사전은 특가 1,200원에 보급되었다. 제본도 천으로 표지를 만든 이른바 포(布)클로스 양장 호화판이었다.

〈큰사전〉 출간의 감회를 대신해, 당시 〈큰사전〉에 실린 '머리말'을 일부 인용한다.

> 말은 사람의 특징이요, 겨레의 보람이요, 문화의 표상이다. 조선말은 우리 겨레가 반만년 역사적 생활에서 문화 활동의 말미암던 길이요, 연장이요, 또 그 결과다. 그 낱낱의 말은, 다 우리의 무수한 조상들이 잇고 이어 보태고 다듬어서 우리에게 물려준 거룩한 보배이다. 그러므로, 우리말은 곧 우리 겨레가 가진 정신적 및 물질적 재산의 총목록이라 할 수 있으니, 우리는 이 말을 떠나서는, 하루 한때라도 살 수 없는 것이다. 〔……〕
>
> 스무 해 전에, 사전 편찬을 시작한 것은 조상의 끼친 문화재를 모아 보존하여, 저 일본이 포악한 동화정책에 소멸됨을 면하게 하여, 자손만대에 전하고자 하던 일에, 악운이 갈수록 짓궂어, 그 소극적 기도조차 위태한 지경에 빠지기 몇 번이었던가. 〔……〕 이제는 이 책이 다만 앞사람의 유산을 찾는 도움이 됨에 그치지 아니하고, 나아가서는 민족 문화를 창조하는 활동의 이로운 연장이 되며, 또 그 창조된 문화재를 거두어들여, 앞으

로 자꾸 충실해 가는 보배로운 곳집이 되기를 바라 말지 아니한다.

— 기원 4280(서기 1947)년 한글날, 조선어학회

〈큰사전〉이 출간되자 사회 각계각층에서 대단한 성원을 보내주었다. 민족 문화의 기틀을 만든 커다란 업적이라며 신문 사설마다 찬사와 호평이 이어졌다. 그러나 우리는 이런 호응에 마냥 기뻐할 수만은 없었다. 첫째 권은 서막에 불과했고 앞으로 예정된 다섯 권을 어떻게 속간하느냐의 문제가 새로운 고민이었다.

나머지 다섯 권을 마저 펴내기에는 출판 비용이 막대하게 소요되었고, 무엇보다 종이를 구하는 길은 더 막막했다. 그야말로 걱정이 태산 같았다.

이 무렵은 미군정 시절이었다.

〈큰사전〉 첫 권이 나온 지 얼마 지나지 않았을 때였다. 어느 날 미군정 편수국 고문관인 앤더슨이란 미군 대위가 나를 찾아왔다.

"저는 한국이 중국이나 일본의 식민지여서, 일본이나 중국 언어를 모태로 조선의 언어와 말이 발전한 줄 알았지, 이렇게 한국말이 독특한 문자와 철자법, 발음법을 갖고 있는 줄은 미처 몰랐습니다. 정말 대단한 일을 하셨습니다."

그는 〈큰사전〉에 대단히 감동을 받은 듯했다. 내 기억으로 그는 하버드 대학 언어학과를 졸업한 인물이었다.

"그런데 더 놀라운 것은 발음법이나 철자법이 너무 우수해 보인다는 겁니다. 다음 권은 언제쯤 나올 예정입니까?"

나는 그의 칭찬에 웃고, 그의 물음에 다시 한 번 웃었다.

"원고는 준비되어 있는데, 돈이 없어서가 아니라 책을 만들 용지가 없어서 못 내고 있답니다. 아시다시피 지금 한국은 모든 물자가 부족한 상황 아닙니까?"

그는 깜짝 놀라는 눈치였다. 출판계의 이런저런 고충을 듣고 돌아간 그는 열흘쯤 후에 나를 다시 찾아왔다. 그리고 이런 부탁을 했다.

"저에게 사전 열 권만 주십시오. 미국에서 물자를 지원받을 수 있는 길을 찾아보고 있는데, 마침 도움을 줄 가능성이 있는 곳이 있습니다. 그곳에서 일단 사전을 좀 보내달라고 하네요."

너무도 고마운 배려였다. 나는 즉각 〈큰사전〉 열 권을 건네주었다.

"대신 일이 성사될 때까지 이 일은 비밀로 해주십시오."

그는 그런 부탁을 했다. 그쯤이야 충분히 들어줄 수 있는 것이었다. 나는 그의 관심과 배려가 고마웠을 뿐, 사실 크게 기대는 하지 않았다. 백방으로 두 번째 사전을 만들 종이를 구하고 있던 차, 어느 날 그가 환한 얼굴로 다시 찾아왔다.

"미국에 록펠러 재단이라고 있습니다. 그곳에서 사전을 제작하는 데 물자를 지원할 의사가 있다고 합니다. 일단 한국으로 관계자를 보내겠답니다. 여러 사람들이 알면 여기저기 말들이 많을 테니 완전히 실행될 때까지 비밀에 부치기로 합시다."

너무도 놀랍고 고마운 일이었다. 내가 한 일이라곤 그에게 사전 열 권을 견본으로 건네준 것이 전부였다.

당시 록펠러 재단은 미국 국내의 기회균등 문제와 문화적 발전 문제

등에 대한 지원에서부터 아시아, 아프리카 등 신흥국의 기아(飢餓) 근절과 인구 문제에 대한 원조도 실시하고 있었다.

문득 '하늘은 스스로 돕는 자를 돕는다!'는 격언이 떠올랐다. '궁즉통(窮卽通)'이라는 말도 있다. 진지하게 고민하다 보니 어느 순간 뜻하지 않은 곳에서 해결의 실마리가 찾아진 것이었다.

당시 미국인 고문관이 대학에서 언어학을 공부했던 것도 을유와의 인연이었다. 아니, 그와의 인연이 우리말 〈큰사전〉이라는 숙명적인 대업을 결국 이루게 했음에 비추면, 우리 민족의 행운이기도 했다.

록펠러 재단과의 인연

편수국 고문관의 말대로 얼마 지나지 않아 록펠러 재단에서 인문학 부장 파스(Faths) 박사라는 사람이 한국에 도착했다. 나는 통역을 대동하고 그를 만났다.

당시 휘문고보 시절 은사이신 박술음 선생님, 이인수 씨, 도쿄 대학을 졸업한 장수길 씨, 서울대 이상백 교수 등이 함께 참석했다. 이들은 파스 박사에게 〈큰사전〉의 필요성에 대해 역설했다.

"잘 알겠습니다. 이 사업을 지원하도록 건의하겠습니다. 돌아가는 즉시 회의를 열어 그 결과를 알려드리겠습니다."

모든 것이 순탄하게 풀려나가는 듯 보였다.

용지의 어려움만 해결이 된다면 사전을 만드는 일은 그리 어렵지 않을 듯했다.

협의를 마치고 파스 박사는 미국으로 돌아갔고, 나를 비롯해 배석했던 사람들은 파스 박사의 답이 오기를 학수고대했다. 그러나 금방이라도 올 것 같았던 연락은 몇 달이 지나도 감감무소식이었다. 그런데 다섯 달쯤 지난 후, 파스 박사로부터 마침내 다음과 같은 내용의 통지가 왔다.

'사전 여섯 권 중 이미 한 권은 만들었으니, 나머지 다섯 권을 만드는 데 드는 용지와 표지 등 재료가 얼마나 드는지, 세부적인 계획서를 만들어 보내주시오. 대략 4만 5천 달러 상당의 필요물자 전부를 여기서 마련해 당신들에게 보내겠소.'

을유문화사는 신이 났다.

나는 구체적인 제작계획서를 만들었고 이를 장수길 씨가 영문으로 작성했다.

그런데 문제가 하나 있었다. 통지 말미에, 〈큰사전〉의 저자가 한글학회[16]이니 그들의 양해를 얻어 한글학회와의 계약서를 써서 함께 보내달라는 내용도 적혀 있었다. 출판사는 영리단체로 간주되므로 학술단체 명의로 다시 신청서를 만들어 보내달라는 것이었다.

어려운 일이 아니라고 생각했다. 결국 나는 신청서를 만들어 한글학회 사람들을 만나 저간의 사정을 설명했다. 편수국 고문관의 부탁에 따라 비밀에 부쳤기 때문에, 그때까지도 한글학회 사람들은 이런 사실을 전혀 모르고 있었던 것이다.

"록펠러 재단에서 사전 만드는 데 필요한 물자를 다 지원해 주기로 했답니다. 그러니 한글학회 도장을 찍어 주십시오."

내 설명을 들은 한글학회 사람들은 춤을 추며 좋아했다.

"하지만 일이 완전히 성사되기 전까지 비밀로 해야 합니다. 록펠러 재단에서도 그렇게 해주기를 원하니까요."

"그럼요, 비밀로 해야죠."

그런데 일이 생각처럼 쉽게 풀리지 않았다.

내용을 검토한 후 도장을 찍어달라고 출판계약서를 그들에게 주고 왔는데 3주일이 넘도록 한글학회에서는 우리에게 신청서를 보내오지 않았다.

"누가 출판업자요?"

한글학회 측에 신청서 날인을 독촉하고 있는데, 엉뚱하게도 록펠러 재단의 파스 박사로부터 새로운 공문이 날아왔다. 내용인즉, '한글학회' 측의 별도 요구가 록펠러 재단에 접수되었다는 것이었다.

즉, 을유로서는 〈큰사전〉 제작물자가 무상으로 지원되므로 〈큰사전〉 판매가격을 염가로 책정했는데, 판매가격을 수정해 그만큼의 액수를 한글학회 수입으로 해달라는 그런 내용이었다. 나로서는 뒤통수를 한 대 얻어맞은 기분이었다.

한글학회에서는 우리한테까지 비밀로 하고 그런 공문을 록펠러 재단에게 보낸 것이었다. 사전을 제작할 우리와는 한마디 협의도 없이 독자적으로 그런 행동을 한 한글학회의 처사가 괘씸했지만, 다른 한편으로는 그들의 처지가 이해되기도 했다.

당시 한글학회는 사무실도 없었고 편찬 작업을 맡은 직원들의 월급 줄 돈도 없던 실정이었다. 록펠러 재단 역시 한글학회의 이런 사정을 간파하고, 다시 신청서를 만들어 보내라고 했던 것이다.

굳이 따지자면 경우가 이상한 것이었지만, 우리가 학회를 돕는다는 일이 나쁠 것도 없는 일이어서 곧 승낙의 뜻을 전하고, 신청서에 한글학회와 을유문화사의 합의각서까지 만들어 보내게 되었다. 무엇보다 〈큰사전〉이 하루빨리 나와야 한다는 데 더 큰 뜻이 있다고 생각해 더 이상 왈가왈부하지 않았다.

그런데 이 원조가 사전 제작에 필요한 용지 등, 물자만을 보내주는 것이므로 우리는 편찬사업에 필요한 인건비와 인쇄 및 제본작업에 소요될 제작비 마련을 위해 당시 한국은행에서 7천만 원을 융자받았다.

그렇게 결정이 되었을 때, 내게 일갈(一喝)을 하며 사전을 내달라고 요구했던 이극로 선생은 이미 월북을 한 상태였다. 결국 당시 한글학회의 편수국장으로 있던 최현배 선생이 이 모든 일을 담당했다.

〈큰사전〉 2권 편집이 끝났을 무렵, 록펠러 재단으로부터 물자가 도착했다. 우리는 즉각 2권을 찍기 시작했고, 1948년 5월 5일 제작을 마쳤다. 그런데 뜻밖의 문제가 생겼다. 〈큰사전〉 2권의 정가 책정 문제로 한글학회와 우리가 부딪친 것이었다.

1947년 자력으로 출판했던 〈큰사전〉 1권의 책값은 1,200원이었다. 따라서 독자한테 더 많은 혜택을 주기 위해 우리가 작업한 실비만 포함하고, 무상으로 지원받은 용지 값 등은 정가를 책정할 때 포함시키지 않았다. 결국 한글학회에 지불할 인세까지 감안해 책값은 1,200원 선으로 정하면 되겠다고 제안했다.

그런데 한글학회가 반대했다. 한글학회는 무려 3,200원을 받아야 한다는 것이었다. 당시 400쪽이 넘는 홍명희의 〈임꺽정〉이 650원(圓), 잡지 『학풍(學風)』이 200원 하던 시절이었다.

인플레가 극심했던 시기였으므로 정확한 비교는 곤란하겠지만, 우리가 제시한 〈큰사전〉 2권(500쪽 내외) 값은 요즘 물가로 계산하면 약 3만 원 정도였고, 한글학회는 약 10만 원을 받아야 한다는 것이나 다름없었다.

더욱이 〈큰사전〉은 한 권으로 된 완성된 사전이 아니라, 1권은 기역(ㄱ)에서 디귿(ㄷ)까지, 2권은 다시 디귿(ㄷ)에서 미음(ㅁ)까지 식으로 연이어 제작하고 있던 상황이었다. 판매를 고려해야 하는 을유문화사 입장에서는 도저히 받아들일 수 없는 가격이었다.

더욱이 양서(良書)를 저렴한 가격으로 봉사한다는 을유의 사시(社是)에도 크게 어긋나는 것이었다. 또 한글학회는 정가 1,200원에서 한글학회에 지불할 인세와 한글학회가 제시한 3,200원에서 1,200원을 뺀 나머지 차액까지도 지불해 달라고 요구했다.

우리로서는 받아들이기 힘든 요구였다. 그러다 보니 책을 만들어놓고 근 6개월 동안 판매를 하지 못했다. 부끄러운 일이었다. 결국 정가 책정 문제를 해결하지 못하고 있을 때, 미국의 대외원조물자를 관리하는 부서인 ECA[17]와 회의를 하게 되었다.

"왜 책을 만들어놓고 보급하지 않는 겁니까?"

ECA 측 관계자가 을유문화사로 나를 찾아왔다.

"책값을 정하는 문제로 한글학회와 우리가 서로 의견이 달라 그렇습니다."

나는 한글학회와 우리의 입장을 그들에게 설명했다.

"그럼, 8자 회의를 합시다."

결국 한글학회, 을유문화사, ECA, 그리고 당시 미군정 외자청(外資廳) 관계자 각각 두 사람씩, 이렇게 8명이 만나 회의를 하자는 것이었다.

결국 회의장에 여덟 사람이 모였다. 을유문화사 측에서는 사장인 민병도 씨와 전무인 내가 나갔고, 한글학회 측에서는 당시 최현배 선생과 김 모라는 사람이 나왔다. 회의가 시작되었다.

"당신은 한글학회 편이오? 을유문화사 편이오?"

ECA의 담당 미국인이 나를 보고 물었다.

"나는 을유문화사 직원입니다."

"그럼, 당신은 어느 편이오?"

그가 최현배 선생을 보고 물었다.

"나는 한글학회 측입니다."

"그럼, 당신이 3,200원에 하자는 사람이고 당신은 1,200원에 하자는 사람이오?"

"맞소."

그러자 그 미국인이 고개를 갸우뚱거렸다.

"나는 출판사 측에서 정가를 높여 받자고 해서 책이 안 나오는 것인

줄 알았는데……. 그게 아니라면 당신들끼리 이야기하시오!"

그러더니 미국인은 얼굴을 붉히며 회의석상을 떠나고 말았다. 참담한 기분이었다. 그가 나가고 난 후, 외자청 배정국장인 서재식 씨가 들어왔다.

"당신은 내가 존경하는 학잡니다."

서재식 씨는 최현배 선생을 쳐다보며 말문을 열기 시작했다.

"그런데 이제 보니까 장사를 하는 출판사보다 더 모리배 정신을 가진 분이군요. 이게 도대체 무슨 망신입니까. 저도 처음엔 출판사에서 정가를 더 받으려고 해서 책이 안 나오는 줄 알았는데, 그게 아니라 저자 측에서 정가를 더 높이 책정해서 책이 안 나오고 있다니 이런 말도 안 되는 경우가 어디 있습니까? 더욱이 사전 제작에 필요한 물자는 전부 공짜로 지원받은 처지에 말입니다."

최현배 선생과, 함께 온 김 모의 얼굴이 벌겋게 달아올랐다.

"아니, 이게 내가 잘 먹고 잘 살자고 이러는 것이오? 한글학회가 바로 서야 이 땅의 한글이 바로 서는 것이란 말이오. 이 모든 것이 한글학회를 위한 일이오. 어떻게 이런 일로 나를 모독할 수 있소!"

최현배 선생은 격렬하게 목소리를 높였다. 고결한 인격자로 대쪽 같은 성미의 교육자 외솔 선생이 한글학회를 살려 보자는 일념에서 외국인 앞에서 수모를 각오하고 격렬한 어조로 쟁론을 벌이던 그날의 정경을 나는 아직도 잊지 못한다. 한글과 한글학회의 수호를 위해서는, 어떤 수모나 어려움이라도 무릅쓰겠다는 그 집념은 외솔다웠다.

외솔 최현배 선생으로서는 설혹 을유문화사가 아닌 다른 출판사와 문제가 있었다 해도 그런 태도를 굽힐 것 같지 않았다. 마찬가지로 우리들 역시 물자를 지원해 준 록펠러 재단과 독자와의 약속을 지켜야 한다는 점에서 한글학회 측의 의견을 받아들일 수 없었다.

결국 몇 차례의 회의를 통해 〈큰사전〉 2권의 정가가 확정되었다.

책값은 1,500원이었던 것으로 기억한다. 어쨌든 재조정된 책값으로 한글학회는 적잖은 인세를 받게 되었다. 이어 이듬해인 1950년 6월 1일 〈큰사전〉 3권이 나왔다. 그러나 곧이어 터진 6·25전쟁으로 인해 〈큰사전〉 속간은 중단될 수밖에 없었다.

〈큰사전〉에 얽힌 뒷이야기

1950년 6월 25일 발발한 6·25전쟁은 우리 민족의 뼈아픈 비극이자 두고두고 후회스러운 남북분단의 출발점이 되었지만, 작게는 을유문화사가 해방 후 5년간 쌓아왔던 출판 실적을 하루아침에 원점(原點)으로 되돌리는 사건이기도 했다.

6·25전쟁 당시 을유문화사의 행적을 더듬기 전에 〈큰사전〉이야기부터 마저 정리할 필요가 있을 것 같다. 〈큰사전〉은 워낙 방대한 작업이었기에 제작 과정에 얽힌 일화가 적지 않았다.

첫째, 〈큰사전〉은 1957년 10월 9일 한글날에 맞춰 출간한 총 6권을 완성하기까지 세 곳의 인쇄공장을 거쳐야 했다. 1권은 협진인쇄에 맡겼고, 2권에서 4권까지는 서울신문사 공무국에서 찍었다. 5권과 6권은 공군의 인쇄 시설을 빌렸다.

둘째, 록펠러 재단의 원조로 당시 영등포 미곡 창고에 보관 중이던 〈큰사전〉 제작 용도의 종이가 6·25전란 통에 증발한 사연을 들 수 있겠다. 전쟁 발발 사흘 만에 적의 수중으로 넘어간 서울이 꼭 석 달 만에 국군과 유엔군에 의해 수복되었을 때였다. '9·28서울수복' 직후, 우리는 부랴부랴 용지를 보관해 왔던 영등포 창고로 달려갔다.

그런데 록펠러 재단의 원조물자를 쌓아두었던 미곡 창고는 텅 비어 있었다. 서울이 인민군 손아귀에 들어가 있는 동안, 김일성과 스탈린의 사진을 인쇄해 살포하고, 공산당 선전 '삐라'를 제작하기 위해 이 종이를 몽땅 써버렸던 것이다. 참으로 황당해 눈물이 날 정도였다.

셋째, 전쟁 중이었지만 파스 박사가 〈큰사전〉 문제로 내한했다. 파스 박사는 이런 사정을 듣고 "실상이 그러하다면 물자원조를 한 록펠러 재단이 이적 행위를 한 셈이네요"라며 쓴웃음을 지었다.

물론 록펠러 재단의 파스 박사는 다시 〈큰사전〉용 물자지원을 약속해주었다. 동양의 작은 나라, 한국의 언어를 위해 한글학회와 출판사에게 그런 지원을 두 번씩이나 무상으로 해주는 그들의 아낌없는 배려에 나는 눈물이 나도록 고마웠다.

넷째, 전란의 와중에서도 우리는 〈큰사전〉 간행 작업을 중단할 수 없었다. 더욱 열악해진 여건 탓에 4권 이후의 편찬 작업은 더 고될 수밖에 없었으나 이런 힘든 일을 한글학회의 편찬원 정태진 씨와 유제한 씨는 묵묵히 수행했다. 일선에서 포성이 들려오는 전시에도 서울신문사에 남아 〈큰사전〉 3권 교정 작업에 몰두하던 한글학회 두 임원의 고초를 생각하면 지금까지도 절절하다.

다섯째, 우리는 전쟁 중이던 1952년 10월 하순, 〈큰사전〉 4권의 지형을 떴다. 그런데 뜻밖에도 정태진 씨가 파주에 쌀을 구하러 나섰다가 교통사고로 순직하는 상황이 발생했다. 11월 초순에 발생한 정태진 씨의 한글을 위한 순교는 〈큰사전〉 발간 과정에서 빚어진 가장 큰 비극이었다.

여섯째, 당시 한글학회는 사무실도 없었고, 사전편찬위원회 역시 유명무실했다. 뿔뿔이 흩어진 편찬위원의 소재를 파악하기도 어려운데다가 새로운 위원의 선정마저 엄두를 못 내는 상황이었다. 그래서 우리 을유문화사가 팔을 걷어붙이고 나섰다. 우리는 관훈동에 임시사무실을 마련해 경비를 지원하며 한글학회가 오로지 사전 편찬 작업에 매진할 수 있도록 했다.

일곱째, 그 무렵 록펠러 재단의 파스 박사가 재차 내한, 다시 3만 달러에 이르는 재원조물자의 조달방법을 협의할 즈음 〈큰사전〉 간행 사업은 또다른 난관에 봉착했다. 1953년 4월 27일, 난데없이 '한글 간소화'라는 철자법 파동이 일어난 것이다. 철자법 파동은 이후 2년 6개월여에 걸쳐 계속되었고, '한글 간소화 파동'[18]이 수습될 때까지 〈큰사전〉의 간행은 보류할 수밖에 없었다.

이외에도 〈큰사전〉 작업을 둘러싼 또다른 일화를 소개한다.

〈큰사전〉 3권을 발행하고 난 직후 전쟁이 발발하자 우리는 나머지 4,

5, 6권 원고 보관 문제로 고민하기 시작했다. 한글학회 측은 원본을 편찬원 유제한 씨의 고향인 천안으로 옮겨 항아리 속에 담아 땅속에 묻었고, 이에 앞서 10여 명의 인원을 동원해 한 달 동안 작업해 만든 복사본 역시 항아리에 담아 외솔 최현배 선생 집 마당에 묻어두는 등, 만반의 조치를 취해야 했다.

〈큰사전〉 발간과 관련, 전쟁 후 또다른 문제가 불거졌다.

록펠러 재단이 사전 제작에 필요한 물자를 후원하기로 했지만, 이번에는 사전을 편찬할 사람들이 없는 것이었다. 6·25전쟁 전에 편찬을 맡았던 한글학회 직원들이 전쟁 중에 피난지 등에서 학교 교사 등으로 취직해 버린 것이었다.

우리와 한글학회 측으로서는 무척 난감한 일이 아닐 수 없었다. 결국 나는 그들에게 '교사 월급'을 보전해 주겠다고 약속했고, 그들을 다시 불러모아 〈큰사전〉 편찬 작업을 재개할 수 있었다. 이때는 내가 독자적으로 을유문화사를 이끌던 여러모로 어려웠던 시기였다.

사실 한글학회 편찬원 문제는 출판사에서 간여할 문제는 전혀 아니었다. 그렇다고 해서 〈큰사전〉이 수익을 보장하는 출판물도 아니었다. 하지만 나는 한글학회와의 약속과 록펠러 재단에 대한 국제적인 신의를 지켜야 한다고 생각했다. 이런 처지와 나의 노력을 록펠러 재단 측에서도 알고 있었고, 그렇기에 훗날 그들은 을유의 〈한국사〉 제작 때도 흔쾌한 지원을 약속했는지도 모른다.

당시엔 〈큰사전〉을 완간해야 한다는 사명감에서 동분서주하였지만, 록펠러 재단의 잇따른 출판 지원과 후원을 보면서, 문득 모든 인간관계

최규남 문교부 장관으로부터 〈큰사전〉 완간 감사장을 받고 있는 필자. 1957. 10. 9

에서 있어 가장 기본이 되는 것은 무엇보다 정직함과 신의(信義)라는 사실을 깨닫기도 했다.

1956년부터 재개된 〈큰사전〉 편찬 사업은 이듬해 6월 말 4권이 나오고, 곧이어 두 달 후인 8월 말에는 5권이 출간되었다. 이듬해 1957년 10월 9일 6권이 나옴으로써 마침내 완간되었다.

그제서야 비로소 사전다운 사전을 갖게 된 터여서 주요 신문들은 〈큰사전〉의 결실을 치하하는 사설을 일제히 게재했다. 정부 차원의 격려도 있었다.

서울시민회관에서 열린 제511돌 한글날 기념식은 〈큰사전〉 간행을 기리는 가슴 벅찬 자리였다. 나는 이 자리에서 사전 간행에 참여한 모든 이들을 대표해 정부가 수여하는 감사장을 받았다.

이날 오후, 나는 을유의 전 직원을 대동하고 세종대왕의 묘소인 영릉을 참배하여 〈큰사전〉 봉고(奉告)의 예를 갖추기도 했다. 결국 〈큰사전〉 여섯 권이 모두 나오는 데 걸린 시간이 10년이었다.

『표준국어사전』

〈큰사전〉 완간 이후 이를 바탕으로 만든 『표준국어사전』을 출간했다. 이 사전을 만든 데는 나름의 이유가 있었다.

10년의 시간에 걸쳐 완성한 〈큰사전〉은 크기와 분량으로 인해 일반 대중이 접근하기가 쉽지 않다는 문제점이 있었다. 그래서 누구나 쉽게 볼 수 있는 한 권짜리 사전이 필요했다. 나는 한글학회와 이 문제를 협의했는데, 놀랍게도 다른 출판사에서 『중사전(中辭典)』을 내겠다는 것이었다. 〈큰사전〉 문제로 10년에 걸쳐 동고동락했던 신의를 까맣게 저버린 파렴치한 행동이 아닐 수 없었다.

재주는 곰이 부리고 돈은 곡예사가 챙긴다더니 꼭 그런 꼴이었다. 나는 한글학회의 돌변한 처사에 크게 분노했다.

"그렇게 하든지 말든지 알아서 하시오!"

이만저만 화가 나는 일이 아니었다. 대신 편집진을 독려해 최대한 빠른 시간 내에 『표준국어사전』을 만들어내도록 했다.

결국 을유문화사가 1958년 12월 『표준국어사전』을 먼저 낸 후, 한글학회와 계약한 출판사에서 『중사전』이라는 걸 펴냈다. 〈큰사전〉을 출간한 을유문화사에 대한 신뢰도가 컸던 때문인지 판매실적은 현격한 차이를 보였다. 안타까운 일이지만 그 일 이후로 나는 한글학회 사람들과 관계가 소원해지고 말았다.

제3장

자화상

"어려움 속에서도 7,000여 종의 책을 펴낸, 이 모든 것을 해낼 수 있었던 것은, 오로지 반드시 해야 된다는 의지, 책으로 내가 살고 우리 국민 전체가 살아야 한다는 사명감 하나였다. 그렇기에 이해타산보다는 영구히 빛바래지 않고 남을 책을 만들어야 했다. 출판은 기업(企業) 이상의 것이다. 돈을 벌기 위해 출판을 해서는 안 된다. 책 한 권을 낼 때 쏟아야 하는 노력과 정성을 감안하면, 단순히 돈을 벌기 위한 수단으로서 책이라는 상품은 너무도 비효율적이다. 출판인에게 분명한 사명감이 필요한 이유가 여기에 있다."

1. 터전을 잃다

6 · 25전쟁

〈큰사전〉이야기로 인해 세월을 훌쩍 넘어가 버렸지만, 다시 세월을 거슬러 6 · 25전쟁 당시로 되돌아가야 할 것 같다. 전쟁을 겪는 동안 을유문화사의 창업 동인들이 다들 떠났고, 나 혼자 출판사 살림을 도맡아 꾸려나가야 하는 커다란 변화를 맞았기 때문이다.

해방 후, 약 5년간 을유문화사는 번창일로를 걸었다. 출간하는 책이 많아짐에 따라 직원들이 늘어났고, 전쟁이 터지기 전에는 영보빌딩 3층을 사무실로 쓰고, 2층은 도매부, 지하는 창고로 쓸 정도로 번창해 갔다. 물론 당시 모든 출판사들이 번창의 길을 걸었던 것은 아니었다.

해방 직후의 혼란기를 거쳐 미군정의 중립기, 그리고 남한 단독 정부 수립을 계기로 남북 양극화와 분단의 징후가 농후해진 것은 출판계에 닥친 새로운 장애물이었다.

즉, 갈수록 남북 대립의 골이 깊어지면서 출판사들의 경우, 우리나라 전체 국민을 대상으로 팔던 책들이 38선 이남에 국한되어 시장이 좁아졌으며, '여순반란사건', '제주 4·3사건' 등 사회적 혼란과 민족지도자들에 대한 테러와 암살이 횡행하면서 사회적 불안이 가중되어 갔던 것이다.

당연히 출판물의 성향에 대한 통제가 뒤따랐고 도서 판매율도 저하되어 갔다. 이 과정에서 적지 않은 출판사가 문을 닫게 되었고, 적자경영을 감수하면서도 도서를 간행하는 일이 비일비재했다.

당시 도서 출판의 주무 부서였던 공보처 출판과 통계로 보면, 1949년에는 847개의 출판사가 등록되어 있으나, 실제 출판을 하는 업체는 200여 곳에 불과했다.

이런 와중에 민족의 비극인 전쟁이 터진 것이다.

1950년 6월 25일, 공산군의 불법 남침으로 시작된 전쟁은 온 강토를 잿더미로 만들었을 뿐만 아니라 출판계에도 역시 큰 타격을 입혔다.

그해는 해방 이후, 서양처럼 9월에 학기를 시작하던 학사제도에서 다시 3월 학기 체계로 바뀌던 과도기였다. 따라서 다른 해와 달리 6월에 새 학기가 시작되었다. 당시 교과서 제작에도 일부 참여하고 있던 을유문화사는 학사 일정에 맞춰 이미 20여 종의 교재 제작을 마친 상태였다.

그런 상황에서 별안간 전쟁이 터졌으니 우리로서는 속수무책으로 당할 수밖에 없었다.

뜻밖에 당하는 참변이라 나는 서울을 빠져나갈 겨를이 없었다. 아니, 전쟁이 났다고 해서 하루아침에 출판사를 팽개치고 피난을 간다는 것 자체를 생각할 수 없었다. 단지, 황급히 외부 공장에 보관 중이던 〈큰사전〉 지형의 일부만 건졌을 뿐이었다.

전쟁 발발 후 나흘째인 6월 28일 새벽, 을유문화사 사무실이 있던 종로통의 5층짜리 영보빌딩은 '민청중앙위원회'가 전격 접수했고 모든 출입이 통제되었다. 우리는 "걱정 마라!"는 정부의 방송만 철석같이 믿고 있다가 사무실과 창고에서 책과 집기를 꺼내오는 것은 고사하고, 당시 수천만 원에 달하는 현금과 어음 등 유가증권까지 금고에 고스란히 남겨둔 상태였다.

을유문화사의 간부들은 서로 연락을 취해 서울 시내에서 몰래 만나 대책을 논의했지만 별다른 묘안이 나올 리 없었다. 당시 사무실 금고 속에는 짧지 않은 세월 동안 이루어 왔던 을유문화사의 모든 것이 들어 있었다.

사무실 물건들을 꺼내려면 경기도 관할 인민군위원회로 찾아가 허락을 얻어야 했다. 당시 서울 홍은동에 본부가 있었는데, 한 번 가서는 어림도 없었고 여러 번 찾아가야 겨우 허락을 받을 수 있었다. 그것도 그들의 입회하에 사무실 물건이 그대로 있나 없나만 확인하는 정도였다. 물건을 꺼내오는 일은 사실상 불가능했다.

"책은 반동군대나 마찬가지야!"

하루아침에 무장 인민군의 손아귀에 서울이 점령되고 '민청중앙위원회'

가 된 사무실을 생각하면 밤에도 잠을 못 이룰 지경이었다. 이러지도 저러지도 못하고 집 안에서 두문불출하고 있는데, 7월 초순경 공산당원이던 종로 내무서장이 나를 찾는다는 통보가 왔다. 나는 신변의 위협을 감지했으나 호출을 거부할 분위기가 아니었다.

만에 하나 잘 이야기하면 혹시 물건들을 꺼낼 수 있을까 싶어 직원 몇 명을 대동하고 사무실로 향했다. 어떻게든 경리 장부와 거래처 장부, 주요 자료, 금고 속의 유가증권과 현금 등을 되찾아올 속셈이었다.

그러나 사무실 분위기는 살풍경이었다. 거만하게 책상 위에 다리를 올려놓고 있던 내무서장이라는 자는 나에게 안내를 하라고 지시한 후, 나를 따라다니며 이것저것을 살펴봤다. 그리곤 퉁명스러운 어조로 이렇게 말했다.

"당신이 이 모든 책의 주인이오?"

질문이 적절치 않았지만, 굳이 변명할 계제가 아니어서 나는 "그렇다!"고 대답했다. 그러자 그는 대뜸 나를 흘겨보았다.

"거참, 굉장한 일을 했구려! 이 책 하나 하나가 반동 군대 몇천 명 이상의 역할을 했을 것이니 말이오."

소름 끼치는 추궁이었다. 소매점 문장각의 100여 평 창고에 가득한 책까지 합치면 나는 그들 말로 이른바 '반동사상 군대'의 총사령관이나 다름없었다.

나는 질겁했지만 내색하지 않고 그 자리를 빠져 나왔다. 두 번 다시 사무실에 나갈 엄두가 나지 않았다. 자나 깨나 금고 등을 되찾을 궁리를 해보았으나 아무런 묘책이 없었다.

적(敵)을 만들지 마라

나는 전쟁 발발 당시, 동대문 밖 보문동 탑골 승방 근처 2층집에서 가족과 동생들과 함께 살고 있었다.

출판사 사무실은 인민군이 접수, 봉쇄한 상태라 출근할 일도 없었다. 하루하루가 좌불안석이었다. 가족들은 피난을 이야기했지만, 이미 때를 놓친 상황이었고 누군가는 출판사 사무실을 지켜야 한다고 생각했다.

이 시기에 기묘한 인연으로 나와 우리 식구들은 인민군 치하에서 당할 수도 있었던 피해를 가까스로 모면한 일이 있었는데, 그 사연의 내막은 이렇다.

전쟁이 나기 몇 해 전의 일이다.

우리 집 옆집에 한 청년이 살고 있었다.

그는 내가 퇴근하기만 하면 집으로 찾아와 세상 돌아가는 이야기들에 대해 묻거나 이런저런 이야기를 나누곤 했다. 내가 출판사에서 일한다고 하니 아마 세상 돌아가는 일에 대해 잘 알고 있을 것이라고 여겼던 듯하다.

그는 신설동 대광학교 터에 있던 가타쿠라(片倉) 제사(製絲) 공장에서 일하는 근로자였는데 매사 공손하고 머리가 명민해 함께 이야기를 나누는 것을 나 역시 즐겼다. 그러던 무렵 어느 날인가 진지한 청을 해왔다.

"제 아우가 하나 있는데 소학교 졸업하고 중학교는 못 간 놈입니다. 어디 일할 만한 곳이 있으면 좀 알아봐 주실 수 있겠습니까?"

해방 직후라 일자리 구하기가 무척 어려운 시절이었다.

"그럼, 한번 출판사로 보내봐."

나는 그의 성의를 봐서 동생을 보내라고 말했다. 사무실로 나를 찾아온 동생은 형처럼 아주 건장하고 싹싹했다.

나는 그에게 인쇄소 담당 업무를 맡겼다.

그 시절에는 인쇄소를 자전거로 다녔다. 원고를 인쇄소에 넘기면 인쇄소에서 활자를 뽑아 책을 찍어내는데 교정쇄 등을 다시 출판사로 가져와야 했다. 그는 힘도 좋았고 일도 똑 부러지게 잘했다. 그는 전쟁이 터지기 직전까지 을유문화사에서 매우 열심히 일했다.

그러다가 6·25가 터졌고, 며칠 어수선하던 어느 날 나에게 동생을 부탁했던 그 청년이 회사로 나를 찾아왔다. 팔에 붉은 완장을 두르고 있었다. 그는 내가 살던 지역 일대의 민청 책임자라고 했다. 그동안 좌익 운동을 했었던 모양이었다.

그는 나에 대한 인정(人情) 때문인지, 아니면 아우의 직장에 대한 배려였는지 몰라도 여러모로 마음을 써주었다.

전쟁 발발 직후, 북한군이 서울을 점령하고 민청 사람들이 서울을 죄쑤시고 다닐 때 나는 전혀 피해를 입지 않았다. 이웃들은 돈이나 쌀 등을 모두 빼앗겼을 때도 민청 청년들이 우리 집엘 들어가려고 하면 그가 나서서 만류했던 것이다.

"아, 그 집에는 아무것도 없어. 들어가지 마!"

그때만 해도 우리 집에는 의용군에 끌려갈 나이의 아우들이 많았다. 내 큰아들과 둘째아들도 이미 청년이라 충분히 끌려갈 수 있는 상황이었다. 그런데 그의 보호 덕에 무사했다. 그 청년의 소식은 이후 알 수 없었지만 그때의 일을 생각하면 지금도 섬뜩해지곤 한다.

　삶을 영위함에 있어 사소한 일에도 늘 베풀고, 적을 만들지 않는 것이 중요하다는 점을 절절히 체험했던 일화가 아닐 수 없다.

부산에 마련한 다섯 평 임시사무소

전전긍긍하며 인민군 치하의 서울에서 3개월 가량 지냈을 때, 인천상륙작전으로 전세가 반전되어 마침내 1950년 9월 28일 연합군은 서울을 탈환한다. 나는 북한군 치하 서울에서 보낸 90일간의 기나긴 악몽의 터널을 빠져 나오자마자 사무실이 있던 영보빌딩을 찾아갔다.

　건물은 이미 폐허로 변해 있었다. 인민군들은 퇴각하면서 민청본부였던 사무실을 최후의 거점으로 삼았던 듯, 방마다 책 더미로 바리케이드를 치고 치열한 총격전을 벌인 기색이 역력했다.

　더욱이 그들은 도주하면서 건물에 불을 질렀다. 이 화재로 사무실 안의 모든 책과 집기는 몽땅 불타 버리고 말았던 것이다. 장부라도 남아 있어야 학교나 서점으로부터 수금을 할 수 있을 것인데, 아무런 근거가 없었다. 지난 5년간 흘린 땀의 결정체들이 모두 한줌의 재로 변한 것이다.

　이제 을유문화사에 남아 있는 것이라고는 〈큰사전〉 출판자금으로 한국은행에서 빌린 7천만 원의 빚이 전부였다. 이 금액을 현재로 환산해 보면 대략 3억 5천만 원 정도 되는 금액이다.

9·28수복 후 다시 모인 을유 동인들은 안국동 조선생명빌딩에 임시 사무실을 마련하고 회사 재건에 들어갔다.

  을유문화사는 임시사무실 설치와 함께 11월 1일 공보처에 출판사 재등록을 마치고(제43호), 전시 체제하에서 출판업을 재개하였다. 지금 생각해도 무서운 집념이었다.

  기자들의 종군기를 모아『동란의 진상』을 서둘러 펴내는 한편, 각계 인사들의 수기도 모아 또 한 권의 단행본을 출간했다. 변혜숙, 수기정, 박순천, 염상섭 등의 전쟁 초기 수난 기록을 모은『나는 이렇게 살았다』가 그것이었는데, 1950년 12월 초 발행했다. 이 책은 그 뒤 미국에서 번역 간행되어 6·25전쟁의 참상과 공산군의 만행을 전세계에 알리는 데 큰 몫을 했다.

  압록강까지 밀고 올라갔던 연합군의 전황은 다시 불리해졌다. 11월부터 중공군의 개입 소식이 전해졌다. 또다시 적 치하에 머무를 수야 없는 노릇이었다.

  을유문화사 간부들은 전쟁이 완전히 끝날 때까지 일단 부산으로 피난을 떠나 임시사무소를 설립하자는 데 의견을 모았다. 이른바 1951년의 '1·4후퇴'를 앞두고 있을 때였다.

  나는 트럭 하나를 친구들과 얻어서 가족들과 부산으로 떠났다. 12월 19일 서울을 출발해 12월 31일이에야 부산에 도착했다. 열흘 이상 걸려서 부산에 도착했던 것이다. 부산에서의 생활은 당시 피난 온 사람들이 대부분 그랬듯이 참담했다. 내 주머니에는 돈 한 푼 없었다.

  우리 가족은 당시 보험회사 간부로 부산에 근무하고 있던 처남의 사택에 얹혀 있다가 처남의 도움으로 송도에 작은 집을 마련, 피난 생활을 시작했다.

나는 그동안 우리 책을 공급받던 서점인 광복동 소재 '신생사'를 찾아갔다.

신생사 사장은 흔쾌히 서점 한쪽에 다섯 평 정도를 내어주었고, 나는 '을유문화사 임시연락 사무소'라고 종이에 써서 문에 붙였다. 사무실을 차려놓긴 했지만 사실상 아무런 할 일이 없었다. 당장의 생계부터 먼저 돌봐야 했다.

얼마 뒤 서로 연락이 닿아 창립 멤버들과 역원(役員)들의 모임이 이루어졌다. 누구도 을유를 살릴 묘안을 내놓지 못했다. 우선 각자 살아갈 일이 더욱 다급했던 것이다. 급한 대로 교과서라도 출간해야 했는데 다들 현금이라고는 한 푼도 없었다.

당시 대구와 부산에서만 일부 서점이 개업하고 있을 뿐이었다. 전국 각지의 학교와 서점에 미수금으로 남아 있는 교과서 등, 책 대금이 수억 원에 이르렀으나 대구와 부산마저도 수금이 불가능했다. 거래 장부의 소실(燒失)로 재정적 파탄은 필연적이었다.

출판을 다시 시작하기는커녕 출판사 살림을 맡고 있던 내가 직원들의 생활비 등으로 끌어다 쓴 막대한 부채에 짓눌려 지내는 나날이었다. 앞날이 캄캄해지자 종내는 회사 창설 때부터 고락을 함께해 온 동인(同人)들이 헤어져야 하는 비운의 날이 오고야 말았다.

2. 창업 동인들 떠나다

빚더미에 올라앉다

빚은 빚대로 남아 있고 앞날은 그 끝을 내다볼 수 없을 만큼 어두웠다.
 이 무렵, 우리 창업 동인들은 앞날에 대해 서로 토의를 하곤 했는데 나는 전쟁만 끝나면 재기할 수 있으니 어떻게든 이 시기를 견디자는 쪽이었고, 다른 세 사람들은 사뭇 회의적이었다.
 마침내 조풍연이 먼저 윤석중에게 제의를 했다.
 "을유가 이처럼 어려운 지경이고 정 전무가 온갖 수단을 동원해 돈을 융통해 월급을 마련해주고 있는데 언제까지 이런 상황이 계속될지 걱정입니다. 더욱이 우리는 직원 3~4명분의 월급을 받고 있는데, 이런 상황에서 회사가 어떻게 재기하겠소? 그러니 우리가 이 회사를 살리자는 뜻에서 각기 다른 일을 찾기로 하는 게 어떻겠소?"
 한참 고심하던 윤석중도 응낙하지 않을 수 없었다.
 결국 두 사람은 사직한다는 약정서를 쓰고 을유에서 물러났다.
 이어 을유문화사에 자본을 댔던 민병도 역시 생활이 곤란해지자 조흥은행 상무로 취직하기로 했다.
 결국 4명의 동인으로 출발한 을유문화사에는 나 홀로 남게 되었다. 그들은 나에게 을유문화사에 대한 권리 일체를 포기한다는 내용의 각서를 써주었다. 을유문화사를 계속하든지 말든지 마음대로 하라는 것이었다.

물론 나는 출판사에 대한 권리를 갖게 되지만 출판과정에서 진 부채는 고스란히 내 책임이 될 터였다.

이후 윤석중은 삐라를 만들어서 뿌리는 미 8군의 심리전과에 취직을 했고 조풍연은 공보부에 일자리를 잡았다.

각자 살길을 찾아 뿔뿔이 떠나야 하는 심정은 참담했다. 그러나 나는 을유에 남기로 했다. 전쟁은 언젠가 끝날 것이고 을유문화사는 반드시 재기할 수 있을 것이라는 확신이 들었기 때문이었다.

나는 다른 사람들과는 달리 마땅한 대안도 없었고, 출판사 살림을 맡았기에 을유가 지고 있는 부채를 누군가가 청산해야 했다. 나까지 포기할 경우엔 커다란 뜻을 품고 출발했던 을유는 그야말로 천애고아의 신세로 전락할 것이 뻔했으며, 부채는 고스란히 내가 감당해야 할 몫이 될 것이기 때문이었다.

더욱이 그때 을유문화사를 믿고 나와 함께 부산으로 피난 온 직원들이 4명이나 되었다. 내 가족과 직원들 식구들까지 모두 30여 명이 나만 바라보고 있었다. 난 포기할 수 없었다. 해방 후 약 5년간 을유문화사가 이룩한 빛나는 업적과 전쟁 후 새롭게 펼쳐질 장밋빛 미래만 생각하기로 했다.

문제는 당장의 생활 자금이었다. 30여 명 되는 식구들의 생활을 해결하기 위해 나는 월급 때마다 은행에서 빚을 얻었다. 우선 전쟁이 끝날 때까지 살아남고 볼 일이었고, 포기는 그 다음에 생각해도 늦지 않다고 판단했다.

은행에 취직한 민병도 씨의 알선 등으로 나는 한 달에 200만 환씩 빚을 얻어 직원들에게 나눠주면서 피난살이를 했다. 피난살이 첫해인 1951년 한 해를 제외하고는 이듬해부터는 전쟁 중에도 출판을 해야 했으니, 직원들의 피난 생활비에다 출판 비용까지 더해져 전쟁이 끝나고 보니 빚이 어마어마하게 불어나 있었다.

끝없는 회의와 좌절감에 사로잡혀 지냈던 시간들이었다.

문득문득 출판업을 접는 것이 현명한 처사로 느껴질 때마다, 나는 '내가 너무 일찍 포기하는 것이 아닌가?' 하는 자문자답으로 고민과 갈등을 견뎌냈다.

당시 나이 40대 초반, 집안의 맏이로 여러 동생들을 거느려야 할 처지였고, 5남매의 아버지였다. 그리고 을유문화사의 직원들을 생각할 때 쉽게 포기할 수 없는 문제였다.

고집스런 성격도 이때 한몫을 했다. 실패한 사람들이 '현명하게' 포기할 때, 성공한 사람들은 '미련하게' 참는 법이었다.

더 이상 고민하지 않기로 했다. 오로지 출판사를 회생시킬 방도를 찾아내는 데 골몰했다. 중도에 포기하는 것은 학창시절 한 번의 경험만으로도 충분하다고 생각했다.

금서(禁書)

6·25전쟁으로 인한 남북 대결 상황은 출판문화에 적지 않은 제동을 걸었다. 많은 저작물들이 절판되는 불행한 사태에 놓이게 된 것이었다. 즉,

저자의 월북으로 인한 발매 금지와 좌경 색채의 도서로 판별되는 책자는 더 이상 간행할 길이 막혀 고서점에서나 희귀본으로 암매되는 현상을 빚게 되었다.

당시 을유에서 펴낸 책 가운데 30여 종이 금서(禁書)로 묶였다. 이 가운데는 당시 커다란 인기를 끌었던 총 6권에 달하는 벽초 홍명희(洪明熹, 1888~1968)의 〈임꺽정(林巨正)〉 등도 포함돼 있었다.

아무튼 나와 직원들은 살아남기 위해 최선을 다했다.

부산 임시사무소를 다소 확장해 광복동 1가 61번지 2층으로 옮겼다. 서점들로부터 외상 대금 한 푼 건지지 못했지만, 재기를 위해서는 새로운 책을 만들어내고 투자를 해야 했다.

1952년 이재훈의 『윤리학』, 박종화의 『전야(前夜)』, 홍우의 『화폐론』 등 총 5권의 책을 간행했으며, 1953년에는 『영시(英詩) 선집』, 코난 도일의 『도일 탐정단편집』, 『철학의 본질』, 『굳센 어린이』, 『계급 없는 사회』, 나다니엘 호손의 『주홍글씨』, 〈대학총서〉로 『상업개론』 등 총 8권의 책을 펴냈다. 교과서도 세 권을 펴냈는데, 그 가운데 박술음 선생의 『Model English Readers』라는 책이 있었다.

박술음[19] 선생님은 휘문고보 시절 은사로, 내가 휘문고보 4학년, 5학년 때 담임선생님이셨다. 당시 나의 투병생활을 몹시 안타까워하셨으며, 1930년대에 만나서 훗날 지병으로 돌아가실 때까지 40년이 넘는 세월 동안 사제지간의 깊은 관계를 맺어왔던 분이었다.

나보다 10년 연상이셨던 박술음 선생님은 매우 엄격하고 청렴했으며 투철한 신념을 지니신 스승이었다. 전쟁 중 사회부 장관에 발탁되기도 했다. 박술음 선생님에 대한 이런저런 사연이 적잖아 따로 후술하기로 한다.

무(無)에서 유(有)로……

마침내 1952년 10월, 나는 을유문화사 제2대 사장으로 취임했다.

지루하게 이어지던 전쟁은 1953년 7월 27일 휴전협정으로 마침내 종지부를 찍었다. 그 소식을 접하자마자 우리들은 부산사무소를 정리하고 서울로 올라왔다. 새로운 희망을 갖고 올라왔지만 막막하기는 여전했다.

나는 일단 종로빌딩에 2개 층을 얻어 을유문화사를 재건하기 시작했다. 전쟁 통에 불탔던 건물이어서 약간의 수리를 한 후, 2층은 사무실로 쓰고 1층은 다시 소매점 문장각을 열었다. 그야말로 무(無)에서 유(有)를 창조하려 했던 시절이었다. 아니 마이너스로부터 시작한 을유문화사였다.

을유는 서서히 옛 명성을 하나하나 되찾아가기 시작했다.

전쟁이 막바지로 치닫고 있던 1953년 6월부터 〈대학총서〉 시리즈로 『상업개론』 등 총 8권의 신간도서를 펴냈고, 1954년에는 〈대학총서〉 시리즈인 『경제정책론』, 허먼 멜빌의 『백경(白鯨)』 등 총 13권, 1955년에는 총 15권의 신간을 펴내는 등, 출판 활력을 되살려 나가고 있었다.

1954년 4월, 서울대 교양과목 교재 출판위원회 국어분과위원회가 엮은 대학교재인 『대학국문선(大學國文選)』, 그리고 『대학영어』, 『자연과학』 등 10여 종을 꾸준히 출판하면서 새로운 기틀을 다졌다. 5월부터는 휘문고보 은사였던 이재훈(李載壎)·박술음(朴術音) 선생님을 취체역(取締役)으로 영입했는데, 이는 아무래도 부족한 기획력을 보완하기 위한 조치였다.

두 분은 을유에서 출간하거나 기획 중인 도서들에 대한 사전 검토 및 의견을 제시하는 편집고문과 자문역을 맡아주셨다.

이어 1956년에는 〈대학총서〉, 〈구미(歐美)신서〉, 〈번역신서〉 등 총 20권을 발간했고, 1957년에는 총 25권의 신간을 펴냈으며 한글날을 맞아 〈큰사전〉을 10년 만에 완간하는 결실을 보았고, 그해 11월에는 을유 번역문화상을 제정했다.

1958년에는 총 21권의 신간도서를 펴내면서 학술계간지인 『지성(知性)』시대의 막을 올렸는가 하면, 1959년에는 〈한국사〉 첫째 권인 '고대 편'이 첫선을 보였고, 〈세계문학전집〉을 발간하는 등 총 25권을 발간, 한국 출판문화의 새로운 바람을 일으켰다.

1960년대는 을유문화사 창립 이래 유례없는 비약의 시기였다. 내가 회갑을 맞이할 무렵인 1972년까지 을유는 만개(滿開)했다. 1960년 한 해 총 48권의 책을 발간했으며, 이후부터는 한 해 평균 40~50권의 신간, 중판(重版) 도서를 규칙적으로 발간하게 된다.

을유의 부활과 만개는 '한강의 기적' 정도가 아니었다.

초토화된 전란의 폐허, 그 완전한 무로부터 웅장한 문화의 전당을 성취한 것이었다. 이 기간이야말로 을유 중흥의 시기였다.

을유가 부활의 봄을 맞이할 수 있었던 것은 외원(外援)과 내조(內助)의 오묘한 제휴에 있었다. 사회적으로, 그리고 내부적으로 문화사업이 본격화할 터전이 마련되어 갔던 것이다. 록펠러 재단만이 아니라 미국의 '아시아 재단'[20]도 우리의 출판 작업에 대한 지원에 나서 주었고, 고통을 함께 나누었던 을유 임직원 또한 의욕적이며 매사에 알찬 실효를 거둘 그런 팀워크로 짜여졌다.

아시아 재단 한국지부의 을유에 대한 후원은 1956년 6월 간행된 『영한의학사전』의 용지를 원조해 주는 혜택으로 나타났다. 을유문화사는 그런 과정을 거쳐 새로운 기틀을 다져나가기 시작했다.

10년 기획, 〈한국사〉를 준비하다

내 일생에 있어서 10년씩 걸려 만든 책은 〈큰사전〉 말고도 한 권이 더 있었는데, 〈한국사〉가 바로 그것이다. 〈큰사전〉에 이어 〈한국사〉 역시 록펠러 재단에 도움을 청해 진단학회[21] 학자들을 주축으로 저술하게 된 우리 역사책이다.

해방 후부터 을유문화사는 『진단학보』 발간에 참여하는 등, 진단학회와는 오랜 인연을 맺어왔다. 〈한국사〉 간행은 1954년 무렵, 이런 인연이 바탕이 된 김재원[22] 박사와의 대화에서 출발했다.

"정 사장, 우리나라 사람들이 읽을 만한 좋은 역사책 기획은 세워놓은 게 없소?"

〈한국사〉, 1959~1965

나는 역사학도는 아니었지만, 그의 말에 묘한 부끄러움을 느꼈다.

"해방을 맞은 지 10년이 다 되도록 우리나라에 역사책다운 역사책 하나 제대로 나와 있지 않다는 것이 말이 되는 소리요?"

"마땅한 저자들이 확보되어야 일을 추진이라도 해볼 것 아닙니까?"

그때 김 박사와 나는 우리의 역사관에 의해, 우리 학자들의 손에 의해 집필된 통사(通史) 하나 없는 것은 문화민족의 수치이므로, 이 방면에 시급히 손을 대야 한다는 데에 의견의 일치를 보았다.

나는 해방 직후부터 진단학회의 임원들과 친밀한 관계를 유지했고, 『진단학보』의 간행을 맡는 등, 진단학회에 대한 지원을 아끼지 않았던 전력이 있어서 〈한국사〉의 기획자 및 필진 확보에는 그다지 어려움이 없었다. 문제는 집필과 제작에 들어가는 비용이었다.

록펠러 재단의 두 번째 지원

〈한국사〉를 원만하게 진행하기 위해서는 저자들에게 일단 연구비라도 줘야 할 판이었다. 전쟁 후 한국의 경제는 이루 말할 수 없이 어려웠다. 그러니 역사책을 쓸 그들에게 연구비를 선뜻 내주겠다는 기업이나 후원자가 있을 리 없었다.

때마침 〈큰사전〉 4, 5, 6권 출간 문제로 록펠러 재단의 파스 박사가 한국에 들어와 있었다. 그런데 일이 되려고 그랬는지, 앞서 잠깐 언급했듯이 초대 대통령이 된 이승만 박사의 이른바 '한글 간소화 파동' 때문에 〈큰사전〉은 즉각 발간하기 어려운 상황에 처해 있었다. 이런 와중에 〈한국사〉 간행에 관한 논의가 진단학회와 오가고 있었고, 파스 박사 역시 이 사실을 알게 되었다.

나는 그에게 부탁했다.

"〈큰사전〉은 한글 표기법 문제가 어떻게든 해결이 되면 그때 가서 내면 될 것입니다. 대신 우리가 〈한국사〉를 내려고 하는데, 이 작업도 록펠러 재단에서 지원을 좀 해주십시오."

"그럼 뭐가 필요합니까?"

"일단 저자들에게 연구비라도 좀 줘야 할 것 같습니다."

파스 박사는 재단에 문의를 해보겠다고 말했다. 파스 박사가 얼마나 잘 설명했는지 모르겠지만 지원비가 곧바로 들어왔다. 무려 1만 5천 달러였다. 당시로선 무척 큰 금액이었다. 나는 이 금액 전부를 진단학회에 전달했고 모든 원고작업을 일임했다.

결국 '한국 고대사' 부문은 이병도, '중세사'는 김상기, '근세사'는 이상백, '최근세사'는 최남선, 그리고 '연표'는 김재원 씨가 각각 맡아 집필하도록 업무가 분장되었다. 모두 5명에게 각각 3,000달러씩 나눠주며 〈한국사〉 편찬 작업에 들어간 것이었다.

'고대사'를 맡은 이병도 씨의 경우, 평소 자신이 조사·정리해 놓은 원고를 가지고 있었다. 그러다 보니 원고를 쉽게 완성해 가져올 수 있었다. 그렇게 해서 '고대사'는 금방 나오게 되었다. 그런데 김상기 씨가 쓰기로 한 '중세사'는 2년이 다되도록 나올 기미가 보이지 않았다.

우리가 재촉을 하자 결국 원고를 가져왔는데, 총독부에서 나온 『고려사』를 그대로 번역하다시피 해서 써왔던 것이다. 진단학회에서는 총독부에서 낸 『고려사』를 그대로 옮겨놓은 책을 낼 수 없다고 해서 결국 퇴짜를 놓게 되었다. 결국 김상기 씨의 원고는 채택되지 못했다.

우리는 어쩔 수 없이 '고대사'를 쓴 이병도 씨에게 '중세사'까지 써달라고 부탁하게 되었으며, '중세사'가 나오기까지 그 후 1년의 세월이 더 걸렸다. 그러니까 총 3년의 세월이 걸려 '중세사'가 나온 것이었다.

그 다음에 나와야 할 '근세사'는 이상백 씨가 맡았는데, 그 역시 여러 일로 바빠 원고 진행이 더뎠다. 결국 당시 『한국일보』에 있던 역사학자 천관우 씨가 주축이 되어 서울대학교 역사학과 출신인 이종복 씨 등이 '근세사'를 쓰게 되었고, 이상백 씨는 원고가 완성되면 며칠 만에 한 번 와서 보고 감수하는 식으로 '근세사'가 완성되었다.

마지막으로 나오게 될 '최근세사'는 최남선 씨가 쓰기로 되어 있었는데, 집필 계약을 하고 석 달 후 중풍이 오는 바람에 손이 마비되어 작업이 어려웠고 1957년 세상을 떠났다. 결국엔 근대사 전공의 사가(史家)로 알려진 이선근 씨가 '최근세 편'과 '현대 편' 서술을 맡았다.

'최근세 편'은 고종 초기에서부터 고종 중기까지여서 초반부는 이상백 박사의 '근세후기 편'과 약간 중복되기도 하지만, 간행 순서가 일관적이 아니었다는 점을 감안하면 불가피하게 여겨진다. 그런데 이선근 씨가 '최근세사'를 정리할 무렵 뜻밖의 문제에 봉착하게 된다.

1960년, '4·19혁명'이 일어났을 때 이 일에 연루된 그가 경찰에 붙잡혀 감옥에 투옥되어 버린 것이다.

"여기서 써도 좋겠는데 방법을 좀 알아봐 주십시오!"

우리가 그를 면회 갔을 때 그는 형무소에서라도 집필할 의사를 밝혔다. 나는 즉각 법무부 장관을 지낸 적이 있는 조진만[23] 변호사와 대법관이었던 민복기[24]라는 분을 찾아갔다.

조진만 씨는 당시 을유문화사의 고문 변호사를 하던 사람이었고, 민복기 씨는 오래 전부터 나와 가깝게 지내던 사람이었다. 나는 그들에게 〈한국사〉 집필의 중요성을 강조하며 이선근 씨가 옥중에서 글을 쓸 수 있도록 선처를 부탁했다. 결국 '최근세사'는 옥중에서 집필되는 희한한 경로를 거쳐 탄생하게 된다. 이때 이선근 씨는 최근세사에 관한 내용을 비교적 격정적인 논조로 서술, 정통적인 사통(史統)을 수립하였다는 평가를 받기도 했다.

〈한국사〉는 1959년 '고대 편'(1권)을 시작으로, 1961년 '중세 편'(2

권)과 '최근세 편'(5권)을 먼저 출간했고, 1962년 '근세전기 편'(3권), 1963년 '현대 편'(6권), 1965년 '근세후기 편'(4권) 등 총 6권이 원고 완성 시기별로 순서가 뒤바뀌면서 발간되었다. 이 책도 〈큰사전〉과 마찬가지로 처음 기획을 한 후 장장 10년 만에 탄생한 을유문화사의 역작이다.

반만년 역사 이래 처음으로 '한국전사(韓國全史)'를 출간하게 된 것은 출판사나 학회만의 기쁨이 아니었다. 우리 겨레의 민족적 장거(壯擧)였다.

영문판 〈한국사〉

을유문화사의 〈한국사〉 간행에 대한 소식은 국내에서뿐만 아니라 해외에까지 퍼져 있었다. 나는 이런 사실을 1968년 구미(歐美) 출판문화 시찰을 통해 직접 확인했다. 당시 내가 방문한 각국의 도서관마다 〈한국사〉 해외판 간행을 제의해 온 것이었다.

나는 우리나라의 역사를 세계에 알릴 절호의 기회로 생각했다. 하지만 해외 판로 개척을 장담할 수 없는데다, 〈한국사〉 국내 보급 전망도 매우 불투명해서 섣불리 착수하기 어려웠다.

그러나 〈한국사〉 출간의 의의를 감안하면, 우리나라를 세계에 알릴 문화외교의 첨병이 되어줄 '영문판 〈한국사〉'의 출간을 무작정 외면할 수도 없었다.

나는 귀국 즉시 한우근 교수에게 『한국통사(韓國通史)』 집필을 의뢰함과 동시에 영역본의 출간을 병행키로 한다.

기획 2년 만인 1970년, 마침내 영문판 『한국통사(The History of Korea)』가 간행됐다. 우리 역사에 대한 영문판 도서 출판은 을유문화사가 출판계 최초로 시도한 작업이었다.

이 책은 각국의 공관을 통한 보급으로 해외에 우리 역사를 널리 알리는 기폭제가 되었다. 하와이 대학의 동서문화센터 같은 곳에서는 수천 부를 구입해 미주 지역 각 도서관에 보급을 맡아주기도 했다.

사명감을 갖고 적자를 각오한 출판이었으나 다행히 나라 안팎의 반응이 좋았다. 을유로서는 일석이조(一石二鳥)의 성과를 거둔 셈이어서 무척 흐뭇했다.

〈큰사전〉도 그렇고 〈한국사〉 역시 수지타산이 맞는 출판은 아니었다. 일개 출판사에 불과한 을유로서는 감당할 만한 기획도 아니었다. 앞서 언급했다시피 정부당국도 선뜻 나서지 못했던 작업이었다. 자화자찬(自畵自讚) 같지만, 조국과 민족을 위해 필요한 일을 한다는 그 자부심만으로 이루어낸 역작이 아닐 수 없었다.

〈한국사〉 완간은 '의미 있는 일을 시작하면 어떻게든 결국 이룰 수 있다'는 교훈을 또다시 얻게 된 사례였다. 물론 록펠러 재단의 후원이 없었더라면 불가능했을지도 모르는 일이고, 이런 점에서 볼 때 〈큰사전〉과 〈한국사〉 제작에 헌신해 주었던 파스 박사는, 또다른 의미의 을유문화사 동인(同人)이자 은인(恩人)이었다.

3. 새로운 출발

잡지 춘추전국시대

오늘날 서점엘 가보면 수십 수백 종의 잡지를 만나게 된다.

잡지는 소설이나 학술서적과는 달리, 시대상을 그때그때 반영하고 있기에 일반 독자들이 쉽게 접근할 수 있는 책이다. 해방 당시의 상황이라고 해서 별반 다르지 않았다. 을유문화사 역시 잡지를 낸 적이 있었다.

해방 전에도 잡지는 있었다. 『조광(朝光)』, 『춘추(春秋)』, 『국민문학(國民文學)』 등의 잡지가 당대의 명맥을 잇던 중 해방을 맞이했던 것이다.

해방이 되고 두어 달이 지난 10월부터 『문화통신(文化通信)』, 『조선주보(朝鮮週報)』, 『한성시보(漢城時報)』 등이 나오기 시작했고, 그해 12월까지 『민심(民心)』, 『백민(白民)』, 『여성문화(女性文化)』, 『예술운동(藝術運動)』, 『민성(民聲)』, 『무궁화(無窮花)』, 『문화창조(文化創造)』 등이 앞을 다투어 발간되었다.

이듬해 『개벽(開闢)』과 『조광(朝光)』이 복간되었고, 『신천지(新天地)』, 『대조(大潮)』, 『소학생(小學生)』, 『문학(文學)』, 『향사(鄕士)』, 『협동(協同)』, 『신세대(新世代)』, 『한글』 등이 창간되었다.

우리글과 우리 문화, 그리고 새로운 사조(思潮)에 목말라하던 시대였던 때문인지 잡지 출판은 전반적으로 호황을 구가했다.

1946년 5월, 미 군정령 제88호의 발표로 정기 간행물에 대한 허가제가 실시되었다. 종전에는 등록을 하고 10일 전에 납본만 하면 되던 것을, 정기 간행물은 반드시 허가를 얻어야 한다는 규정으로 바꾼 것이다.

무분별한 출판 흐름을 통제하기 위한 조치였다. 하지만 아무튼 잡지 종류는 계속 수적 팽창을 보였으며, 1948년에 접어들어 판권 매도 현상이 만연되기까지 해방 후 6·25전쟁 때까지 창간된 잡지는 100여 종에 이르렀다.

을유문화사도 이 무렵 월간지 『학풍(學風)』을 창간, 잡지 출판 대열에 끼어들었다. 『학풍』은 신생 독립국에서 학문의 긍지를 선양하고 권위를 수립한다는 사명을 지니고 태어났다.

창간호(1948년 10월호)에 실린 '권두언'은 이러한 『학풍』의 사명감을 잘 대변하고 있다. '학문의 권위를 위하여'라는 제목의 권두언은 두 가지의 긴급한 요구에 대해 언급했다.

학문 자체의 분야에서 일어나는 요구가 그 첫째로, '학문을 욕구하는 강력한 윤리적 힘이 필요하다'는 것이다. 둘째는, 학문의 권위 문제가 '대정치(對政治) 문제로서 급박을 고하고 있다'고 적시했다.

진리에 대한 박해는 진리에 의해 그 허위성이 폭로되는 까닭에 학문의 권위 역시 투쟁을 통해서 쟁취할 수 있다고 주의를 환기했다. 권두언은 학문의 권위 수립의 당위성을 천명한 셈이다. A5판 120쪽, 임시정가 200원으로 발행된 월간 『학풍』 창간호는 당대의 쟁쟁한 화가들의 참여로 꾸밈새가 돋보였다.

『학풍』 창간호, 1948

표지 그림은 김용준이 그렸고, 차례 그림은 운보(雲甫) 김기창 화백이 맡았다. 표제지 그림은 박영선, 본문 삽화는 조병덕과 조국환이 담당해 아담하면서도 기품 넘치게 꾸몄다.

창간호 필자로는 이상백, 이인영, 전석담, 안호상, 김규식, 김병규, 김기림, 윤일선, 유홍렬, 정인조 등 당대의 지성들이 참여했다. 여기에 더하여 홍이섭 박사의 본격서평과 백석(白石)의 시와 염상섭의 소설, 그리고 김용준, 이양하, 김기창, 서정주 등의 수필이 실렸다. 특기할 것은 백석의 대표작인「남신의주(南新義州) 유동(柳洞) 박시봉방(朴時逢方)」이『학풍』창간호를 통해 처음 발표되었다는 사실이다.

시사 학술문예지 성격을 표방했던『학풍』은 경제적인 손해를 감수하면서 발간한 잡지였다.

잡지 출판은 잡지 자체의 판매량도 중요하지만 광고 수입을 통해 수지를 맞춰야 출간이 가능한 작업이다. 그 당시엔 변변한 기업들도 없던 터라 광고가 붙을 리 없었고, 설혹 그런 기업들이 있다 하더라도 광고의 필요성 또한 알지 못했을 그런 시절이었다.

더욱이 잡지 출판은 단행본과는 달리 많은 필자들이 참여하고, 디자인이나 삽화, 편집, 교정 등 많은 제작비용과 인력이 필요한 일이었다.

편집은 조풍연 씨 책임이었다. 편집위원들이 따로 있었던 건 아니었다. 그러나 편집부의 직원이 많이 필요한 일이었다. 당시만 해도 20명 남짓 되는 사람들이 편집부 일을 봤다.

어려움 속에서도 독자들의 응원에 용기백배해서 속간에 전력을 다했다. 언제나 최고의 필진이 동원된 『학풍』에는 '학자군상'이라는 난을 두었고, 권말에는 '출판부 소식' 코너를 마련해 본사 간행물의 출간 소식을 알렸다. 학술정보를 지향하면서도 번창일로에 있는 자사 출판물의 홍보 창구 역할을 했던 것이다. 전쟁이 터지지 않았다면 아마 꾸준히 발간됐을 잡지였다.

을유문화사 내부적으로 '학풍시대'라 일컬어지는 이 시기, 을유의 제작팀 진용(陣容)에는 약간의 변화가 있었다.

당시 을유의 편집진은 출판부와 잡지부로 나뉘어 있었는데, 출판부는 교사 출신 서수옥 씨가 학술서적 등과 단행본 편집을, 잡지부는 윤석중 씨가 『소학생』을, 조풍연 씨가 『학풍』의 편집을 책임졌다. 후일 배화여고의 교장을 지낸 안효식 여사가 가세해 조풍연 씨의 일을 도왔다.

학술문화의 대변지로 자리 잡은 『학풍』은 1950년 전쟁으로 일시 종간될 때까지 해방문화의 봉화를 올린 불멸의 업적이었다. 전쟁 후 서울로 돌아온 나는 『학풍』을 다시 내보려고 했지만, 이미 받아두었던 원고들은 화재로 모두 사라지고 새로운 원고는 구하기가 너무 힘들어 세 권인가 내다가 중단하고 말았다.

전쟁 후유증에서 벗어나 나라의 기틀이 나름대로 안정되어 가던 1958

년 무렵, 잡지에 미련을 버리지 못하고 있던 나는 『지성(知性)』이란 잡지를 내게 되었다. 그러나 단명을 면치 못한다. 다시 1960년대 소책자 형태의 책 정보지 『도서』를 간행했으나 이것 역시 10호를 넘기지 못했다. 이래저래 나는 잡지와는 인연이 먼 듯하다.

소설 〈임꺽정〉

을유문화사가 펴낸 다양한 소설 가운데 손꼽히는 작품이 있다면 아마 벽초 홍명희의 〈임꺽정(林巨正)〉[25]이 아닐까 싶다. 일제시대 때부터 필

〈임꺽정〉, 1948

명을 드날리기 시작한 벽초가 『조선일보』에 〈임꺽정〉을 연재하기 시작한 건 유치장에서부터였다.

1929년 11월 3일, 광주에서 이른바 '광주학생사건'이 일어났을 당시 신간회(新幹會) 일을 보고 있던 홍명희는 신간회 쪽의 학생 시위를 준비하다가 경기도 경찰부에 구속이 되어 유치장에 갇히게 되었다. 그는 이때부터 〈임꺽정〉 연재를 시작했고 『조선일보』 사환이 매일 유치장으로 가서 원고를 받아다 실었다고 한다.

〈임꺽정〉은 을유문화사에서 낸 책 중에 비교적 많이 팔린 책이었다. 출판 경위는 홍명희 씨가 우리 출판사를 찾아와 책을 내자고 제의해 온 것이 발단이었다.

1948년 3월 1일 첫 권 '의형제 편 ①'을 시작으로, 4월 1일, 6월 1일 잇달아 '의형제 편' ②권·③권이 나왔고, 이어 7월 15일에 넷째 권 '화적 편 ①', 10월 15일에 제5권 '화적 편 ②', 11월 15일에 제6권 '화적 편 ③' 등, 한 해 동안 총 6권이 연이어 나왔다.

신문에 이미 연재되었던 소설이었기에 종이만 구해지면 곧바로 편집해 제작에 들어갔다. 당시 을유문화사가 펴냈던 다른 책들이 대부분 손익분기점을 밑돌 때, 경영수지에 적잖은 도움을 주었던 몇 안 되는 책 가운데 하나였다.

그러나 전쟁의 와중에 홍명희 선생이 월북, 이후 수십 년간 〈임꺽정〉은 금서(禁書)가 되고 말았다. 안타까운 일이었다. 훗날 을유문화사에서 낼 기회가 있었지만 다른 출판사에서 책을 펴냈고, 이 문제로 법정소송까지 벌였는데 이유야 어찌 됐던 을유문화사가 패소했다.

조선조 전제왕조 시대와 이후 일본 식민지 시대를 통해, 위축되고 무기력해진 우리 민족에게 이른바 '민중의 힘'의 위대함을 흥미진진하게 일깨워준 명작을 최초로 출간, 보급했다는 점에 만족해야 했다.

교과서 출간

해방 후, 일제 강점기 동안 민족문화 말살정책의 대표적 희생양이었던 우리말과 우리글이 되살아나자 당장 학교 교재로 써야 할 우리말 교과서 등의 수요가 급증했다. 많은 출판사들이 교과서 제작에 참여하게 되었다.

을유문화사 역시 교과서 제작에 뛰어들었는데, 본격적으로 교과서를 출판한 것은 군정 시절이었던 1947년부터였다. 『상업경제』, 『이웃나라』, 『일반과학』 등 4종, 『중등과학』 등 초급용 여덟 권을 펴냈다. 이어 1949년에 3종, 1950년에 2종, 전쟁 중이던 1951년에 1종 등을 펴냈다.

본격적인 교과서 출판은 1956년부터 시작됐다. 그해 이숭녕의 『고등국어문법』을 필두로 24종의 교과서를 출간했고, 1957년부터는 이후 20여 년 간 한 해 평균 10~20종의 교과서를 펴내기 시작했다. 물론 중판(重版) 등을 포함한 숫자다.

이처럼 을유문화사 도서출간 목록에서 교과서가 한 축을 이루고 있기는 하지만 처음부터 교과서에 몰두할 계획을 세운 건 아니었다.

우연한 일이 계기가 되어 교과서 출판을 시작하게 되는데, 앞서 서술을 미뤄두었던 휘문고보 시절의 은사인 박술음 선생과의 인연이 크게 작용했다.

1946년 여름, 어느 날 박술음 선생이 나를 찾아왔다. 당시 선생님은 휘문고보 교장으로 계셨다.

"문교부에서 영어 교과서 편찬위원회를 만들어놓고는 나를 위원장으로 임명해 교과서 원고를 만들었는데, 문교부에서 책을 낼 수 없다니 이걸 어떡하면 좋겠나? 정 군, 신학기가 멀지 않은데 영어 교재가 급하게 됐네. 그동안 서병성, 이강렬 선생 등과 중학 영어 교과서 편찬을 마쳤는데 자네가 서둘러 내줄 수 없겠나?"

미군정 문교당국으로부터 편찬 의뢰를 받아, 서울 시내 중학교에 재직 중인 영어교사 13명과 함께 만든 영어 교재 출간문제집이었다.

박술음 선생 등은 6개월 남짓 노력해 원고를 만들었는데, 막상 완성된 원고를 들고 가자 문교부에서는 책을 낼 여력이 없다고 나자빠진 것이었다.

"신학기가 곧 다가오는데 문교당국에서 도저히 펴낼 수 없는 형편이니 을유문화사에서 이 교재를 대신 내주게나."

나는 가슴이 뭉클했다. 교과서 출판이 자신의 책임이 아님에도 스스로 출판 문제까지 해결하러 나선 것이었다. 교과서를 기다리고 있는 수많은 학생들의 초롱한 눈망울을 외면하지 못한, 그야말로 참교육자의 모습에 다름 아니었다.

그런 터라 나는 선생님의 부탁을 받아들이지 않을 수 없었다.

영어는 그때부터 세계 공용어가 될 언어라는 걸 다들 인식하고 있던 참이었고, 을유문화사도 발 빠르게 1946년 『*Basic English*』(상·하)란 영어책을 이미 펴낸 바 있었다.

문제는 이 영어책을 을유문화사 이름이 아닌 문교부 당국 이름으로 출간해야 했다는 점이었다. 문교부가 교과서를 펴낼 여력이 없을 정도로 재정적으로 어려우니, 신생 출판사인 을유문화사가 이를 대신 해결해 주는 쓴웃음 짓게 하는 일이었는데, 그 시절에나 가능했던 이야기다.

"걱정 마세요. 그런데 원고를 집필한 저자들에 대한 예우는 어떻게 처리해야 합니까?"

박술음 선생은 책을 제때 내주는 것만으로도 감지덕지라며, 인세는 염두에 두지 않고 있다고 했다. 그저 새 학기 교재로 쓸 수 있도록 출판을 서둘러 달라고 거듭 간청했다.

"그럴 수는 없습니다. 우리가 인세로 선생님 한 분당 2만 환씩을 드리겠습니다."

"무슨 소리야, 그런 돈 필요 없다니까! 정 그렇다면 원고작업을 하느라 회합할 때 지출됐던 얼마간의 경비만 자네가 부담해 주면 좋겠네."

인세를 지급하겠다, 안 받겠다 하는 문제로 밀고 당기는 실랑이가 이어졌다.

굳이 돈을 주겠다는데도 얼굴을 붉히며 거절하는, 그 시절에는 그런 지조(志操)를 지닌 분들이 많았다. 박술음 선생은 끝까지 거절했지만, 우리는 교과서 작업에 참여한 모든 선생님들에게 인세를 지급했다.

하지만 그 시기, 을유문화사는 교과서 출판에 대한 지식과 경험이 전무한 상태였다. 중학교가 6년제였던 당시의 학제에 맞춰 학년별로 여섯 권의 영어 교과서를 코앞에 닥친 9월 초까지 완성한다는 것은 거의 불가능해 보였다.

제작도 제작이지만 제작의 선결과제인 당시의 용지난을 해결하는 것이 관건이었기 때문이다. 그리고 그 작업은 우리에게 커다란 재정적 부담이 아닐 수 없었다.

을유 동인 네 사람은 만장일치로 교과서 제작에 찬성했고, 우리는 교과서 만들기에 몰두했다. 밤을 새워 가며 박차를 가한 끝에 그해 여름이 다 갈 무렵 〈뉴 잉글리시 리더즈(The New English Readers)〉 전6권을 무사히 펴내는 개가를 올린다.

나는 이 책을 찍는 데 필요한 갱지(更紙)를 정말 어렵게 구했고, 각 학년별로 2만 권씩 총 12만 부를 인쇄했다.

책이 나오자마자 초판은 금방 동이 났다.

판을 거듭해도 공급이 달렸고 나중에는 갱지가 다 떨어지게 되었다. 그래서 부득이 고급 선화지(仙花紙)를 교과서 용지로 써야 했다. 그런데 이마저 여전히 공급이 달리는 형편이었다. 1학년용은 총 발행부수가 7만 부에 이르기도 했다.

박술음 선생은 한사코 받지 않으려 했으나 을유문화사는 중판(重版)을 거듭할 때마다 꼬박꼬박 인세를 전달했다.

그런데 교과서 편찬에 참여했던 분들 가운데는 자신의 원고가 채택되지 않은 선생님들도 있었다. 그런 분에게도 인세를 균등하게 나누어 지급했는데, 자신이 받는 과분한 인세에 대한 보답을 어떻게든 하려고 했다. 책의 오탈자 등을 일일이 찾아내어 우리에게 알려줘 중판 인쇄 때 바로잡게 하거나, 아니면 경향 각처의 영어 담당 교사에게 교재를 소개하는 것으로 책의 보급에 일조했다.

영어 교재 출간을 계기로 교과서 출판에 소극적이었던 을유는 마땅한 교재 원고를 발굴, 을유문화사 이름으로 출간하는 한편 당시 문교부 교과서 제작 등을 대행해 1948년 가을까지 한 해 사이에 무려 30여 종의 중학 교재를 출간했다.

교과목도 영어, 과학, 경제, 지리, 중국어, 독일어, 물리, 화학, 수학 등 거의 전 과목에 걸쳐 있었다. 이 과정에서 저자에 대한 예우를 철저히 해, "을유문화사는 인세를 또박또박 지불한다"는 소문이 퍼졌다. 출판사의 위상이 절로 높아졌음은 당연한 일이었다.

전시(戰時) 출판

그 후 6·25전쟁이 터지자 당시 이른바 '검인정교과서(檢認定敎科書)'를 만들던 출판사들은 마치 보따리장수들처럼 원고만 잔뜩 짊어지고 부산으로 피난 내려온 상태였다. 그러나 난리가 난 판국에 무슨 교과서를 제대로 만들 수 있을 것인가.

무엇보다 다들 출판 제작비가 없었다. 그러나 교과서는 필요했다. 전쟁 중이라고 해서 모든 사람이 손 놓고 하늘만 쳐다보고 있을 수는 없는 노릇이었다. 학생들은 학교에 가서 공부를 해야 했고, 출판사는 책을 만들어내야 했던 것이다.

부산 피난 시절, 전시(戰時) 교육이 시작되면서 교재 출판이 재개되었다.

그런데 문교부 편수국에서는 몇몇 특정 출판사에게만 교과서를 펴내도록 위촉하는 사태가 일어났다. 당시 편수국장이 직권으로 정음사를 비롯한 몇몇 출판사에게 특별 배정을 했다 하여 출판업자들이 당국에 항의하는 소동이 일었다. 몇몇 출판사에게만 그런 혜택을 준다는 것은 그야말로 언어도단이었다. 더욱이 을유는 1947년부터 전쟁 전까지 13종의 교과서를 출간했던 출판사였다.

1951년, 나는 당시 재무부 장관이던 백두진[26] 씨를 찾아가 출판사에 대한 특별대출 문제를 의논하기에 이르렀다. 그 자리에는 이재국장을 하던 송인상[27] 씨도 배석했다. 백두진 씨가 출판계 사정을 듣고 말문을 열었다.

"아무리 전쟁 중이라지만 뭐 담보라도 있어야, 교과서를 펴낼 돈을 대주고 그럴 거 아니겠습니까?"

"겨우 원고 뭉치만 들고 부산으로 피난 온 사람들이 담보가 어디 있습니까? 그러니 교과서를 일단 만들어서 판매한 후에 갚는 조건으로 특별지원을 해주시면 안 되겠습니까?"

한참을 고민하던 백 장관은 교과서 제작의 절박함은 이해하지만 특별지원은 곤란하다는 의견을 보였다. 지원 대상 출판사의 선정 문제가 까다롭고, 자칫 특혜 시비가 일 수 있으며, 대출자금의 회수 문제가 복잡하다는 것 등이 그 이유였다. 일리 있는 지적이었다. 담보 없이 돈을 빌려 쓰는 일은 예나 지금이나 어려운 일이다.

나를 포함한 세 사람은 숙의 끝에 획기적인 아이디어를 냈다.

"이 기회에 아예 검인정교과서 회사를 하나 만듭시다. 일단 해당부처인 문교부 장관의 추천을 받아오시오."

당시 문교부 장관은 백낙준[28] 씨였다.

백낙준 장관과는 1948년 을유문화사에서 위당 정인보 선생의 시조집 『담원시조(薝園時調)』를 펴낼 때의 인연으로 잘 알고 있던 사이였다. 나는 그를 만나 교과서의 필요성에 대해 역설했고, 그가 승낙을 해서 '한국검인정교과서주식회사'가 전쟁 중에 부산에서 탄생하게 된다. 그리고 교과서를 만들면 무조건 한국검인정교과서(주)를 통해서 팔아야 하는 제도가 만들어졌다.

즉, 한국검인정교과서(주)에서 각 출판사에 교과서를 만들 자금을 지원해 주고, 출판사는 교과서를 만들어 한국검인정교과서(주)를 통해 교과서를 팔아 지원금을 갚고, 나머지는 출판사 수익으로 남기는 그런 방식이었다.

전쟁이 끝나고 서울로 환도 후에도 한국검인정교과서(주)는 계속 유지되었다. 하지만 문제가 발생하기 시작했다. 소비자 격인 학교당국에서 교과서 채택 운동이 벌어진 것이었다.

가령 영어책을 A출판사도 만들고 B출판사도 만들다 보니, 어느 회사는 책을 팔 수 있었지만 어느 회사의 책은 고스란히 재고로 남았다. 그래서 납본 방식이 아닌 책 제작까지 한국검인정교과서(주)에서 출판해야 한다는 말이 나왔고, 그래서는 올바른 교육이 이뤄지기 힘들다는 등, 교과서 출판사들끼리 분쟁이 발생하게 되었다.

이 무렵, 한국검인정교과서(주)가 사들인 중앙여고 자리를 두고도 논쟁이 끊이질 않았다. 이후 중앙여고 자리의 땅값이 오르면서 국세청으로부터 혹독한 세무조사를 당하기도 했다.

훗날 부당한 방법으로 세금을 거둔 것이라고 소송을 제기해 세금을 모두 환수받기는 했지만, 아무튼 국가가 발전하면서 출판계 여기저기서 크고 작은 많은 문제들이 불거져 나왔다. 출판계 역시 그런 흐름에서 크게 벗어나지 못하고 같이 굴러왔던 것이다.

1946년, 박술음 선생님의 부탁을 받고 처음 교과서를 내기 시작했지만, 30여 년 후인 1978년, 이른바 '교과서 파동'이 나는 바람에 을유문화사는 그해부터 교과서 출판을 접게 되었다.

4. 진단학회

김재원 국립중앙박물관장

전쟁 후, 〈한국사〉와 〈한국문화총서〉를 출판하게 되면서 나는 진단학회 사람들과 매우 각별한 사이가 되어갔다. 해방 후 진단학회에서 펴낸

진단학회 초청으로 내한한 중국학자들과 경주 석굴암에서. 앞줄 왼쪽부터 이상백·필자, 뒷줄 왼쪽부터 조명기·부유·김재원·주가화, 한 사람 건너 동작빈·이병도

『진단학보』는 을유에서 모두 무료로 내주었던 것이 계기였다.

당시 진단학회에 김재원 씨가 간사로 있었다. 그에 대해선 앞서 〈한국사〉 편찬 과정에서 간략히 소개한 바 있다.

나보다 세 살 연상이었던 그는 일제 치하였던 1942년부터 경복궁 안에 있는 국립중앙박물관 관장으로 있었다. 서로 나이도 비슷하고 『진단학보』 편집 담당자여서 나는 그와 허물없이 지내곤 했는데, 당시 종로에 있던 을유문화사와 거리가 가까워 수시로 사무실에 놀러오곤 했다.

그에게는 특별한 일화가 있었다. 그가 국립중앙박물관장을 하고 있을 때 6·25전쟁이 터졌다. 당시 서울을 점령한 북한군은 국립중앙박물관에 있는 유물들을 모두 북쪽으로 옮기려고 했다.

그때 김재원 씨가 기지를 발휘했다. 유물은 함부로 옮겨서는 안 되며, 사진을 찍고 목록을 만들어야 한다는 등, 이런저런 핑계를 대며 시간을 질질 끌었다.

이렇게 차일피일 미루는 바람에 인천상륙작전이 성공했고, 그의 이런 노력 덕분에 국립중앙박물관의 유물들은 물론 북으로 강탈당할 뻔했던 간송미술관의 작품들도 무사할 수 있었다. 우리 문화 유적을 지키기 위한 그의 숨은 노력은 사실 거의 알려지지 않았다.

김재원(金載元, 1909~1990)

나는 훗날 그의 추천으로 '박물관회 회장'이란 직책을 맡기도 했다.

'박물관회'라는 게 우리 유물들에 대한 견문을 넓히는 교양 단체였다. 우리 유물들을 일반인들에게 보다 폭넓게 알려야겠다는 취지로 김재원 씨가 주동이 되어 만든 단체였는데, 나는 그의 청을 거절하지 못해 박물관회 회장을 하게 된 것이었다.

사실 개인적으로 유물이나 골동품 등에 대해 별다른 흥미를 못 느꼈지만 그는 정말 우리 유적이나 옛 물건들을 사랑하는 사람이었다. 고고학적 지식도 무척 풍부했는데, 어떤 유물이든 마치 실꾸리 풀듯 거침없이 그 유래와 역사적 가치를 설명해 주곤 했다.

그는 우리 문화를 진정으로 사랑했던 학자였다.

그가 『단군신화의 신연구』, 『조선미술』, 『한국지석묘연구』, 『감은사(感恩寺)』, 『한국미술』, 『코리아』, 『*Arts of Korea*』 등을 펴낸 것만 봐도, 이 땅에 대한 그의 열정을 읽어볼 수 있다.

을유에서 〈국립박물관총서〉를 펴낸 것도 바로 그와의 인연 때문이었다. 〈국립박물관총서〉는 책의 성격상 컬러사진들이 들어가야 하고 종이 질도 좋아야 하는 등, 제작에 상당한 비용이 소요됐다.

하지만 그가 절절하게 필요로 하는 일이어서 나는 기꺼이 출판을 했다. 출판 가치가 있는 책이라고 판단했기에 나머지 다른 조건들은 굳이 따져보지 않았다.

을유는 1948년 봄, 해방 이후 실시된 국립중앙박물관 최초의 고적(古蹟) 조사보고서 『호간총(壺杆塚)과 은령총(銀鈴塚)』 출간을 계기로 이른바 〈국립박물관총서〉를 출판하게 된다(호간총은 호우총(壺杆塚)으로 불리기도 한다). 즉, 고고학자들의 피땀으로 이루어진 고적 발굴 조사보고서를 하나하나 책으로 엮어 출판한 것이었다.

이후 〈국립박물관총서〉는 『쌍상총(雙床塚)·마총(馬塚)·138호분(墳)』(김재원·김원룡), 『미술·고고학 용어집—건축 편』(김재원), 『한국 고활자(古活字) 개요』(김원룡), 『한국 서해도서(西海島嶼)』(김재원·이상백·이숭녕), 『신라토기의 연구』(김원룡), 『감은사(感恩寺)』(김재원·윤병무), 『의성탑리(義城塔里) 고분』(김재원·윤병무), 『울릉도』(김원룡) 등등, 10여 년에 걸쳐 간간이 간행되었는데, 워낙 전문분야에 속하는 책들이어서 상당한 출혈을 무릅써야 했다.

이처럼 이런저런 일들이 엮어지면서 진단학회와 을유문화사는 끈끈한 인연을 맺어왔는데, 한때 관계가 소원해진 일이 있었다.

조직 개편으로 진단학회의 원로들이 모두 물러나고 운영진이 모두 젊은 사람들로 바뀌었을 때였다. 『진단학보』를 무료로 출판해 주었던 나

이병도(李丙燾, 1896~1989)   이숭녕(李崇寧, 1908~1994)

와는 아무런 상의도 없이, 어느 해 다른 출판사에서 『진단학보』를 찍었던 것이다.

깜짝 놀란 나는 이게 어찌 된 일이냐고 당시 위원장이던 이병도[29] 씨를 찾아가 물었다. 그러자 그는 내가 있는 자리에서 새로 간사가 된 이숭녕[30] 씨를 불러 질책했다. 『진단학보』가 어떻게 나온 것인지 또 어떤 식으로 을유문화사와 인연을 맺어왔는지를 모르는 상황에서 생긴 일이었다.

진단학회의 기금에서부터 진단학회로서 가장 중요한 〈한국사〉 출판까지 어떤 역사적 우여곡절이 있었는지 미처 몰랐던 것이다.

이런 판국에 『진단학보』를 다른 곳에서 냈으니 나는 물론 진단학회의 원로들이 화를 낼 만도 했다. 이건 제작비나 수익의 문제를 떠나서 신뢰와 예의의 문제였다.

결국 새롭게 구성된 관계자들이 나를 찾아와 사과를 하는 것으로 이 문제는 끝이 났다. 새롭게 간사가 되었던 이숭녕 씨는 물론 진단학회의

제3장 자화상 195

위원장이었던 이병도 씨 역시 을유문화사에서 〈한국문화총서〉 간행에 참여한 사람들이었다.

월탄 박종화

박종화(朴鐘和, 1901~1981)

이병도, 이숭녕 씨 등과 함께 어울려 다녔던 월탄(月灘) 박종화[31]는 특히 을유에서 많은 소설책을 냈다. 월탄은 진단학회 사람은 아니었지만 늘 진단학회 사람들과 어울려 을유문화사에 놀러오곤 했다.

그는 나의 휘문고보 선배이기도 했다. 해방 직후 을유에서 〈박종화 전집〉을 내기도 했는데, 그의 〈역사소설선집〉은 당초 전9권으로 기획되어, 첫째 권으로 『대춘부』 상권이 1949년 2월에, 하권이 6월에 나왔으며, 그 사이에 조선조 연산군의 비극을 다룬 『금삼의 피』가 4월에 간행되었다.

이어 1950년 6월에 『다정불심』이 간행되었지만 그 뒤로는 6·25동란으로 중단될 수밖에 없었다. 결국 1953년 환도와 함께 속간하여 1960년 10월에 전13권으로 마무리를 지었다. 『금삼의 피』는 1936년 『매일신보』에 인기리에 연재되었던 작품이기도 하다.

우리 역사에서 오늘날 이순신 장군에 대한 위상(位相)은 독보적이다.

이순신 장군의 위업은 삼척동자까지도 알고 있는 사실이다. 그러나 임진왜란 당시 왜군을 물리쳤던 한 사람의 무장(武將)이었던 그를 역사 속에서 새롭게 발굴하여 현실에 생생히 되살려낸 것은 월탄의 〈임진왜란〉이라는 장편대하소설이 계기가 되었다.

〈임진왜란〉은 월탄이 전쟁으로 일시 중단했던 작품 활동을 재개하기 위해, 당시 서울신문사 사장직을 사임하고 전력을 기울여 집필한 회심작이다.

이 작품은 1954년 9월 14일부터 1957년 4월 18일까지 『조선일보』에 장장 946회에 걸쳐 연재되었는데, 원고지로 따지면 무려 1만 장에 이르는 방대한 분량의 대하소설이었다. 1955년 6월 15일 제1부가 나온 지 3년 4개월 만인 1958년 10월 20일에 전6부작으로 을유문화사에서 완간되었다.

신문사 사장직이란 영달을 포기하게 만들었던 이 작품은 한 작가의 문학작품을 넘어선, 우리 민족의 웅혼한 기상을 드러내는 역작이 아닐 수 없다. 문학의 위대함이자 월탄의 '그릇'을 보여주는 대목이 아닐 수 없다.

월탄 박종화는 본디 1921년 『장미촌』 창간호에 시 「오뇌의 청춘」, 「우윳빛 거리」를 발표하면서 등단한 시인이었다. 이후 왕성한 시작 활동을 통해 대표적인 낭만주의 시인으로 자리 잡은 월탄은, 1924년 단편소설 「순대국」, 「아버지와 아들」을 발표하며 소설가로 변신했다.

월탄이 역사소설에 관심을 가지기 시작한 것은 1930년경으로 알려졌다. 『금삼의 피』를 시작으로 월탄은 역사소설 분야에서 정력적인 활동을 벌여 나갔는데, 규모나 내용면에서 높은 평가를 받은 〈임진왜란〉으로 문단 원로로서 월탄의 위상이 더욱 두드러진 것은 두말할 나위가 없었다.

월탄은 일제 당시 끝까지 창씨개명(創氏改名)을 하지 않았고, 문학작품으로 일제에 영합하는 이른바 문인보국대(文人報國隊)에도 참가하지 않았다. 일제 말엽, 일본당국이 그를 회유하기 위해 명월관(明月館)에 초대했을 때는 보국대에 참가한 문인들과 격렬한 주먹다짐을 벌이기도 하였다.

광복 후에는 적색문학운동(赤色文學運動)에 대항하는 민족진영 문학운동의 지도자로 등장, 전국문필가협회, 전국문화단체총연합회에서 중추적 역할을 담당했다.

을유문화사와 역사소설은 인연이 깊다.

우리 문학사상 불세출의 역사소설인 벽초 홍명희의 〈임꺽정〉을 펴낸 것을 비롯해, 박종화의 역사소설의 출간 인연으로 전12권으로 기획된 〈한국역사소설전집〉이 바로 그것이다.

〈한국역사소설전집〉은 1960년 3월 20일 이광수의 『사랑의 동명왕』, 『단종애사』를 한데 묶어 첫 권으로 펴낸 이후, 국내의 내로라하는 작가들의 대표적인 역사소설을 연이어 간행했다. 이 전집은 B6판 감색 천클로스에 글자는 진녹색 색박을 찍은 양장본이었으며, 책의 성격에 걸맞게 유명화가들의 그림을 활용하여 책의 품위를 한껏 높인 점도 우리나라 출판사(出版史)에서 반드시 기록해 둘 만한 일이었다.

〈조선문화총서〉 시리즈

일제 강점기 시절에는 시인이나 소설가는 물론, 학자들 역시 쉽게 책을 펴낼 수 없었다. 일제의 민족문화 말살정책에 따른 탄압 때문이었는데, 따라서 우리 민족과 관계된 책들은 집필되고 있었으나 출판은 전혀 불가능했다.

예를 들어 '조선어학회사건'만 봐도 충분히 짐작할 수 있을 것이다.

우리말 사전을 만들기 위해 원고를 작성했다는 이유만으로 수십 명이 징역형을 선고받고 '수감'되고 '옥사(獄死)'할 지경이니, 대중적 파급력이 훨씬 강한 문학작품의 경우는 더 말할 나위도 없었다.

을유문화사가 창립과 동시에 기획한 〈조선문화총서〉 시리즈는 이런 취지에서 시작됐다. 일제 강점기 시절, 많은 학자들이 연구를 해서 가지고 있던 우리 문화에 관한 연구논문을 출판하자는 것이었다. 이후 〈한국문화총서〉로 이름을 바꾸었는데, 한권 한권 어려운 출산 과정을 통해 태어나게 된다.

당시 〈조선문화총서〉의 집필진은 대부분 진단학회 사람들이었다.

이 책 역시 경영수지를 따졌다면 사실상 도저히 나올 수 없는 책들이었다. 책이 나오기 무섭게 관련 학자들이 찾아와 "무슨 책 한 권 달라!"고 하면 그냥 나눠줄 정도로 소비되었을 뿐, 당시 〈조선문화총서〉를 읽는 독자들은 그다지 많지 않았다.

일반 독자를 대상으로 한 대중서가 아니라, 사실상 전문적인 학술서적이었기 때문이다. 그러나 이때 힘들게 펴낸 〈문화총서〉들이 훗날 우리 학계와 문화계의 초석(礎石)이 되었으며, 이를 바탕으로 더 깊은 연구들이 진행되었다는 사실은, 두고두고 뿌듯하고 보람 있는 일이었다.

〈조선문화총서〉 시리즈는 우리 민족문화의 총결산으로, 국내 학계는 물론이고 멀리 구미(歐美) 각국의 학계에서도 한국문화 연구의 거의 유일한 성과로 평가하기에 이르렀다.

이에 따라 미국 캘리포니아 대학·컬럼비아 대학·의회도서관, 프랑스 소르본 대학, 영국의 런던 대학 등지에서 소량이나마 주문이 들어왔다. 비록 규모는 작았지만 이로써 을유는 세계적인 문화 창구(窓口) 역할을 하기 시작한 것이었고, 훗날 본격적으로 우리 출판물의 해외 공급의 기반을 마련하는 시발점이 된다.

이상백 선생

〈조선문화총서〉(이하 〈문화총서〉)는 1947년에 들어서면서 간행되기 시작했다. 1947년 4월 1일, 손진태의 『조선민족설화의 연구』로 대장정의 막을 올린 〈문화총서〉는 『조선문화사연구논고』(이상백)를 비롯하여, 1948년 『조선 탑파(塔婆)의 연구』(고유섭), 『고려시대의 연구』(이병도), 『조선민족문화의 연구』(손진태), 『조선어음운론연구』(이숭녕), 『조선음악통론』(함화진), 『조선민족사개론』(손진태), 1949년 『조선가족제도의 연구』(김두헌), 『이조(李朝)건국의 연구』(이상백) 등등, 활발하게 출판되어 세상에 나왔다.

이상백(李相佰, 1904~1966) 박사와 필자

〈문화총서〉 발간에는 반드시 기억해야 할 인물이 한 분 있으니, 바로 상백(想白) 이상백(李相佰)[32] 선생이다.

을유문화사는 초창기부터 학계의 여러 인사들로부터 물심양면의 도움을 받아왔고 깊은 인연을 맺어왔다. 어쩌면 현재의 을유문화사는 그런 인연의 힘에 의해 유지되어 온 게 아닌가 싶을 정도다.

특히 그 중에서도 이상백 선생은 단연 첫손에 꼽히는 도움을 주셨는데, 〈문화총서〉 기획과 책의 편집 방향, 서문(序文) 집필 등 잡다한 일들을 도맡아 해결해 주시곤 했다.

이상백 선생은 당시에도 세상이 다 아는 사학자요 사회학자이자, 뛰어난 체육인이었다. 그는 IOC 위원을 지내며 건국 초기, 우리 체육계의 발전에 크게 기여한 바 있다.

당시 서울대학교에 재직 중이던 선생은 강의를 마친 오후 시간에는 주로 우리 사무실을 찾아와 근무하다시피 했다. 당시 나와 방을 함께 썼는데 그 방에는 주로 선생을 찾아온 손님들로 늘 북적거렸다.

대구의 명문 세가에서 태어난 이상백 선생은 중국으로 망명해 독립운동에 헌신한 이상정 장군과 「빼앗긴 들에도 봄은 오는가」의 민족시인 이상화를 형님으로 둔 호남아였다.

한창 젊었을 적에 선생이 대구에서 서울로 온다는 기별이 전해지면 장안의 처녀들이 얼굴 화장을 새로 했다는 일화가 전설처럼 전해질 정도였다. 그도 그럴 것이 6척에 이르는 훤칠한 몸매와 세련된 행동거지는 완고한 학자라기보다는 거물급 외교관의 이미지를 풍겼다. 게다가 박식과 덕망을 겸비한 대인풍의 신사였으니 누구라도 존경과 친근감을 갖지 않을 수 없었다.

그러나 어찌 된 일인지, 그는 나이 50이 넘도록 결혼을 하지 않았다.

그의 나이 54세가 되던 어느 해, 그를 장가보내기 위해 여러 사람이 애쓴 일이 있었다. 당시 을유문화사에서 가까운 종각 부근에 꽃가게를 차린 여자가 있었다.

그냥 '꽃집 아가씨'가 아니라 일본에서 대학을 졸업한 재원(才媛)이었는데, 종각 옆에서 꽃가게를 운영했다. 마침 이상백 선생과 잘 어울리겠다 싶어 우리는 중매에 나섰다.

"이제 그만 결혼해서 정착해야 하지 않겠습니까?"

"좋지! 그런데 여자가 있어야지?"

나와 지인들은 서둘러 꽃가게 아가씨와의 만남을 주선했다.

일이 풀리려고 그랬는지 꽃가게 아가씨도 그렇고, 이상백 선생도 서로를 마음에 들어 했다. 머지않아 두 사람은 어렵지 않게 결혼을 약속하게 되었다.

그런데 느닷없는 일이 발생했다. 이 선생이 전쟁 중, 부산에 내려가 있을 때 자주 다니곤 했던 다방이 있었는데, 그 다방 여주인이 이런 이야기를 어떻게 알았는지 어느 날 갑자기 서울로 올라와 이상백 선생을 납치해 갔던 것이다.

이상백 선생은 외모와는 달리 마음이 무척 여린 분이었다. '꽃집 아가씨'와의 인연은 그것으로 끝나고 말았다. 대신 그 다방 주인과 결혼하기에 이르렀다.

서울대학교 교수와 다방 여주인의 결혼에 모든 지인들이 놀라워했지만 그래도 다들 축복해 주었다. 이기붕 씨가 결혼 주례를 섰고 신혼살림을 시작했지만, 오래 함께 살지 못했다. 결혼해서 10년도 채 못 살았고 63세에 타계했다. 진단학회와 서울대, 그리고 대한올림픽위원회로서는 커다란 손실이었고, 을유문화사와 내게도 커다란 아픔이었다. 무척 허망한 일이 아닐 수 없었다.

을유문화사가 〈문화총서〉 시리즈를 발간하면서 '한국학의 본산'이라는 세간의 평가를 받는 데 있어 이상백 선생은 실로 지대한 기여를 했다.

그는 학계에 현저한 업적이 있는 분은 반드시 우리에게 천거를 했다. 을유문화사 입장에서 이상백 선생은 알짜배기 저자이자 혜안을 갖춘 기획자였던 셈이다.

〈문화총서〉의 실질적인 산파였던 이상백 선생이 1947년 3월에 쓴, 「조선문화총서 간행에 즈음하여」라는 제목의 글은 을유문화사의 지향(志向)을 잘 대변한다. 이 글은 지금 봐도 참 명문이다. 그 일부를 옮겨 본다.

> 우리는 하루 바삐 우리 고유문화의 진정한 가치를 발휘·천명하여 새로운 민족문화 창조의 터전을 장만하고, 나아가서는 우리 고유문화의 진가를 세계에 선양함으로써 인류문화의 질적 향상에 기여하여야 되겠다. 이것은 조선사람 된 문화인, 아니 전 민족에게 부과된 숭고한 의무임을 우리는 확신하고 자각하는 바이다.
>
> 이번에 사계(斯界) 권위 제씨의 쾌심의 협조를 얻어, 우리의 문화 각 방면의 진지한 학문적 연구를 망라하여 〈조선문화총서〉를 간행하는 뜻은 실로 여기에 있다. 다만 현하 출판계의 여러 가지 악조건은 우리로 하여금 능히 이 중임의 완수를 감당하게 할까, 오직 자면자려(自勉自勵)하겠거니와, 강호의 제현은 이 미의(微意)를 양찰하사, 성원 편달하시기를 기대하여 마지않는 바이다.

〈문화총서〉가 우리 문화의 유구한 연원과 독자적 가치를 살리는 한편, 세계문화를 받아들여 새로운 한국문화를 설계하고 건설하는 평원을 연다는 장중한 사명감을 표명하고 있다.

동시에 우리 고유문화의 진정한 가치를 천명하면서 새로운 민족문화 창조의 터전을 마련하고, 나아가 그 가치를 전세계에 선양해 인류문화의 질적 향상에 기여한다는 숭고한 의무감을 명시했다.

이상백 선생은 〈문화총서〉 이외에도 초창기 을유가 펴낸 여러 책들의 기획에도 깊이 관여했다. 잡지 『학풍』의 창간과 진단학회의 〈한국사〉 발간에도 선생의 도움이 있었다.

선생이 타계하신 지 어언 30여 년이 흘렀다.

선생의 생전에, 선생이 을유와 나에게 베풀어주신 은혜의 반의반도 갚지 못한 것을 나는 항상 죄스럽게 여겨왔었다. 그런 연유로 1978년, 선생의 주요 논저를 집대성한 세 권짜리 〈이상백저작집〉을 펴낸 것이나, 1996년 『이상백 평전』 출간을 역시 을유문화사가 맡은 것은 생전에 못다 한 보은을 하기 위함이었다. 그렇게라도 하지 않으면 훗날 무슨 낯으로 다시 선생을 뵈올 텐가!

〈문화총서〉 발행은 학문적 수준이 높은 책을 낸다는 점에서 자랑거리였지만, 경영 측면에서 썩 달가운 존재만은 아니었다. 더구나 〈문화총서〉는 원고 분량의 제한이 없었던 터라 적게는 250쪽에서 많게는 900쪽짜리도 있었다. 각각 1,000부를 한정판으로 찍었어도 초판을 소화하는 데는 그럭저럭 10년은 걸렸다.

그래도 나는 〈문화총서〉의 발간을 중단하지 않았다. 목전의 기업 이익보다는 민족문화의 창달이라는 대의가 더 중요했기 때문이다. 훗날, 이상백, 이병도, 조윤제, 이숭녕, 김두헌 등은 〈문화총서〉의 저작을 갖고서 박사학위를 받았다. 을유문화사의 저작물들이 곧 박사학위 논문에 다름 아니었다.

조윤제 문학박사 학위 축하 기념. 위 왼쪽부터 민병도, 필자, 아래 왼쪽부터 이희승, 조윤제

이렇듯 〈문화총서〉는 한국학을 공부하는 학자들에게 꼭 거쳐야 하는 '통과제의(通過祭儀)'였다. 김상기, 함화진, 이인영, 이홍직, 한우근, 김동욱, 이가원, 이을호, 유홍렬, 김용덕, 한영우, 신용하 같은 사계의 권위자들이 모두 〈문화총서〉로 자신의 저작물을 선보였다. 이분들은 약속이나 한 듯이 〈문화총서〉를 계기로 더욱 활발한 연구 활동을 펼쳤는데, 그런 모습을 지켜보면서 나는 출판의 진정한 보람을 느꼈다.

5. 울타리를 벗어나다

국정교과서(주) 사장

을유문화사가 교과서 제작을 시작한 것은, 해방 전 영어 교재를 의뢰해 왔던 박술음 선생 때문이었음은 이미 서술한 바 있다. 그런 후 6·25가 터지고 을유문화사가 부산으로 피난을 갔다가 전쟁이 끝난 뒤 환도해 중흥의 기틀을 새롭게 다져나가고 있을 때였다.

1956년 어느 날, 문교부에서 한 사람이 나를 찾아왔다.

"문교부 장관님께서 정 사장님을 국정교과서 사장으로 임명을 하셨는데 모르셨습니까?"

이게 무슨 느닷없는 이야긴가?

당시 문교부 장관이 어떤 사람인지 나는 잘 몰랐다.

"저는 금시초문인데 그게 무슨 소립니까?"

"문교부 회의 중 국정교과서[33] 출판 이야기가 나왔고 장관님께서 정 사장님을 지목하셨는데 모르셨다는 말입니까?"

나보다는 나를 데리러 왔던 문교부 직원이 더 놀라는 눈치였다.

"저는 장관님과는 일면식도 없는데, 장관님이 저를 어떻게 아신단 말입니까?"

당시만 해도 내가 맡고 있는 일이 많았다. 물론 을유문화사를 운영하는 일이 가장 큰 일이었지만, 그때만 해도 〈큰사전〉이 완성된 게 아니라서 사전 작업도 진행시켜야 했고, 또한 진단학회를 통해 막 시작한 〈한국사〉 작업 등으로 바쁜 나날들을 보내고 있었다. 더군다나 전쟁 후라 출판사를 새롭게 시작하는 것과 다르지 않아 여러 가지 일들이 산더미처럼 쌓여 있을 때였다.

"일단 문교부에 한번 들어가시죠!"

"아무튼 가 봅시다."

나도 모르는 사이에 국정교과서 사장이 되었다는데, 그 전말을 알아야 거절하든 수락하든 할 터였다. 당시 문교부는 중앙청 안에 있었다.

'국정교과서주식회사' 현판식, 1962

문교부 장관은 나와는 전혀 안면이 없는 사람이었다.

"저도 모르는 일이 진행되어서 경위를 알아보려고 들어왔습니다."

"내가 지시를 한 게 맞소. 다른 출판사와는 다르게 을유문화사는 이미 튼튼한 조직으로 자리 잡지 않았소. 게다가 영어 교과서는 물론 다른 교과서도 제작한 경험이 풍부하다고 들었소. 그러니 사장 자리를 맡아주시면 안 되겠소?"

거절할 수 없었다. 나라의 미래인 학생들을 위한 교과서를 만드는 일이었다.

"해보겠습니다. 그런데 한 가지 궁금한 게 있습니다. 도대체 저를 왜 사장으로 지목하신 겁니까?"

"사장 자리를 두고 조사를 했더니 정 사장님이 가장 적합하다는 의견이 나왔습니다. 만장일치로 말입니다."

그때 문교부 장관은 최규남[34] 씨였다.

나는 결국 을유문화사 대표와 국정교과서(주) 사장을 겸임하게 되었다.

세계의 도서관들

1958년 1월, 일본 도쿄에서 열린 국제도서전시회 참가차 일본을 방문한 적이 있었다. 당시 나는 책을 만드는 새로운 편집기법과 세계 여러 나라의 화려하고 다채로운 도서출판 현실에 입이 떡 벌어졌던 기억이 난다. 전쟁 후 먹고살기에도 급급했던 우리의 현실에 비하면, 그들의 현란한 도서 쇼(show)는 출판문화의 현저한 격차만을 실감케 했던 경험이었다.

당시 을유문화사는 우리나라에서 앞서가는 출판사였지만, 그들에 비하면 '우물 안 개구리'에 다름 아니었다. 대한출판문화협회의 임원으로서 민족적 자존심 회복과 출판문화 창달에 대한 책임감과 소명을 동시에 느껴야 했다.

이어 1959년에는 미국 국무부의 초청을 받아 미국에 가게 되었다.

나는 그 무렵 오스트리아 빈에서 열리는 제15차 국제출판협회 총회에 한국대표 자격으로 참가할 예정이었다. 총회 참석 후 미국을 방문하기로 했다. 유럽과 미국 등지의 여행을 통해 출판인으로서의 식견을 넓혀보자는 뜻에서였다.

사실 미국 국무부의 초청은 그보다 두 해 전인 1957년에 있었다. 〈큰사전〉과 〈한국사〉를 록펠러 재단의 도움을 받아 제작하게 되었던 게 인연이 되어 한국 책의 보급과 한국문화를 알리기 위한 민간대사 격으로 나를 초청했던 것이다.

그런데 그동안 〈큰사전〉과 〈한국사〉 발간을 끝마치기 위해 미국 방

미국 방문시 주(駐)UN한국대표부에서 기념촬영, 1959
뒷줄 왼쪽 두 번째가 필자, 그 옆이 임병직 대사, 앞줄 맨 오른쪽이 필자의 장남 낙영

문을 2년째 미루고 있던 참이었다.

나는 오스트리아 빈에서 열리는 국제출판협회 세미나에 혼자 참석했다가 미국을 들렀다 오려는 계획을 잡았다.

당시엔 해외에 나가는 일이 요즘처럼 간단하지 않았다. 비행기 편도 그랬고, 엄청난 여행 경비 역시 엄두를 내기 힘들 정도였다. 그런데 나의 유럽 여행 소식을 들은 미 대사관의 문정관인 헨더슨이 유럽 여행 경비까지 초대자인 미 국무부 측에서 부담하겠다는 의사를 전해 왔다.

나의 '가난한 처지'에 대한 너무도 고마운 배려였다. 그랬는데, '공짜 여행'이라는 소식을 들은 출판문화협회 사람들 몇몇이 자신들도 미 대사관 측에 요청하여 유럽을 다녀오겠다고 나선 것이었다.

나로서는 다소 민망했지만, 미 국무부 측이 내게 지원하기로 했던 경비는 몇몇 다른 사람들을 지원하는 데도 쓰였다. 그들도 유럽을 들렀다가 나와 함께 미국의 도서 환경까지 견학한 후 돌아올 계획을 세웠다. 무려 4개월 반의 기나긴 일정이었다.

하지만 외국 여행이 낯설어서인지 당초 나를 따라나섰던 출판문화협회 사람들은 빈에 들렀다가 유럽을 돌고는 프랑스 파리에 도착했는데, 갑자기 미국에는 가지 않겠다고 했다. 기나긴 여정에 몸과 마음이 지친 탓이었다. 어차피 처음부터 같이 출발할 뜻이 아니었던 터라 나는 혼자 미국으로 향하게 되었다.

이렇게 하여 나 혼자 파리에서 미국 뉴욕으로 가는 비행기를 타게 되었고, 나머지 일행은 한국으로 돌아갔다.

당시 장남 낙영이 미국에서 대학을 마치고 대학원에 다니고 있을 때였다. 뉴욕 공항에 도착해 보니 큰아들과 함께 미 국무부 사람이 마중나와 있었다. 통역은 하버드 대학에서 박사과정을 밟고 있던 최운상(崔雲祥)이 맡았다.

결국 나와 큰아들과 최운상, 그렇게 세 사람이 미 국무부의 도움으로 이곳저곳 견학을 다니게 되었다. 나는 미국의 도서관은 물론 미술관, 박물관 등을 두루 둘러보았다. 불과 200여 년의 짧은 역사를 지닌 나라지만, 그 어떤 나라보다 성장하려는 노력이 강렬하다는 인상을 받았다.

미국의 컬럼비아 대학을 찾아갔을 때, 나는 약소국의 서러움을 새삼 느꼈다.

최운상이 컬럼비아 대학에 연락을 해서 동양학부의 도서관장과 점심

약속을 잡았는데, 도서관장으로부터 부끄러운 이야기를 듣게 되었다. 컬럼비아 대학에는 우리 책이 단 한 권도 없다는 것이었다. 그러나 놀랍게도 북한 책은 많은 양이 다양하게 구비되어 있었다.

"어떻게 한국 책은 없는데 북한 책이 다 있습니까?"

"그렇지 않아도 내가 먼저 당신들에게 물어보려고 했습니다. 당신네 국가와 우리 국가는 동맹관계 아닙니까? 그런데 한국에 대한 도서는 전혀 없습니다. 출판사는 있는지, 한국어로 출판은 하고 있는지조차 모른단 말입니다."

"그럼, 이 북한 책들은 어디에서 구한 것입니까?"

"홍콩에서 서적상을 하는 사람이 정기적으로 팸플릿을 보내옵니다. 그러면 그 팸플릿을 보고 책을 주문합니다. 그렇게 해서 들여온 책들입니다."

나는 그날 도서관의 북한 책 코너에서 근원(近園) 김용준(金瑢俊)이 쓴 『동양미술사』라는 책을 발견했다. 그는 해방 후 월북한 작가였다.

우리 민족미술의 선구자였던 김용준은 1948년 6월 『근원수필(近園隨筆)』, 1949년 6월 『조선미술대요』라는 두 권의 책을 을유문화사에서 냈던 작가였다. 온후한 인품과 훤칠한 용모까지 나의 기억에 생생한 분이었다. 새삼 민족분단의 현실에 가슴이 저려왔다.

"정 사장님, 우리 도서관에는 정보가 없어서 한국 책을 못 사고 있습니다. 저희에게 출간 도서목록을 좀 보내주십시오."

나는 그때 '도서목록'이 필요하다는 걸 절감하게 되었다.

"제가 그럼, 목록을 만들어 보내도록 하겠습니다."

나는 부끄러운 마음만 간직한 채 컬럼비아 대학을 나오게 되었다.

이어 예일 대학 도서관에도 가게 되었지만 그곳 역시 사정은 마찬가지였다. 그나마 하버드 대학 도서관은 몇 권의 한국어 도서를 갖고 있었다. 무척 놀라웠던 것은 시카고 대학 도서관에 갔을 때였다.

"중국 책은 대략 45만 부 가량 있는데 한국 책은 단 한 권도 없습니다."

쥐구멍에라도 들어가고 싶을 정도로 참담한 심정이었다.

나는 4개월 남짓의 긴 일정을 끝내고 한국으로 돌아온 직후 도서목록, 즉 '출판연감'을 만드는 작업을 기획했다. 먼저 출판연감을 만든 후, 이를 다시 간추려서 영문으로 만들어 세계 유수의 대학도서관과 공공도서관 등에 보낼 계획이었다.

『한국출판연감』 제작

그러나 출판연감 제작은 수월한 작업이 아니었다.

물론 출판연감은 을유문화사가 아니라 대한출판문화협회에서 만들었다.

몇 개월 간의 작업을 통해 그동안 우리나라에서 출간되었던 도서목록을 일단 만들어놓기는 했는데 출판문화협회 자체적으로 출판연감을 제작할 재정적 여력이 없었다. 출판연감을 낼만한 곳은 문교부와 국립도서관밖에 없었다. 나는 우선 문교부를 찾아갔다. 당시 문교부 장관은 최재유(崔在裕) 씨였다.

"장관님, 지금 다른 나라의 대학도서관들이 우리 책에 대한 정보가 없어서 책을 구입하지 못하고 있다고 합니다. 그러니까 정부 차원에서 이런 걸 내야 하지 않겠습니까? 원고는 준비가 돼 있으니까 정부에서 이걸 좀 내주십시오."

"허허, 내가 차근차근 수 개월 내에 돈이 좀 쌓이면 당신한테 부탁하려고 했는데, 지금 돈이 어디 있어서 그걸 내라고 하십니까?"

"장관님, 이런 일은 정부 차원에서 해야 할 일이 아닙니까?"

장관은 난색을 표했다. 그때만 해도 정부예산이라는 게 턱없이 부족할 때였다.

그걸 모르진 않았지만 우리나라를 세계에 알리기 위해서는 출판연감을 하루 속히 출판해야만 했다. 정부 관료들 역시 이 문제의 중요성을 인식하지 못했던 것은 아니었다. 문제는 돈이었다. 나는 다시 국립도서관을 찾아갔다.

당시 국립도서관 관장은 박만규 씨였다.

"사장님, 우리는 지금 사서(司書) 월급도 제때 못 주고 있는 형편입니다."

아무도 이 문제에 관심을 갖지 않았다.

그런 판국에 의욕만 앞세워 출판연감을 찍을 수는 없는 노릇이었다. 그래서 우선 급한 대로 1958년 도쿄 국제도서전에서 사용했던 영문 주석이 달린 도서목록을 구미 각국의 대학도서관과 국회도서관 등에 보냈다.

당시 출품도서 위주로 만든 도서목록의 영문 주석은 '아시아 재단'의 조동재 씨가 달았다. 지금도 일부 출판사에 구미의 각 대학으로부터 도서 주문이 들어오는 것은 아마 이때 보냈던 도서목록의 여파라 하겠다. 어느 누구도 이 문제에 대해 관심을 갖지 않았다.

나는 해외에 내놔도 손색없는 번듯한 목록을 만들고 싶었으나, 예산 문제가 해결되지 않아 결실을 보지 못했다. 대신 신간도서의 도서관 납본 업무를 출협에서 대행하는 문제를 성사시킬 수 있었다.

즉, 나는 출간법(出刊法)상 의무사항인 납본 업무를 출협 예산 확보책으로 쓸 아이디어를 냈는데, 납본을 받으면서 책 한 권 값의 납본비를 징수하고 그 돈을 출협 회비로 적립시켰던 것이다. 나는 출판문화협회 독자적으로 출판연감을 펴내기로 마음을 바꿔 먹었다.

출협 회장에 피선되다

나는 1962년 '대한출판문화협회(출협)' 회장에 취임하자마자 『한국출판연감』 발행을 최우선 사업으로 정했다.

이 작업을 구체화하기 위해 당시 출판기획으로 이름을 날렸던 학원사 김익달 사장을 출협의 편집 담당 상무로 영입하였다. 김익달 사장은 대형사전을 출판한 경험이 있는데다 자타가 공인하는 뛰어난 출판감각을 지닌 분이었다. 연감 출간의 적임자였다.

또한 동시에 '도서선정위원회'를 만들었다. 이일성 씨, 유병모 씨 등 선정위원을 시켜 미국에 보낼 책을 선정하고 목록을 만들도록 했다. 도서목록을 만든 후 이를 영어로 번역을 해야 했는데 모두 내 개인 비용을 투자했다. 번역은 도쿄 국제도서전 때 영문 번역을 했던 아시아 재단의 조동재 씨가 다시 맡았다.

임시직원 3~4명을 채용해 5개월 간의 작업 끝에 1963년 9월, 『한국출판연감』은 마침내 그 실체를 드러냈다. 1963년판 『한국출판연감』은 B5판, 1,046쪽의 양장본으로 최초의 본격 '출판연감'이라는 이름값을 했다.

1963년판 『한국출판연감』은 1945년 8·15해방 이후 출판되어 그때까지 절판되지 않은 모든 책의 목록을 망라했다. 당시에는 아직 통일된 도서분류법이 없던 시기여서 '듀이 십진분류법'에 의해 책을 분류·정리했다.

『한국출판연감』의 편제를 보면, 제1편 출판개관에는 출협의 협회사를 정리한 '출판소사'를 비롯, 출판 및 관련업계의 개황을 소개했다. 제2편에는 도서목록을, 제3편에는 각종 출판통계를 수록했다. 제4편에는 출판관련 법규와 서식을 모았고, 제5편에는 회원사 명단을 게재했다. 제6편은 기타 참고사항을 담았다.

당시 출판연감 제작에 들어간 종이는 전량 미국대사관으로부터 지원을 받았다. 출판연감 편집이 한창 추진되고 있을 때, 나는 주한 미국대사관 헨더슨 문정관을 찾아갔다.

"몇 년 전 국무부 초청 때 미국에 갔더니, 당신네 나라 대학도서관들에서 우리 도서목록이 없어 한국 책을 구입하지 못한다고 했습니다. 그래서 연감을 만들려고 도서목록 작업을 시작했으니 제작에 도움을 주시오!"

나는 미국의 대학도서관을 둘러보며 겪었던 일들까지 상세히 소개하며 연감 발간사업에 대한 협조를 요청했다.

어찌 보면 황당하고 뻔뻔스러운 부탁일 수 있겠으나, 이미 〈큰사전〉 제작 등에서 도움을 받은 바 있었으며, 자존심을 지키며 스스로 자금을 마련할 수 있을 때까지 발간을 늦추기엔 너무 시일이 촉박했다.

헨더슨의 도움으로 그리 어렵지 않게 5,000부를 찍을 수 있는 용지 현물을 얻어낼 수 있었다. 그런데 출판문화협회에서는 판매가 쉽지 않을 것이라며 우선 2,000부만 찍고, 3,000부는 팔아서 충당하자며 지원받은 돈을 다른 용도로 쓰려고 했다. 하지만 나는 협잡꾼 노릇은 할 수 없었다. 결국 5,000부를 다 찍었다.

『한국출판연감』의 발간을 통해 비로소 우리 출판인은 대내외적으로 체면을 차릴 수 있게 되었다.

연감의 국내 공급은 당시 내가 이사를 겸직하고 있던 한국검인정교과서(주) 산하 전국 유명서점의 도움을 받았다. 서점이 거래하고 있는 학교 수만큼 연감을 할당하여 어렵지 않게 초판 발행부수 가운데 5,000부를 대부분 소화할 수 있었다.

이때 출판문화협회 앞으로 그 당시 돈으로 2천만 원 정도의 순익이 떨어졌다. 이 수익금은 향후 출협의 운영에 큰 보탬이 되었는데, 그 돈으로 출판문화협회 부지를 마련하여 지금의 금호미술관 자리에 대한출판문화협회 회관 건물을 올리게 되었던 것이다.

이렇듯 우여곡절 끝에 '출판연감'과 '영문판 편람'이 탄생하게 된다.

출협은 즉각 이런 자료를 미국은 물론 유럽의 각 대학에 보냈고, 차츰 이런저런 우리 책이 외국으로 나가기 시작한다. 외국의 각 대학, 도서관, 기관으로부터 도서 주문이 늘어나자 을유문화사에 외국부를 신설했다. 신간도서 목록을 만들어 보내고, 주문받은 책을 준비해 외국으로 보내는 일을 담당하는 부서였다.

지금은 한국국제교류재단에서 매년 대략 4억 원 규모의 책을 사서 세계 각 기관에 보내고 있다. 이 작업을 을유문화사가 맡아서 진행하고 있다. 이 모든 게 내가 유럽과 미국을 다녀온 성과이자 여득(餘得)이랄 수 있을 것이다.

대한출판문화협회 회장에 취임하기 전, 나는 을유문화사 사장, 국정교과서(주) 사장, 한국검인정교과서발행인협회 이사, 문교자문위원회 위원 등을 겸직하고 있었다.

여러모로 과중한 업무에 버거워하던 차, 1962년 1월, 문교부 장관이 고려대학교의 김상협[35] 씨로 바뀌자 나는 그에게 국정교과서(주) 사장을 그만두겠다는 뜻을 밝혔다. 그는 나를 정 선배라고 불렀다.

"아니, 정 선배! 제가 오니까 그만두시는 게 어디 있습니까?"

"내 일도 있고 바쁘니까 이제 그만 해야겠소."

"안 됩니다. 여태 하시다가 그만두시면 누가 그 자리를 맡습니까."

나는 어쩔 수 없이 그대로 사장 자리를 맡았다. 김상협 씨는 불과 9개월 재직하다 1962년 10월 고려대학교로 복귀했고, 그 후 문교부 장관으로 박일경(朴一慶) 씨가 왔다.

나는 다시 사의(辭意)를 표했다. 그때는 더욱이 출협 회장으로 선임됐을 때였다. 그 역시 막무가내로 나를 붙잡았지만, 나는 내 일이 너무 많아 더 이상 할 수 없다며 사정했다.

"지금 보다시피 제가 하는 일이 너무 많습니다. 이제 막 시작한 출판연감 일도 그렇고 출판문화협회 회장[36] 일도 봐야 하고 을유문화사도 운영해야 하는데 이 자리에 있으니까 도무지 제 일을 보질 못합니다. 우선 을유문화사가 살아야 저도 있는 게 아니겠습니까?"

그제야 박일경 문교부 장관이 나의 사의를 수락했다.

편안하고 좋은 자리를 그만둔 것은 교과서 제작에만 신경 쓰고 있기에는, 출판을 통해 이룩하고자 하는 내 열정이 너무 컸던 때문이었다. 당시 내 나이 지천명(知天命), 50대에 막 접어들고 있을 때였다.

이래저래 관운(官運)도 좋고, 감투복도 많은 셈이었지만, 이런 중책을 맡을 만큼 스스로 뛰어난 역량을 갖추고 있다고는 단 한 번도 생각해 본 일이 없다. 나에 대한 세인들의 과찬(過讚)에 늘 염려하곤 했던 것이 사실이다.

즉, 나는 대한출판문화협회 회장, 문교자문위원, 서울특별시 문화상 수상(출판부문 제1회, 1961), 유네스코 한국위원회 위원, 대통령 표창 등, 분에 넘치는 영예를 얻곤 했는데, 이 같은 과대평가가 발생할 때마다 늘 창립 당시의 초심(初心)을 돌이켜보곤 했다.

서울특별시 문화상(출판부문 제1회) 시상식, 1961

왜냐하면, 나에 대한 이런 평가의 배경에는 내 개인의 능력이 아닌, 오로지 을유문화사가 그동안 펴낸 숱한 책들이 지니는 '무형의 힘'에서 비롯된 것이라고 생각했던 까닭이다.

즉, 정진숙이라는 한 개인이 아닌, 을유문화사 대표 정진숙이 갖는 영향력 때문이라는 것을 알고 있었던 것이다. 굳이 나의 능력을 찾는다면, 그것은 다름 아닌 출판에 대한 남다른 열정과 어려운 출판경영 현실에서도 변함없이 을유문화사 출판의 본령(本領)을 지키고자 했던 소신 정도를 덧붙일 수 있을까 싶다.

6. "당신네 나라는 책이 없소?"

베를린 대학 도서관에서 만난 〈한국사〉

57세 때인 1968년 6월, 나는 네덜란드 암스테르담에서 열린 국제출판협회 총회에 참석한 적이 있었다. 대한출판문화협회 회장으로 있을 때였다. 총회 참석 후 한국대표단 일행과 함께 베를린 대학 동양학부 도서관을 시찰하게 되었는데, 10여 년 전 미국 대학도서관에서 느꼈던 부끄러움을 다시 한 번 되살리게 하는 일이 벌어졌다.

당시 우리 일행을 맞이한 사람은 베를린 대학의 동양학부 도서관장으로 일본인이었다.

"우리는 한국에서 이번에 국제출판협회 총회에 참석하러 온 사람들이오."

한국에서 왔다는 사실을 알리자 그는 나를 계면쩍게 쳐다보았다.

"우리 대학도서관에 사실 한국 서적이 별로 없습니다."

그렇게 말을 뗀 후, 우리를 한국 서적 코너로 안내했다. 어느 정도 각오하고 있던 터라 오히려 담담했다.

그곳에는 놀랍게도 1947년 을유문화사가 펴낸 양주동 박사의 『여요전주(麗謠箋注)』와 진단학회의 〈한국사〉 한 질(帙), 그리고 몇 권의 단행본 등 불과 10여 권의 책이 초라하게 꽂혀 있었다.

나는 〈한국사〉와 『여요전주』를 가리키며 말했다.

"내가 바로 이 책의 발행인이오."

내 말이 끝나자 그의 얼굴이 환하게 밝아졌다.

"마침 잘 되었습니다. 중국과 일본 책은 많은데 한국 책은 이 몇 권밖에 없습니다. 그러지 않아도 한국 역사에 관한 책을 찾는 사람이 많은데 영문이나 기타 외국어로 된 책이 없어서 안타까워하던 참입니다. 정 회장께서 기왕에 이 방대한 〈한국사〉를 펴낸 바 있으니 부디 영문판도 내 주십시오. 또 이렇게 한글로 된 책을 솔직히 이 독일에서 누가 읽을 수 있겠습니까? 그러니까 한국 역사를 세계적으로 알리려면 외국어판 〈한국사〉를 내야 하지 않겠습니까?"

민족적 자존심도 상했고 특히 그가 일본인이라서 은근히 불쾌하기도 했다.

일본어는 익숙한 터라, 나는 일본어로 일본의 식민지배와 우리 문화 말살정책이 이런 초라한 결과를 낳았다고 점잖게 답변을 했다. 도서관장은 얼굴이 붉어졌지만 어쨌거나 그의 제안이 틀린 말은 아니었다.

출협 회장으로서의 책임감도 생겼다.

요즘에야 우리나라를 모르는 외국인들이 드물겠지만, 당시로선 동북아시아의 작은 개발도상국이던 한국에 대해 알고 있는 사람들이 오히려 드물었다. 세계 속에 우리 민족의 위상을 알리고 드높이는 데, 우리나라에 관한 다양한 도서를 배포하는 일이 가장 효과적인 수단임은 굳이 말할 필요조차 없는 일이다.

이때 나는 우리나라 도서의 해외출판과 외국어판 배급에도 힘을 기울여야겠다는 생각을 하게 된다. 그 후 유럽 각지의 공공도서관이나 대학

제18차 국제출판협회 총회 참석 중 암스테르담 미술관에서의 기념촬영, 1968
왼쪽부터 한만년(일조각 사장), 노마 쇼오이치(野間省一, 일본 고단샤 사장), 시모나카 구니히코(下
中邦彦, 헤이본샤 사장), 유익형(범문사 사장), 필자, 한 사람 건너 민영빈(시사영어사 사장)

도서관을 순방하였지만 어디나 사정은 비슷했다. 우리 책을 단 한 권도 갖추지 못한 도서관이 허다했다.

독일에서 나는 일행들과 떨어져 다시 미국으로 향했다. 미국에서 대학을 마친 장남은 미국 유수의 맥밀란(Macmillan) 출판사에 취직하여 당시 중역으로 일하고 있었다. 아들의 주선으로 미국 굴지의 대(大)출판사인 맥그로힐(McGraw-Hill)의 커티스 C. 벤자민 회장의 만찬 초대를 받았다.

벤자민 회장은 미국 출판계의 원로로 그해 4월, 대한출판문화협회가 서울에서 처음으로 개최한 국제세미나에 참석한 바 있어 나와는 구면이었다. 서로 술잔을 주고받다가 나는 유럽 도서관에서 겪은 일들로 말문을 열었다.

"유럽을 거쳐서 오는 길입니다. 각국의 도서관을 두루 다녀봤는데 베를린 대학 도서관에 우리 출판사에서 펴낸 〈한국사〉가 한 질 꽂혀 있어 반갑기 이를 데 없더군요. 그런데 도서관 담당자들이 이구동성으로 한글판이 아닌 영어판이 있었으면 좋겠다는 겁니다. 한글을 해독할 수 있는 사람은 극히 제한되어 있으니 말입니다. 그래서 영문판을 한번 내볼 생각입니다. 회장께서 좀 도와 주셔야겠습니다."

그러자 벤자민 회장은 마치 기다렸다는 듯 대꾸했다.

"그거 참 좋은 말씀이오. 부끄러운 말씀이오나 지난번 귀국을 방문하고 나서야 한국이 오랜 역사와 전통문화를 지닌 훌륭한 나라라는 것을 알았습니다. 사실 대부분의 미국인은 한국에 관해서 너무 무지합니다. 겨우 안다는 것이 1950년 한국전쟁이 일어난 나라라는 정도입니다. 4000년이란 오랜 역사와 한국 고유의 찬란한 문화를 지녔으면서 그것을 알리는 책이 한 권도 없었다니 오히려 이상한 일이 아니겠습니까? 정사장의 말씀도 있고 하니, 제가 힘닿는 데까지 도와드리겠습니다. 제작이라든가 마케팅에 어려운 점이 있으시면 말씀만 하십시오. 발 벗고 나서서 도와드리겠습니다."

벤자민 회장을 만난 후, 나는 미국에서 당시 하버드 대학 교수인 에드워드 와그너 박사를 만나게 되었다. 나는 그와 우리 책 환경이 처한 상황과 앞으로 내고자 하는 〈한국사〉에 관한 이야기를 나누었다.

"그럼, 〈한국사〉를 일단 영어로 번역해 보내주십시오. 그러면 제가 수정을 한 후 여기서 출판을 하도록 해보겠습니다."

"그러지 말고 아예 〈한국사〉 번역까지 맡아 해주십시오."

"그럴 수는 없습니다. 지난번 한국에 갔을 때 이기백[37] 씨와 약속이 되어 있는데, 이기백 씨가 쓰는 『한국사』를 번역하기로 되어 있어 제가 이 일까지 맡기는 힘들 것 같습니다."

나는 그런 정황들에 대해 파악한 후 한국으로 돌아와 을유문화사가 펴낸 〈한국사〉를 새로 써야 한다는 결론에 이르렀다. 영문판 〈한국사〉 출판을 통해 출판의 국제화, 세계무대에의 진출을 모색할 생각이었다.

물론 이런 작업은 수익성을 따질 문제가 아니었다. 더욱이 을유문화사에 대한 홍보도 아니었다. 오로지 우리 민족문화를 하나하나 세계만방에 알리고자 하는 '출판외교'에 다름 아니었다.

그동안 출협은 해외시장 개척을 위해 몇몇 국제도서전에 매년 도서를 출품, 참가해 오고 있으나, 우리말과 글을 알 턱이 없는 외국의 독자에게는 그림의 떡일 뿐이었다. 해외시장을 뚫고 들어가기 위해서는 영문판 도서의 제작이 급선무였다.

나는 회사로 돌아온 즉시 간부회의를 소집, 영문판 〈한국사〉 제작을 지시했다. 그러나 일부 간부들의 반대가 이어졌다. 영문 원고의 확보가 어렵고, 제작비가 엄청나게 소요되는데다가 국내 보급의 전망이 흐리며 해외 판로는 더더욱 난감하므로 경영수지상 착수가 어렵겠다는 것이었다. 그러나 나는 완강했다.

"애당초 손해를 각오하고 하는 일이오. 무조건 영문판을 강행하시오.

이건 곧 민간문화외교의 첨병 노릇을 하게 될 것이오. 또한 우리나라 출판의 위상을 높이는 일이기도 하오."

처음부터 영문으로 우리 역사를 저술할 집필자를 찾는다는 것은 전혀 실현성이 없었다. 그렇다고 각권 1,200매 내외에 여섯 권짜리 총 7,000쪽에 달하는 진단학회의 〈한국사〉를 통째로 번역할 수도 없는 노릇이었다.

결국 영문판 〈한국사〉의 대본(臺本)이 될 간추린 〈한국사〉 원고를 먼저 집필해야 했다. 을유에서는 국문판과 영문판을 동시에 작업한다는 원칙을 세웠다.

『THE HISTORY OF KOREA』

진단학회의 한우근(韓沽劤) 씨가 〈한국사〉를 새로 쓰기에 이르렀다. 하지만 그에게 일방적으로 맡겨두어서는 원고가 제때 나오지 않을 것 같았다. 나는 대학교수였던 그가 여름방학을 맞이하자마자 수유리 아카데미 하우스에 가두어놓다시피 하여 원고를 쓰도록 했다.

집필 도중 한 교수는 과로로 쓰러져 며칠 입원하는 사태까지 벌어졌다. 이후 한 교수의 요청으로 당시 서울대 조교로 있던 한영우 씨를 아카데미 하우스에 동숙케 하여 집필을 돕도록 했다. 동시에 각 방면으로 영역(英譯)을 해줄 사람을 수소문한 결과, 서울대의 이경식 교수를 적임자로 선정해 승낙을 얻었다.

그럭저럭 1969년 9월, 원고가 완성 단계에 들어갔고 일부는 원고 정리 끝에 조판에 넘겨지고 일부는 영역을 위해 이 교수에게 건네졌다.

한국어판 〈한국사〉는 순조롭게 완성되어 이듬해인 1970년 3월 『한국통사』라는 이름으로 햇빛을 보았으나 영문판은 번역이라는 과정을 하나 더 거쳐야 하므로 난산이 아닐 수 없었다. 이경식 교수 역시 몸을 아끼지 않고 불철주야 3,500장에 가까운 원고와 씨름하여 마침내 탈고에 이르렀다. 이 과정에서 우여곡절도 있었다.

이 교수는 어느 날 밤늦게까지 타이핑을 하다가 타이프라이터에 기댄 채 깜빡 잠이 들었다고 한다. 그런데 새벽녘 얼떨결에 눈을 떠 보니 베고 자던 타이프라이터가 온데간데없어졌다는 것이었다. 밤새 도둑이 다녀갔던 것인데, 다행히 원고는 그대로 두고 갔다는 것이었다.

그렇게 영문판이 완성이 되었는데 보다 완벽한 영문 번역을 기하기 위해 영어를 모국어로 하는 외국인에게 교열(校閱)을 받기로 했다. 이 일은 1962년경, 부산대와 외국어대의 교환교수로 내한했다가 교수직을 그만두고, 당시 『코리아 타임즈』의 카피 편집자로 근무하고 있던 민츠(Grafton K. Mintz) 씨가 맡았다. 그는 한국이 좋아 한국에서 여생을 마친 분이기도 하다. 그가 흔쾌히 승낙을 하면서 곧 일에 착수하게 되었다.

영문판 〈한국사〉인 『THE HISTORY OF KOREA』는 1970년 10월 출간되었다.

책이 나오자마자 국내외적으로 반향이 대단했다. 국내 일간지는 물론이고 외국의 권위 있는 잡지들도 서평을 실어주었다. 어쨌든 이 책은 우리나라 학자에 의해 쓰인, 그리고 일제 식민지사관에서 탈피한 '제대로 된' 최초의 영문판 〈한국사〉였다.

"이런 출판은 나라에서 할 일인데……."

하지만 원고 작업과 번역 등의 과정에서 애로사항도 적지 않았다. 원고 작업과 번역, 감수 과정에서 투입된 상당한 제작비로 인해 출판사로서는 경제적 부담이 적지 않았던 것이다.

우선 책의 제작에 들어갈 제작비를 어느 정도 회수해야만 다른 작업들이 원활하게 이루어질 판이었다.

나는 영문판 출간을 앞두고 정부의 협조를 구하기로 했다. 당시 문공부 장관을 만나 외국의 한국 서적 현황을 설명하고 독일의 베를린 대학에서 느꼈던 감회 등을 말한 후, 〈한국사〉 제작과 제작비 지원의 필요성 등을 역설했다.

"그러니, 이 영문판 3,000부를 정부에서 사 주십시오. 그래서 외국 기관 등에 기증을 해 외국 사람들이 보고 한국사를 이해할 수 있도록 해 주십시오."

"허, 이런 건 우리가 할 일인데 이렇게 고마울 데가 어디 있단 말이오. 정말 잘하는 일이오. 우리가 지원을 할 테니 걱정 말고 내십시오."

나는 문공부 장관의 말만 믿고 영문판 초판(初版)을 출간했다. 책이 나오자마자 견본 책을 들고 그를 찾아갔다. 우선 제작비 일부라도 회수가 되어야 해외 출판을 본격적으로 추진할 수 있을 터였다.

"이거 죄송해서 어떡합니까? 올해에는 우리가 그런 쪽에 예산이 전혀 잡혀 있지 않아서 말입니다."

결국 나는 우리나라를 위해 영문판 〈한국사〉를 제작해 놓고도 정작 필요한 나라에는 단 한 권도 납품할 수 없었다. 나는 견본 책을 그대로 들고 나올 수밖에 없었다. 이렇게 영문판 〈한국사〉 해외출판을 놓고 고민하고 있을 때, 당시 미국대사관 문정관으로 있던 반스 씨가 나를 저녁 시사에 초대했다.

그는 록펠러 재단의 도움으로 〈큰사전〉을 만들 때부터 꾸준히 나와 인연을 맺어온 사람이었다. 그는 내가 영문판 〈한국사〉를 제작했다는 사실을 알고 어려운 일을 했다며 칭찬을 아끼지 않았던 사람이었다.

어쨌든 나는 미국대사관의 관사로 갔다. 그런데 그 저녁식사 자리에는 하와이 대학 동서문화센터의 책임자로 있는 사람도 초청받아 와 있었다. 나는 흔한 저녁식사 자리가 아니라는 걸 알았다.

"정 사장이 영문판 〈한국사〉를 제작했습니다."

한참 저녁식사를 하면서 분위기가 무르익었을 때 반스 문정관이 동서문화센터 책임자에게 나를 소개했다.

"그런데 한국에서는 도저히 판로가 없다고 합니다. 이걸 당신이 미국에 보급해 줄 수 있겠습니까?"

마침 나는 영문판 〈한국사〉를 선물로 들고 갔던 터였다. 그 책임자라는 사람은 한참 책을 들여다보더니 말문을 열었다.

"이런 좋은 책이라면 미국에서 판로를 개척할 수 있도록 해보겠습니다."

기대했던 문공부에서는 좋은 소식을 듣지 못했는데, 우연한 자리에서 해결의 실마리가 찾아진 것이었다. 나는 그다지 크게 기대하지는 않고 있었는데, 불과 며칠 만에 그 책임자에게서 연락이 왔다.

"우선 3,000부를 제작해 무역 개념으로 보내주십시오. 그리고 미국에서 앞으로 출판물을 보급하는 것은 우리를 통해서 이루어졌으면 좋겠습니다."

즐겁고 신나는 일이었다. '진인사대천명(盡人事待天命)'이라고 했던가. 내가 할 수 있는 최선을 다한 후에 기다리니 하늘의 도움을 받은 셈이었다.

우리는 3,000부를 즉시 미국으로 보냈다. 그런데 그 3,000부가 한 권도 남김없이 다 팔린 것이었다.

일단 제작비나 인건비 등이 회수되었다. 하지만 손해를 보고 안 보고가 중요하지 않았다. 이미 초강대국으로 거듭나고 있는 미국에 한국의 역사를 제대로, 아니 처음으로 알릴 수 있게 되었다는 게 매우 중요하다고 생각했다.

이렇게 해외출판의 물꼬를 터놓으면 계속해서 물줄기가 흐르게 될 것이라고 여겼다.

7. 을유문화사의 빛나는 기획시리즈들

〈을유문고〉

우리 출판계의 지나온 자취를 더듬어보면 '문고판'이 주기적으로 성쇠(盛衰)의 길을 걸어왔다는 것을 알 수 있다. 그런데 문고본 출간이 붐을 이뤘던 해방 직후는 문고의 흥성기로 기록될 만하다.

어린이 문고와 협동문고, 그리고 사회과학 방면으로 목록을 채운 선전책자 겸용의 문고 같은 것들이 우후죽순처럼 쏟아져 나왔다. 하지만 국학 분야에 치중하면서도 교양서적을 계속 출간한 바람직한 문고도 없지 않았다.

그 대표적인 것으로는 〈정음문고〉와 〈을유문고〉를 들 수 있겠다. 6·25가 발발하기 전까지 〈정음문고〉가 총 40권, 〈을유문고〉가 총 35권을 내며 두 문고는 서로 자웅을 겨룬다.

〈을유문고〉가 첫 선을 보인 것은 1948년 2월의 일이다.

애초 계획은 1947년 12월 1일 정인보의 『양명학연론(陽明學演論)』을 첫째 권으로 간행하려 했으나, 원고 진행상 일곱째 권으로 일련번호가 매겨진 박태원의 『성탄제』가 첫 테이프를 끊었다. 첫 선을 보이자마자 〈을유문고〉는 독자들의 절대적인 애호를 받으며 베스트셀러와 스테디셀러의 입지를 동시에 굳힌다.

〈을유문고〉 제1권 『성탄제』, 1948

일거에 두 마리의 토끼를 잡을 수 있었던 것은 비록 소책자이기는 해도 비교적 무게 있는 내용으로 목록을 채운 결과라고 생각된다. 우리는 흔히 문고본은 책값이 싼 만큼 내용도 가벼울 거라고 지레 짐작하는 경향이 있으나 사실은 그렇지가 않다.

이것은 서양의 경우를 통해서도 쉽게 확인되는데 탁월한 출판학자인 로베르 에스카르피는 그의 저서 『책의 혁명』에서 그런 점을 힘주어 말하고 있다.

비록 역설적으로 들릴지 모르나, 대량 보급에 쉽게 적용될 수 있는 책은 바로 학술도서다. 프랑스에서 처음으로 성공을 거둔 〈크세즈 문고〉는 학술총서다. 염가판을 체계적으로 대학에 도입함으로써 미국인들은 박물관이나 저장소와 같은 성격을 도서관에서 제거하기에 이르렀고 학생들이 살아 있는 책의 세계와 접하여 매일 책과 대화할 수 있는 소비의 장소로 도서관을 탈바꿈시켰다.

게다가 〈을유문고〉는 을유가 내세운 '출판의 지향'에 가장 부합하는 출판물이었다.

원고를 엄선해 민족문화의 향상에 기여하고, 교정을 엄밀히 하여 오식이 없도록 하며, 제작에 지성으로 임해 독자의 애호를 받고, 가격을 저렴하게 하여 문화계 전반에 봉사한다는 을유의 지향점은 앞서 언급한 바 있다.

〈을유문고〉는 바로 이러한 출판 지향에 절묘하게 부합된 것이니 애독자의 폭이 넓어진 것은 당연지사였다.

책값이 권당 120원에서 200원 정도여서 학생층으로부터 가장 먼저, 그리고 가장 큰 반응이 왔다. 각 권 초판을 3,000부씩 찍었는데 주문이 넘칠 지경이었다. 을유문화사의 '효자 노릇'을 한 셈이었다.

〈을유문고〉 목록에는 세계적 명작을 비롯한 번역물이 간혹 섞여 있었으나, 국내 필자의 독창적인 저작물이 대세를 이뤘다. 김교신의 유고 수상록 『신앙과 인생』, 전석담의 『조선사교정(朝鮮史敎程)』, 고승제의 『경제학입문』, 양주동 역주(譯註)의 『시경초(詩經抄)』 등은 모두 문제작으로 독자들의 호평을 받았다.

〈을유문고〉의 성공에 힘입어 을유는 1948년 또 하나의 문고 시리즈인 〈조선농업문고〉를 펴냈다. 〈조선농업문고〉는 그 이듬해 발간된 〈섬유공업총서〉와 함께 을유가 신생 독립국인 우리나라의 농업과 산업 개발에 다소나마 도움이 되기를 바라는 마음에서 펴낸 특수한 성격의 출판물이었다.

〈조선농업문고〉는 우리나라가 전통적인 농업국가임에도 불구하고, 농업에 관한 책자 하나 없는 게 안타까워 기획을 하게 되었다. 1948년 2월 〈을유문고〉 창간으로 해방 후 문고출판운동의 분위기를 만든 뒤, 그해 6월 〈조선농업문고〉를 창간했던 것이다.

전통적인 농본국가의 주역인 농민들에게 새로운 농사지식과 영농기술을 보급하여 농업생산력 증진에 기여토록 하려는 취지로 마련된 〈조선농업문고〉는 우리나라 출판사상 처음 있는 전문기술 분야의 문고였고, 농촌의 수요를 위주로 한정 부수를 펴냈다.

〈조선농업문고〉도 희귀한 출판이었지만 특히 〈섬유공업총서〉는 그야말로 전대미문의 획기적인 기획물이었다. B6판 크기의 양장본으로 출간됐는데, 『학풍』 창간호에 이 책의 출간 취지에 대한 예고가 실린 적이 있었다.

> 지금 진행 중의 거질(巨帙)에 〈섬유공업총서〉가 있다. 전문기술총서다. 일반적은 아니지마는 출판에 힘드는 품으로는 제1위일 것이다.

이렇듯 당초 시리즈물로 기획된 것이 분명한데, 이듬해인 1949년 2월 첫째 권으로 『면방적』을, 12월에 둘째 권으로 『역직기학』을 내놓고는 맥이 끊어지고 말았다.

다양한 테마를 갖고 항구적인 문화사업의 일환으로 시작한 〈을유문고〉의 간행은 6·25전란을 맞아 부득불 중단하게 되었다.

이후 〈을유문고〉는 긴 침묵을 지키다가 1969년 국학 관련 진서(珍書)를 골라 다시 펴내기 시작했고 순식간에 200권째를 돌파했다.

당시 외유(外遊)를 통해 출판의 세계적 추세를 직접 목도한 나는 내 한 몸 희생하고서라도 출판의 사명을 완수하려고 마음을 단단히 먹고 귀국했다. 그리고 이듬해 범국민 독서운동의 일환으로 〈을유문고〉를 재

출간하게 된 것이다.

〈을유문고〉의 부활은 1968년 내가 베를린 대학의 동양학부 도서관장을 만난 후 결정을 한 일이기도 했다. 앞서 잠깐 언급한 바, 일본인 출신 도서관장은 외국어판 〈한국사〉도 만들었으면 좋겠다는 제안을 했지만, 문고판을 만들면 어떻겠냐는 제안 역시 했던 것이다.

〈을유문고〉가 부활한 1960년대 후반 우리나라의 독서계는 장식용 전집물이 판을 치고 있었다. 외판을 통한 마구잡이식 판매가 극성을 부려 '출판의 사명' 같은 대의(大義)는 도저히 발을 붙이지 못할 형편이었다. 이런 현상은 세계적인 출판의 흐름에서 크게 어긋나는 것이었다. 물론 우리도 전집을 출간하고 있었다.

나는 판로와 보급 방안이 지극히 불투명한 가운데서도 〈을유문고〉를 한 번에 서너 권씩 찍으며 꾸준히 목록을 늘려나갔다. 우리는 문고판은 문고판대로 제작을 했고, 전집 역시 제작을 하게 되었다.

그런데 공교롭게도 〈을유문고〉의 부활과 때를 같이해 출판계에는 다시금 문고출판 분위기가 조성되었던 것이다. 〈을유문고〉가 나올 때는 여대생들이 그거 한 권씩은 읽어야 행세를 했을 정도로 '〈을유문고〉 붐'이 일기도 했다.

그러자 몇 달 후 대기업 삼성그룹에서 〈삼성문화문고〉라는 걸 내기 시작했다. 게다가 을유에서는 200원에 파는 데 삼성에서는 70원에 파니 가격 경쟁에서 싸움이 되질 않았다. 재벌기업이 그렇게 책을 팔아먹으니 중소 출판사들은 맥을 출 수 없었던 것이다.

마침내 이런 사실이 언론에 알려졌고 재벌이 중소기업인 출판시장까지 잠식한다고 해서 야단이 났다. 결국 본의 아니게 싸움이 일었고 문공부에서 중재에 나서기까지 했다. 삼성에서는 회원제를 실시해서 회원들에게만 배부하라고 중재하게 되었던 것이다.

1970년대에는 한꺼번에 100~200권씩 통째로 펴내는 문고가 나와 가히 문고의 전성시대에 접어든 느낌도 주었다.

한편으로는 문고본이 국민의 독서생활을 윤택하게 하는 데 일조를 했다는 평가를 받아 마땅하나, 다른 한편으로는 아직 외국의 내로라하는 문고에 필적하는 우리 나름의 문고는 나타나지 않은 것 같다.

그간의 내 경험을 토대로 정리하면 '문고'는 대충 이런 요소들을 갖춰야 한다고 생각한다.

첫째, 문고는 이미 나와 있는 책의 단순한 재현이어서는 곤란하다. 출판인의 창의성이 담긴 새로운 기획물이라야 한다.

둘째, 문고본이 보다 원활하게 유통될 수 있는 환경 조성이 필요하다. 출판사는 문고의 활로 개척에 정성을 다해야 한다.

셋째, 문고는 언제 어디서든 휴대가 가능하다는 인식을 독자에게 심어줘야 한다.

넷째, 문고라고 해서 편집을 소홀히 해서는 안 된다. 문고에 맞는 편집을 창안하려고 노력해야지 지면이 작다는 이유로 원문이나 주(註)를 덜어내어서는 곤란하다.

문고본 시대를 개척한 〈을유문고〉, 1948~1988

〈을유문고〉는 총 300종 가까이 냈다. 하지만 어느 순간부터 문고판은 나가지 않고 단행본이 팔리기 시작했다. 자연스럽게 문고판의 수요는 줄어들었다.

문고판이라는 건 싸고 좋은 책을 쉽게 접할 수 있는 제일 좋은 방법이다. 하지만 독서를 하는 인구들의 경제적인 여건이 좋아지면서 점차 문고판에서 단행본으로 그 시장이 옮겨갔던 것이다. 그래서 결국 문고판은 언제부턴가 출판을 하지 않게 되었다.

문고판은 시대가 변한다 해도 여전히 가장 저렴하게 읽을거리를 제공할 수 있는 책임엔 분명하다. 늘 휴대하고 다니며 읽기 편한 책이라 독서 붐을 조성할 수 있는 가장 적합한 책이 될 수도 있다고 생각한다.

〈대학총서〉

 을유문화사에 또 하나 효자 노릇을 한 게 있다면 〈대학총서〉다.
 해방 후 1948년 무렵 대학교재로 쓰일 만한 책을 만들었는데, 주 독자층이 대학교수들과 대학생들이었기에 본의 아니게 〈대학총서〉라는 이름이 붙여졌다.
 을유문화사 초창기에 조풍연 편집국장이 사학자 홍이섭 교수의 도움을 얻어 기획한 것으로 국내의 독창적인 역저를 발굴하는 데 주안을 두었다.
 〈대학총서〉는 당초 〈조선문화총서〉라는 기획시리즈로 시작했는데, 6·25전쟁이 끝난 후 '조선'이라는 이름은 사라지고 '한국'이라는 국명을 자연스럽게 쓰기 시작하면서 〈한국문화총서〉로 명칭이 바뀌게 되었다.
 우리가 록펠러 재단의 지원을 받아 만들었던 〈큰사전〉도 처음에는 〈조선어 큰사전〉이었다. 이후 〈한글사전〉으로 바꾼 것도 6·25전쟁이 끝난 후의 일이었다. 나중에는 그냥 〈큰사전〉이라고 부르게 되었다. 당시 정부에서도 '조선'이라는 호칭을 빼도록 권장했고, 여론도 '조선'이라는 이름보다는 '한국'이라는 이름을 쓰기를 원했다.

 해방 후 대략 15년 정도 지속되었다가 일시 중단되었던 〈대학총서〉는 1990년대 들어 다시 새롭게 기획 출간하게 되었다. 종전과 같이 대학 교재용을 목표로 했으면서도 '총서'란 이름은 붙이지 않았다.

새롭게 재개된 〈대학총서〉는 외국 번역서가 중심을 이루면서 사회과학과 자연과학에 높은 비중을 두었다. 번역과정에서 좀 더 완벽한 번역을 위해 소장 전공학자들의 공동 번역을 유도했다. 1992년 2월 29일 나온『현대사회학』이 새롭게 기획된 〈대학총서〉의 간판 격인 책이다.

1954년 말에서 1955년, 이 2년간의 시기에 을유문화사로서 특기할 만한 사항은 〈구미(歐美)신서〉와 〈현대미국단편소설선집〉이라는 두 시리즈를 간행하기 시작한 일이다. 특히 미국의 문화를 주로 소개하는 〈구미신서〉 시리즈는 미국대사관 측이 제작에 필요한 종이를 무상으로 지원한 책이기도 했다.

무상으로 제작 지원을 받는 대신에 정가를 낮춰 많은 사람들이 읽을 수 있도록 했다. 미국대사관 측에서는 을유의 〈대학총서〉 시리즈에 미국 문화와 관계된 책을 넣어 달라고 요청했다.

〈구미신서〉는 종교 · 교육 · 철학 · 정치 · 경제 · 사회 · 자연과학 등 제 분야에 걸쳐 유럽과 미국의 새로운 학술사상 명저들을 국내에 번역 · 소개하는 저작물이었고, 〈현대미국단편소설선집〉은 이름 그대로 현대 미국문학의 작품들을 차례로 엮어내는 번역 기획물이었다.

이 두 가지 모두 미국공보원의 번역료 지원으로 기획된 것이지만, 당시 미국과 유럽 선진국들의 새로운 학문경향과 사상의 조류를 체계적으로 받아들임으로써 한국문화의 발전과 세계화에 기여하는 데 일조했던 책들이다.

〈구미신서〉가 첫 선을 보인 것은 1954년 12월 30일이었다. 첫 번째 배본으로 나온 책은 이번스 딘의『원자보고서』와 루이스 알렌의『대전

환기』로 조순탁, 송욱 교수가 각각 번역했다. 이후 1956년에 다섯 권, 1957년에 일곱 권, 1958년에 여섯 권 등 연차적으로 발간되어 1965년 9월 F. 마이네케의 『독일의 비극』(이광주 옮김)을 끝으로 전50권이 완결되었다. 역시 12년에 걸친 대역사였다.

　50권 모두 미국으로부터 종이 지원을 받았고 때론 번역료 지원도 받았다. 〈구미신서〉는 보통 단행본 정도로 팔리는 성과를 보였다. 〈현대미국단편소설선집〉은 부산 피난시절부터 번역에 착수했던 것인데, 1955년 9월 그 첫 권으로 김성한 번역의 『전원』이 선을 보였다. 이 책에는 어스킨 콜드웰의 「정다운 강」, 오 헨리의 「마지막 잎새」, 나다니엘 호손의 「운명」, 여류작가인 윌라 캐더의 「전원」 등 여섯 편의 작품이 수록되었다.

　이 미국 단편 시리즈는 한꺼번에 나오지 않고 1년에 한 권꼴로 띄엄띄엄 나온 끝에 1962년 전7권으로 마무리되었다. 당시는 전후(戰後) 문학의 물결이 서서히 일던 무렵이어서 독자들의 반응이 좋았다.

〈번역신서〉

〈구미신서〉와 맞물려 또 하나의 야심적인 번역 시리즈인 〈번역신서〉는 1956년 새해에 접어들면서 처음 서점가에 모습을 드러냈다.

　그 첫째 권은 뷰레르의 『아동심리개요』로 서울대 심리학과 이진숙 교수가 우리말로 옮겼다. 세계적으로 정평이 나 있고 국내 학계에 수요가 큰 책들을 중점적으로 번역해 낸 이 〈번역신서〉 시리즈는, 그보다 1년 먼저 테이프를 끊은 〈구미신서〉에 비해 상대적으로 수준이 더 높고 분량이 많은 본격 학술도서라는 게 그 특장이었다.

이 시리즈 역시 1년에 한 권에서 많으면 여덟 권까지 연차적으로 간행되었는데, 1972년 3월 31번째 책으로 출간한 아먼드·포우얼 공저(共著)의 『비교정치론』을 마지막으로 장장 17년에 걸친 대장정의 막을 내렸다.

이들 번역서는 대개 양적으로 방대하여 700쪽을 넘는 대저(大著)만도 『서양철학사』, 『경제사회학』, 『현대의 사회정치사상』 등 10종 가까이 되었으며 『미국정치외교사』는 무려 988쪽이나 되었다.

중국문화를 소개하다

이 시기, 을유문화사는 중국문화를 본격적으로 소개하는 기획물을 펴내기도 했다. 당시 중국은 6·25전쟁 과정을 통해 완전한 적성국가였기에 조심스러운 점도 적지 않았다. 그러나 문화에 국경이나 이데올로기가 따로 있을 수 없는 일이었고, 지피지기(知彼知己)는 필요불가결한 과제였다.

이때 중국고전을 우리국민들에게 소개하는 데 크게 공헌한 사람이 있다면, 김동성[38] 씨를 꼽지 않을 수 없다. 그는 1960년 초 대한공론사 사장 시절, 〈삼국지〉 번역 원고를 들고 와 나에게 출판을 요청한 일이 있었다.

당시 일흔을 갓 넘긴 그는 이보다 앞서 1956년 7월 『대징기스칸』이란 책을 을유에서 펴낸 바 있었다. 나는 중국문화를 널리 알려야겠다는 생각에 〈삼국지〉 원고를 받아들였으며, 그는 당시 칠순 고령임에도 불구하고 중국의 4대 기서를 모두 번역하기로 웅대한 포부를 폈다.

1960년 다섯 권짜리 〈삼국지〉를 필두로, 1961년 『중국문화사』를 펴냈으며, 1962년 〈금병매〉(전3권)와 〈서유기〉(전3권), 1964년 〈열국지〉(전3권)를 펴냈다. 엄청난 열정이었다. 그런데 그가 번역한 책은 너무 문체가 딱딱해서 제대로 팔리지 못했지만, 중국문학의 대중화에 상당히 중요한 역할을 했다. 즉, 이후 다양한 〈삼국지〉 등이 출간되게 된 근원이자 모태(母胎)가 된 것이었다.

〈세계문학전집〉

1959년 을유문화사는 자체 기획으로 〈세계문학전집〉을 출간하기 시작한다. 그해 8월, 어윈 쇼의 『젊은 사자(獅子)들』을 필두로 9월에는 파스칼의 『팡세』, 10월에는 헨리크 시엔키에비치의 『쿠오바디스』, 12월에는 T. S. 엘리엇의 『엘리옽 선집』을 펴냈다.

이듬해 들어 멜빌의 『백경(白鯨)』, 러셀의 『서양의 지혜』, 단테의 『신곡(神曲)』, 존 스타인벡의 『분노는 포도(葡萄)처럼』, 헤세의 『유리알 유희』 등등, 우리 귀에 익숙한 이름의 을유의 〈세계문학전집〉 시리

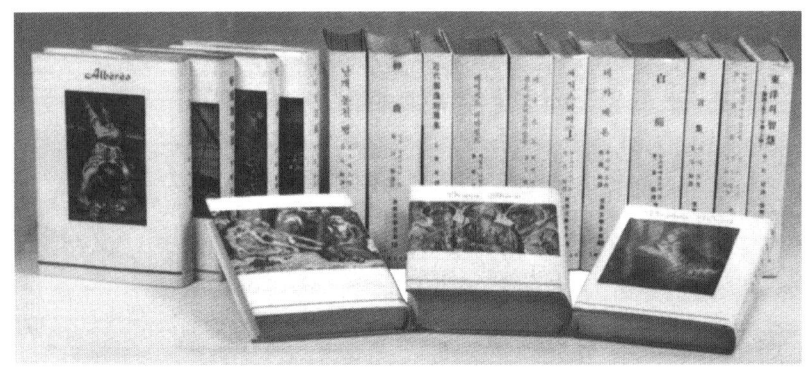

을유판 〈세계문학전집〉

즈가 연달아 출간되었다.

　이 책들은 중판(重版)을 거듭하며 꾸준히 팔려나가 을유의 효자 노릇을 톡톡히 했다. 당시 다른 출판사에서 펴낸 문학전집은 모두 가로쓰기였지만 을유는 유일하게 세로쓰기로 편집했다. 그럼에도 다른 출판사들이 낸 '세계문학전집'과는 비교가 될 수 없을 정도로 책이 많이 팔렸다.

　이후 가로쓰기 편집 추세에 따라 다른 출판사들과 같이 가로쓰기로 바꾼 다음에는 좀 매출이 부진했다. 아마 그 시기 주된 독자층이 일제 치하에서 공부를 했던 사람들이 많았기 때문으로 여겨지는데, 일본은 글자체의 특징 때문인지 아직도 세로쓰기와 가로쓰기를 병행하고 있다.

　을유판 〈세계문학전집〉은 여러 면에서 출판계의 전범(典範)으로 평가받을 만했다. 그 까닭을 여럿 들 수 있겠지만, 관례를 벗어난 독특한 제작 및 편집방침을 먼저 꼽을 수 있었다.

　첫째, 번역자에게 판매량에 따른 인세를 지불하는 방법 대신, 원고를 1매당 300환씩에 매절했던 것이었다. 당시엔 저작권 개념이 없을 때였

제3장 자화상　**243**

기에 번역자와 계약을 했다.

둘째, 분량에 구애받지 않고 원작 그대로를 완역(完譯) 출판했다. 전집 시리즈물이기 때문에 책의 분량을 서로 비슷하게 조절하는 것이 외형상 보기엔 좋았지만, 원작의 작의(作意)를 해칠 수 있다는 우려 때문이었다.

셋째, 좁은 의미의 문학으로 소설·시·희곡 위주가 아니라, 넓은 의미의 문학도 포함하여 철학·사상의 내용으로 문학의 내실을 기했다.

넷째, 전집의 목록을 일시에 결정하지 않고 하나하나 신중히 엄선하여 추가해 나가는 방식을 택했다.

다섯째, 매권 한 장씩의 세계 명화(名畵)를 원색으로 넣어 명화 감상도 곁들이며, 매월 평균 한 권꼴로 발행한다는 것 등이었다.

이 같은 을유의 편집방침은 당시로선 하나하나가 독창적이고 선진적이었다. 특히 원고료 문제만 해도 그랬다.

당시 '세계문학전집'을 간행하는 다른 출판사들은 대부분 판매량에 따른 인세 제도를 택하고 있었다. 을유의 경우, 번역료를 원고 1매당 300환으로 했을 때 권당 평균 원고료는 100만 환이 되는데, 당시로서는 큰 금액이었다.

번역료를 일시에 지불하는 것은 출판사 입장에서는 큰 부담이 아닐 수 없었다. 하지만 나는 이런 편집방침을 고수하도록 했다.

첫 번째 이유는 '원고료 일시지불'이라는 파격적인 방법을 택해 경제적으로 어려움을 겪고 있던 번역자들에게 도움이 되도록 배려를 했던 것이다. 당시로서는 원고료제가 인세제보다 번역자나 필자에게 유리했다.

둘째, 전집을 펴내면서 인세제를 택할 경우에 실무적으로 예상되는 불편한 점을 미리 피하자는 의도도 있었다. 쇄(刷)를 거듭할 적마다 그 많은 역자들로부터 인세증지를 받아 오고 책마다 붙이고 그때마다 인세를 지불하는 것은 여러 면에서 인력의 낭비라고 판단했던 것이다.

원고료의 일시불은 당시 출판계의 화젯거리였다. 그렇게 큰 기획을 진행하면서 번역자에게 파격적인 대우를 해준 출판사는 을유문화사가 유일했다.

이 같은 을유의 원고료 지불방식은 여타 출판사에도 영향을 미쳤다. 그래서 경쟁 출판사가 사전준비 없이 인세를 원고료로 전환했다가 번역자와 갈등을 일으키는 일이 자주 일어나기도 했다.

그렇다고 원고 1매당 300환이 고정된 번역료는 아니었다. 물가상승과 연동해서 수차례 인상해 번역료를 지급했던 것이다.

을유가 〈세계문학전집〉을 출간하면서 인세를 지불한 경우는 단 한 사람뿐이었다. 예외를 기록한 번역자는 단테의 『신곡』을 옮긴 최민순 신부(神父)였다. 그는 고집스럽게 인세제를 원했다.

문제는 출간의 두 번째 원칙인 '분량에 구애받지 않고 원작 그대로를 완역 출판한다'는 데서 이견이 발생했다.

그동안 여러 출판사에서 발간된 세계문학 작품들은 대부분 일본어판을 중역(重譯)하는 식이었다. 원어─일본어─우리말, 이런 식으로 두 번 번역되다 보니 원작과는 거리가 더욱 멀어졌다.

나는 원작을 직접 일체의 가감(加減) 없이 번역한다는 '완역주의' 입장을 취했다. 오늘날의 시각에서 보면 너무도 당연한 일이지만, 당시에는 이 원칙을 지키기가 보통 어려운 것이 아니었다. 당장 반대하는 실무자들이 나타났다.

"각 권의 분량을 관례대로 400쪽 내외로 일정하게 맞춰야 책의 정가를 똑같이 할 수 있고, 그래야 영업상의 이점이 많습니다."

당시의 관행이었다. 하지만 이 같은 발상을 만족시키려면 원칙을 어기고 초역(抄譯)을 하는 수밖에 없었다. 각기 다른 작가가 쓴 작품이 일정한 분량으로 통일되어 있을 리 만무하기 때문이었다.

나는 그렇게 번역할 수는 없다고 생각했다. 그렇다고 해서 분량을 맞추기 위해 양적으로 400쪽 분량이 되는 작품만 골라 전집을 꾸밀 수도 없었다. 논란 끝에 영업상의 불이익을 감수하는 한이 있더라도 분량과 관계없이 완역한다는 원칙을 지켰다.

이렇듯 을유의 〈세계문학전집〉은 분량에 구애됨이 없이 작품성 위주의 목록 선정과 완벽한 번역에 심혈을 기울였다. 『광세』처럼 320쪽의 책이 있는가 하면, 『바람과 함께 사라지다』 같은 1,000쪽이 넘는 책도 있었다.

주위의 반대를 감수해야만 했던 이런 나의 고집 덕분에 을유판 〈세계문학전집〉은 원작의 완역(完譯)과 원고료 일시지불이라는 두 가지 면에서 특기할 만한 업적을 남겼다.

〈세계문학전집〉 신문 광고전단

출판 신념(信念)을 세우다

사실 출판사가 어떤 책을 기획해 만들어낼 때는, 가장 먼저 예상 판매량부터 분석하는 것이 정석(定石)이다. 판매량 예측이 이뤄져야 이에 따른 제작비나 책값 책정을 할 수 있기 때문이다. 그러나 나의 경우, 미주알고주알 손익계산을 따져가며 출판한 적이 거의 없었다.

편집부에서 기획해 누구로부터 어떤 원고를 받아 이런저런 책을 펴내야겠다고 하면 대부분 계획대로 시행하도록 했다. 표지가 어떻고 장정이 어떻고 하는 문제에 대해서도 간섭하는 스타일이 아니었다. 오로지 그 책이 지닌 '가치(價値)'에만 주목했던 것이다.

책을 펴내는 것은 어쩌면 자녀를 키우는 것과 마찬가지일지도 모른다고 생각했다. 사장이 지나칠 정도로 매사 간여를 하게 되면 편집진의 독창성을 훼손할 수 있다. 마치 부모의 지나친 간섭을 받고 자란 아이가 독립심이 약한 '마마보이'가 되는 것과 같은 이치다.

따라서 편집은 편집, 영업은 영업대로 스스로 판단해 최선을 구가하도록 하는 경영방침을 고수했다. 을유문화사 창립 당시의 정신을 잃지 않으려고 늘 스스로를 닦아세우곤 했던 것이다. 책의 판매 동향에 따라 일희일비(一喜一悲)하지 않기로 했다. 많이 팔리는 책보다, 좋은 책을 펴내야 한다는 신념에서 출판을 해왔던 것 같다.

모든 사람이 배웠건 못 배웠건, 잘생겼건 못 생겼건 나름대로 존재의 이유가 있듯이, 책 역시 마찬가지라고 생각했던 것이다.

그랬기에 흔히 말하는 수십만 부가 팔리는 베스트셀러 등은 을유문화사와는 거리가 멀었다. 그럼에도 불구하고 을유의 책들은 꿋꿋이 제 몫을 해주곤 했다. 아니 정확히 말하자면, 베스트셀러 그런 건 애당초 생각해 본 적이 없다. 남이 이런저런 이유로 안 내는 책, 그러나 반드시 내야 하는 책이라고 판단하면 출판했다.

그렇다고 해서 아무 책이나 출판을 강행했던 것은 아니었다. 자유당 말기 때였으니 1950년대 후반의 일이다.

당시 정계(政界)의 실력자 한 사람이 자신의 자서전을 을유문화사에서 출판해 달라고 여러 차례 부탁해 온 일이 있었다. 나는 일언지하에 거절했다. 그는 막대한 출판비를 부담하는 조건과 이권을 제시하며 을유문화사를 회유하려고 했다. 이 문제로 간부회의까지 열렸다.

"자기 분수와 원칙을 지키는 것은 고집이 아니다. 원칙을 지킨다면 비굴해질 필요도 없고 오만해질 이유도 없는 것이다. 언제나 착실하게 우리에게 주어진 일만 열심히 하면, 그것으로 충분하다!"

나는 회의석상에서 내 뜻을 분명하게 밝혔다.

매사가 순조롭고 평안할 때는 누구나 원칙을 지키려고 한다. 그러나 원칙을 지키려는 힘은 달콤한 유혹이나 어려운 상황에서도 그것을 지키는 것에서 비롯된다. 이런 상황에서 눈앞의 이익이나 비열한 타협과 손을 잡는다면 당장은 좋을지 모르나 장기적으로 볼 때 결코 이롭지 않다는 것을 강조했다. 나는 을유의 이 같은 출판 신념을 마치 절개(切開)처럼 여겼던 것이다.

6·25전쟁 후, 빚더미 잿더미에서 다시 출발한 출판사가 을유문화사다. 이런 어려운 여건 속에서도 나는 내야 할 원고라는 판단이 서면 수지타산을 맞춰보지도 않고 책을 출판했고, 그렇지 않다면 냉정하게 거절했다.

수천 부, 수만 부가 팔려야 좋은 책이고, 1년에 열 권도 채 팔리지 않는다고 해서 그 책을 과연 불필요한 책이라고 말할 수 있을까.

나는 출판할 가치가 있다고 판단되면, 그게 잘 팔리든 안 팔리든 반드시 만들어내야 한다고 생각했다. 반면 출판할 가치가 없는 책이라면, 그것이 어떤 좋은 조건을 제시하는 것이라 하더라도 출판해서는 안 된다고 생각했다.

그게 출판사의 진정한 책임이고 의무이기 때문이다.

제4장

출판의 밀알이 되어

"더 이상 뒤로 물러설 곳이 없는 상황에 몰리면 사람들은
대부분 두 가지 방법 가운데 하나를 선택한다.
하나는 나아가는 것이고 다른 하나는 물러서는 것이다.
나는 이 두 가지 가운데 늘 나아가는 쪽을 택했다."

1. 책의 수명은 영원하다

대기만성(大器晚成)

지금 생각해 보면 을유문화사는 기획해서 책을 출판한 경우가 드물었다. 원고가 오는 대로 닥치는 대로 냈다는 표현이 오히려 적당할 정도였다. 〈한국신작문학전집〉도 그렇고 〈큰사전〉이나 〈한국사〉 역시 그러했으며, 〈한국고대소설전집〉이나 〈한국문화총서〉 시리즈 등도 기획이 먼저 이루어졌다기보다, 이런저런 인연으로 원고가 들어오면서 출판이 시작된 경우였다.

공격적이고 전략적인 출판이 아닌, 수동적이고 보수적인 출판을 한 셈이었다. 다른 출판사들은 수익성을 따지며 내려고 하지 않던 학술서 등이 을유로 넘어오곤 했다. 모든 원고의 종착지가 을유문화사였던 것이다.

이 과정에서 특히 기억나는 책이 있다면, 양주동 박사의 『여요전주』 같은 책이다. 학술서적인 이 책을 저자의 요구에 따라 무척 화려하게 양장본으로 냈던 것이다. 다른 출판사들은 수익이 나지 않을 것 같아 아예 출판을 꺼려하는 책을 나는 일부러 학술서적도 화려하게 내보자고 해서 나온 책이었다.

이런 소문이 퍼지자, 너도나도 학술서적을 들고 을유를 찾아오게 되었다. 다른 출판사에서는 받아주지 않았기 때문이다. 그러나 그 원고들은 반드시 책으로 출간해야 할 것들이었다.

나는 수익을 따져보지 않고 책을 출판했던 것이다. 그게 곧 〈한국문화총서〉가 되었다.

국문학자 조윤제 씨도 을유에서 책을 많이 낸 사람이다. 진단학회의 이병도씨, 김상기 씨, 그리고 〈한국사〉 중 일부를 쓴 이상백 씨 등도 다른 출판사는 받아주지 않는 원고들을 들고 와 을유에서 책을 낸 사람들이었다. 이후 〈중국고전문학선〉 역시 수익을 따지지 않고 낸 책이었다.

을유문화사가 지난 세월 동안 펴낸 수천 권의 도서를 한마디로 그 성격을 규정한다면, 나는 감히 '대기만성(大器晚成)의 책들'이라고 말하고 싶다.

을유의 책들은 학계와 문화계의 환영을 받지만 일반 독자들에게 널리 애독되기까지는 비교적 오랜 세월이 걸리는 생명이 긴 책들이었다. 을유가 출판한 50여 가지의 전집 중에서 질풍형의 보급 실적을 올린 것은 드물다. 여타 단행본 중에서도 베스트셀러 역시 많지 않았다. 도리어 기획에서 출간까지 10년이 소요되는 것을 예사로 여겼을 따름이다.

하긴 서두른다고 좋은 책이 만들어지는 것은 아니다.

무릇 출판인이라면 '꾸준히 착실하게'를 모토로 삼아야 할 것이다.

앞서 대기만성형의 책들을 펴내는 데 진력했다고 언급은 했지만, 을유가 우리나라 출판문화의 '큰 그릇'이 되었다고 하기에는 좀 저어된다.

을유판 〈세계문학전집〉은 1958년 초 발간에 들어갔다.

우리가 〈세계문학전집〉을 낸다고 하자 당시 D출판사와 J출판사 등, 대형 출판사들이 역자들을 호텔에 가두고 간수하면서 책을 내려고 혈안이 되었다.

그러나 우리는 새로운 책을 완역하는 기획이었다. 따라서 이미 번역되어 있는 기간(旣刊) 도서를 중심으로 제작하는 타 출판사의 문학전집이 을유의 〈세계문학전집〉의 경쟁상대가 될 수는 없었다.

우리는 미리 세워놓은 방침에 따라 마치 잡지를 내듯이 한 달에 한 권씩 〈세계문학전집〉의 목록을 늘려나갔다. 졸속으로라도 출간에만 급급하던 어느 출판사의 '세계문학전집'은 중도 하차하기도 했다.

출판이란?

작품을 선정해서 그 작가의 권위자에게 번역을 의뢰하고, 번역 원고가 완성되기까지는 아무리 빨라도 10개월은 족히 걸린다. 대작인 경우는 완역에 3년을 기다리기도 했다. 완성된 번역 원고는 반제품에 지나지 않는다. 원고 정리와 제작을 거쳐야 비로소 한 권의 책이 탄생한다.

편집, 교정 같은 작업에도 적어도 3, 4개월의 공은 들여야 한다. 그렇기 때문에 〈세계문학전집〉은 아무리 빨리 나온다고 해도 한 권당 2년 가까운 시일을 필요로 했다. 그런데 당시의 세계명작 간행 추세를 보면 경우에 따라 한 달에 수십 권씩 쏟아냈다. 무슨 신출귀몰한 재주가 있어서 그렇게 책을 낼 수 있는지 모르나, 내가 보기에 그런 식은 정상적인 출판행위가 아니었다.

〈세계문학전집〉의 경우 다른 출판사들과 경쟁하기가 싫어 우리는 한 달에 한 권씩 내는 걸로 해서 당초 매월 평균 한 권씩, 5년 동안 정확히 60권을 내게 되었다. 나중에는 욕심이 좀 생겨서 40권을 채워 총 100권을 내게 되었다.

이 과정에서 아쉬움도 적지 않았다. 해적판이 성행했던 것이다. 을유에서 낸 책을 가져다 약간 손질을 하고 제목을 바꿔달아 전집을 낸 출판사들이 많았던 것이다.

그런 출판사들은 전집 붐이 한창일 때 방문판매 등으로 출판재벌로 성장하기도 했다. 한마디로 출판 도의(道義)를 해치는 파렴치한 작태였다.

타 출판사들은 을유의 책을 가져다 적당히 가감해 책을 내놓았다. 1960년대 출판되었던 유수의 '세계문학전집'들은 사실상 을유에서 번역한 것에 다름 아니었다.

그런 까닭에 을유문화사는 한동안 번역자들 사이에서 '원고 제작회사'라는 별칭으로 통했다. 원고를 만들어 출간하면, 다른 출판사들이 베껴먹는다는 뜻이었다. 다분히 조롱 섞인 별명이었지만, 나는 그런 말을 듣고 기분이 나빠지기는커녕 오히려 우쭐해지는 느낌이었다. 다름 아닌 출판문화의 개척자를 일컫는 다른 표현으로 들렸던 까닭이다.

나는 바람직한 출판 풍토가 정착되려면 좋은 원고로 좋은 책을 만드는 출판의 산실이 하나라도 더 나와야 한다는 신념으로 을유문화사가 그렇게 될 수 있도록 성심을 다했을 뿐이다. 때때로 우리는 개척만 하고 돈은 다른 사람이 벌게 해주는 결과를 빚기도 했지만, 그것은 그것대로 우리 출판문화의 향상에 기여했다고 자위한다.

이렇듯 성공한 전집이 있는 반면, 실패한 기획 역시 있었다. 〈세계문학전집〉의 성공에 힘입어 의욕적으로 출간한 〈신(新)세계문학전집〉이 바로 그것이다. 그러나 열의와 다르게 출간 초기에 좌초하는 불운을 겪었다.

〈신(新)세계문학전집〉이 독자들로부터 외면당한 이유는 무엇보다도 선정된 작가들이 국내 독자들에게 지명도가 낮았다는 게 가장 큰 실패 요인이었다. 이것을 다른 각도에서 보자면 을유문화사의 기획이 너무 앞섰다는 말이기도 했다.

일반 독자들의 경우 고전작품에 대한 인지도는 높았지만, 동시대에 활약하고 있는 해외작가들에 대한 정보는 상대적으로 빈곤할 수밖에 없었다. 〈신(新)세계문학전집〉은 바로 이 같은 문학사적 틈을 메우면서 국내 독서계에 다양한 신진문학의 조류를 소개하기 위해 기획된 것이었으나, 시장 개척에 실패하고 말았다. 우리는 현실의 벽을 인정하고 〈신(新)세계문학전집〉의 간행을 중단했다.

1970년대 초반, 을유는 두 편의 전집을 더 펴냈다. 1971년 4월에 간행한 〈임어당문집〉(전4권)과 이듬해인 1972년 3월에 펴낸 〈한국학대백과사전〉(전3권)이 그것이다.

나는 그해에 회갑을 맞았다. 출판 사업에 자의 반 타의 반으로 뛰어든 지, 햇수로 28년 째였다. 결과적으로 나는 인생의 황금기를 오로지 일관된 집념과 사명감으로 출판 외길을 걸어왔던 셈이다.

그해 을유문화사에서는 나의 화갑(華甲) 기념 출판물로 『오륜행실도(五倫行實圖)』 역간 사업에 착수했다.

화갑 기념 출판물 『오륜행실도』, 1972

『오륜행실도』는 1797년(정조 21년) 이병모(李秉模) 등이 왕명을 받아 처음 간행한 보전(寶典)인데, 백성들을 두루 교화하려는 뜻에서 인륜도덕을 가르치는 실생활의 경전이자 지침서로, 효자·충신·열녀·형제·가족·붕우(朋友)·사생(師生) 등, 모두 7편으로 구성되어 있다.

당시 대한민국학술원 이병도(李丙燾) 회장은 이 책의 '서문'에서 "은석은 본시 고아한 인격의 소유자로서 효행과 우애가 갸륵하고, 대인접물(待人接物)에 있어서도 항상 원만하여 중인(中人)의 존경을 받고 있는 것은 주지의 사실이다"고 분에 넘치는 극찬을 했고, 예술원 회장이자 지기(知己)인 월탄 박종화는 "천고에 빛나는 고전으로서 시의(時宜)를 얻었다"며 출간을 축하해 주었다.

이 책은 조선조 철종 때였던 1859년 중판(重版)되었던 바, 113년 만에 을유본(乙酉本)이 나온 셈이었다. 우리말 판으로서는 175년 만의 일이었고, 500부 한정판이었다.

내게는 너무도 뜻 깊은 출판물이 아닐 수 없는 책이다.

펜클럽과의 만남

일제 강점기 시절의 소설은 작은 크기의 딱지본이 전부였다. 그 가운데 〈한국고대소설전집〉과 〈한국신소설전집〉 등을 모아서 을유문화사에서 양장본으로 낸 일이 있었다. 〈한국고대소설전집〉 출판은 국제펜(PEN)클럽 한국본부와의 인연에서 시작된 일이었다.

6·25전쟁이 끝나고 서울로 환도한 뒤였다. 당시 국제펜클럽 한국본부 위원장은 소설가 주요섭이었다. 시 「불놀이」를 쓴 작가 주요한[39]의 동생이다. 그가 나를 찾아왔다.

"펜클럽 기금이 없어서 도대체 뭘 해볼 도리가 없습니다."

전쟁 후 우리나라는 먹을거리도 부족했지만 읽을거리 역시 부족한 상황이었다. 당시 문화와 예술을 부흥시켜야 한다고 고민했던 많은 단체들은 누구나 다 읽을거리를 만들어내기 위해 고민했다. 주요섭 씨 역시 그런 고민을 했던 것이다.

"그럼, 내가 번역문학상이라는 걸 만들어 1년에 한 번씩 시상하면, 번

제1회 을유번역문학상 시상식, 1957. 11. 17

역 작품이라도 많이 나오겠지."

 그렇게 해서 을유문화사는 '을유번역문학상'을 제정했다. 그러나 번역문학상을 만들었다고 해서 펜클럽 활동이 원활해진 건 아니었다.

 한번은 국제펜클럽 한국본부 총회에 초청을 받아 가게 되었는데, 그 자리에서 보니 펜클럽이 문인들의 친목단체 성격에서 벗어나 더욱 발전하려면 뭔가 대외적인 활동이 있어야겠다는 판단이 섰다. 결국 나는 번역문학상을 제2회부터(1961) '한국번역문학상'으로 명칭을 바꾸고 그 시상을 국제펜클럽 한국본부에서 할 수 있도록 해주었다. 물론 상금은 을유문화사에서 지원하는 형식이었다.

 그렇다고 해서 펜클럽의 형편이 나아지는 건 아니었다. 주요섭에 이어 백철이 위원장을 맡아하면서 새로운 방향이 제시되었다.

 "정 사장님, 우리가 '신작소설전집'이란 것을 기획해 소설을 써 줄 작가들을 만나 섭외하고 원고도 받아올 테니까 인세의 절반은 작가에게 주고 나머지 절반은 우리 펜클럽 운영비로 주실 수 있겠습니까? 그러면 우리가 적극적으로 작가들을 섭외해 진행을 해보겠습니다."

좋은 발상이었다. 나는 작가들과 원고를 섭외해 주면 책 출판도 하고 인세 지급 문제도 펜클럽의 뜻대로 진행하겠다고 밝혔다.

〈한국신작문학전집〉

그 후 국제펜클럽 한국본부는 사실상 회원들인 작가들을 만나 섭외하고 원고도 받아와 '신작소설전집'을 을유문화사에서 출판하게 되었다.

물론 인세의 절반을 펜클럽에서 가져갔다. 그러나 그 정도의 기금만으로는 펜클럽 운영이 힘들었다. 그렇다고 해서 정부의 도움을 받을 형편도 아니었다. 당시 문공부 장관의 자동차가 고장이 났는데, 그 수리비도 내게 좀 지원해 달라고 할 판이었으니 말이다.

백철 씨가 위원장을 그만두고 모윤숙 씨가 위원장이 되었을 때 그이는 나를 찾아와 넉살좋게 기금을 지원해 달라고 대놓고 말하곤 했다.

"펜클럽에 돈이 없어요, 어떻게 좀 해줘요."

그러면 나는 할 수 없이 얼마씩 도와주곤 했다.

어쨌든 국제펜클럽 한국본부와의 인연으로 '신작소설전집'에서 이름을 바꾸어 〈한국신작문학전집〉을 내게 되었는데 당시로서는 드문 계약 조건으로 이루어진 일이었다. 출판사가 작가한테 의뢰하고 원고를 받아서 출판하는 형식이었던 것이다. 이미 완성되어 있는 원고를 받아서 책으로 내는 게 아니었다는 말이다.

그래도 〈한국신작문학전집〉의 소설가들은 필력이 좋아서 〈큰사전〉이나 〈한국사〉 때처럼 시간을 끌지 않고 비교적 원고가 바로바로 돼 나오는 편이었다. 그 덕에 한국문학사에서 중요한 작품들이 을유를 통해서 많이 배출되기도 했다.

〈한국신작문학전집〉으로 첫 번째 펴낸 책이 박경리 씨의 『김약국의 딸들』과 오유권 씨의 『방앗골 혁명』이었다. 그게 1962년도의 일이었다. 대표적인 작품으로 신동엽 씨의 『금강』[40]이라는 작품을 꼽을 수 있겠다.

이 작품들은 기존과 달리 신문이나 잡지에 발표된 작품은 아니었다. 완전히 새로 쓴 전작소설로서, 이를 모으기란 쉬운 일이 아니었다.

더욱이 명성이 확고한 중진이나 원로작가도 아니고, 작품 활동 10년 안팎의 신예작가의 신작 간행이란 그 당시의 출판 풍토로서는 대단한 모험이 아닐 수 없었다.

출판계에서 처음 시도한 을유의 신작 발굴은 한국문학의 현상 타개라는 점과, 유망한 작가에게 활력소를 불어넣은 데에 주안점을 두었을 뿐 영업상의 성패에는 개의치 않고 발간했던 전집이었다.

이 전집을 완간한 해는 1963년으로 한국일보사가 제정한 제4회 한국출판문화상 제작상을 받기도 했다.

『도서(圖書)』

1960년대 자유당 정권의 퇴진을 불러온 '4·19혁명'으로 인해 온 나라가 뒤숭숭할 무렵, 나는 4월 25일 소잡지 운동의 일환으로 『도서(圖書)』를 발행했다.

이 잡지는 창간호부터 을유가 발행한 것은 아니었다. 송재오 주간 겸 편집으로 현대사에서 정재표 발행인 명의로 냈지만, 송 주간이 도일(渡日)하는 바람에 인수받게 되어 제2호부터 속간하였던 것이다.

발간 목적은, 출판물의 격증, 책자의 범람에서 오는 부작용을 지양(止揚)하고 지상지고(至上至高)한 도서의 위치를 서로가 깨닫고자 하자는 취지였다. 책을 아끼고 사랑하는 고상전아(高尙典雅)한 애서가와 학자들을 염두에 두고, 책자에 대한 소개와 홍보, 보급이 부수적인 목적이었다.

『도서』는 창간에서 종간까지 10년간 발간했다. 소잡지 『도서』의 속간 시기에 을유문화사는 사보의 성격을 띤 『을유저어널』도 간행하여 널리 배포하였다. 1962년 5월 10일 제1호가 창간되었으며, 그 후 매달 간행되었고 을유의 신간정보로 엮어져 직매점에서 나눠주기도 하고 신간 도서에 끼워 독자에게 전달되기도 했다.

1961년 8월, 나는 국정교과서주식회사의 사장으로 공직을 겸하게 되었다. 1961년 '5·16쿠데타' 직후의 일이었다. 헌정이 일시 중단되었고 군정이 실시되었다. 군부세력은 사회 각 분야에 걸쳐 강력한 쇄신정책을 펴 나갔는데, 출판계도 예외는 아니었다.

혁명정부는 1961년 7월에 출판등록 사무를 일시 중단하고 대대적인 정비사업에 착수했다. 그해 8월에 서울과 지방에서 모두 366사의 무실적 출판사를 가려내어 등록을 취소했다. 동시에 9월 28일자로 종전의 예규 또는 통첩으로만 근거하여 실시되었던 모든 규정을 종합 강화한 '출판사 등록에 관한 규정'을 새로이 제정 공표하고 등록 사무를 각 시도 교육위원회로 이관하였다.

'5·16쿠데타'로 말미암은 사회 전반의 경색화에도 불구하고 을유문화사의 출판활동은 전혀 위축되지 않았다.

이해 들어 〈플루타크영웅전〉, 〈수호지〉, 〈한국역사소설문학전집〉 같은 굵직굵직한 전집들을 완간했고, 〈한국아동문학독본〉을 전10권으로 기획, 이 가운데 세 권을 출간했던 것이다.

해방 후 창업과 함께 아동문화운동을 일으킨 선두주자로서, 을유는 꿈에 부푼 아이들로 하여금 독서를 통해 마음을 아름답고 굳세게 키워갈 바탕을 마련해 주는 데에도 각별한 정성을 기울였다.

나라가 어지러울수록 어린이가 바로 커야 한다는 나름의 각오 때문이기도 했다. 또 한국학의 집대성으로 평가받는 〈한국문화총서〉도 연이어 속간되어 그 무게를 더해갔다.

이같이 활발한 출판활동을 하는 가운데 을유문화사는 각종 문화상을 잇달아 수상했다. 1961년 10월 2일에는 출판사 대표로서 '서울특별시 문화상'을 수상하기도 했고, 『신곡』을 번역한 최민순 신부가 국제펜클럽 한국본부가 주관하는 제2회 '한국번역문학상'을 받기도 했다.

〈세계사상교양전집〉

1960년대 중반 을유문화사의 가장 큰 성과가 있다면 바로 〈세계사상교양전집〉 시리즈를 출간한 것이었다. 이 책들 역시 수익을 따져보며 출간한 책이 아니었다. 문화선진국으로 가야 할 우리나라를 위해 출판사가 해야 할 몫을 했을 뿐이라는 소명만으로 준비한 책이었다.

1963년, 그러니까 박정희가 대통령에 당선되면서 제3공화국이 출범하던 그해에 첫 권을 간행하기 시작하여 1975년까지 무려 13년이나 걸려 완간한 전집이다.

이 책은 동서사상의 보고(寶庫)로서, 만성형의 또다른 을유의 역작이다. 〈세계문학전집〉과 쌍벽을 이루었던 〈세계사상교양전집〉은 을유의 스테디셀러 전집으로, 을유가 경영면에서 어려움에 처할 때마다 기본적인 매출을 보장해 주는 효자 노릇을 톡톡히 해냈다. 두 전집은 오늘날까지도 을유문화사를 받쳐주는 2대지주(二大支柱)로서, 끊임없이 면모를 일신해 가며 독자들의 사랑을 받아오고 있다.

을유가 이른바 만성형 도서와 전집류를 출간하는 과정에서 모든 기획이 성공했던 건 아니다. 시행착오를 겪은 시리즈들도 있었는데, 그 대표적인 전집류가 신장판(伸張判) 〈세계사상전집〉이었다.

신장판 〈세계문학전집〉이 기대 이상의 성공을 거두자, 1982년 그러니까 내 나이 칠순을 넘던 그해 연말부터 〈세계사상교양전집〉 재출간 작업에 들어갔다. 1963년부터 간행되어 1975년 총 40권으로 완간된

〈세계사상교양전집〉은 인류의 위대한 지적 유산을 집대성했다는 점에서 사계의 호평을 받았다.

그러나 이 전집은 많은 장점에도 불구하고 비체계적인 목록이 문제점으로 지적되어 왔다. 이에 편집부는 면밀한 시장조사를 거쳐 구판 전집 40종에서 29종을 추려내고, 여기에 7종의 새로운 명저를 추가, 전36권의 신장판 〈세계사상전집〉을 간행하였다.

그러나 신장판 〈세계사상전집〉은 기획 단계부터 대량생산, 대량판매를 통한 수익 확대를 위해 정가를 저렴하게 책정했다. 영업부의 이런 판매 전략은 애초의 기획의도와는 어긋나는 방향으로 나아갔다.

대량판매를 위해서는 전국의 전집물 판매망과 긴밀히 협력해 영업 전략을 짜야 했으나, 영업부에서는 신장판 〈세계사상전집〉의 공급권을 서울의 경우 3개, 지방 주요도시는 1개로 제한했다.

신장판 〈세계사상전집〉이 출고되고 곧이어 도하 각 신문에 광고가 나가자 전국 각처에서 주문이 쇄도했다. 그런데 독점공급권 문제로 판매 전략에 큰 차질이 빚어지고 말았다. 특정센터가 신장판 〈세계사상전집〉의 공급권을 장악하고 있었기 때문에 일반센터가 피해를 입게 된 것이다.

특히 지방에서 문제가 심각했다. 독점센터의 횡포로 일반센터들이 전혀 신장판 〈세계사상전집〉을 판매할 수 없게 되자, 지방의 일반센터 업자들이 을유문화사로 몰려와 항의하는 소동이 벌어지기도 했다.

을유문화사로서는 입장이 난처하게 되었다.

그러나 이미 엎질러진 물이었다. 특약센터와 맺은 계약을 파기하면서까지 일반센터에 책을 공급할 수는 없었던 것이다. 사태는 걷잡을 수 없이 확대되었다. 서울까지 올라온 보람도 없이 빈손으로 내려간 지방의 업자들이 서로 담합해 공개적으로 불매운동을 벌이는 사태로 이어졌다.

전집물의 특성상 업주들의 불매운동은 치명적인 결과를 가져오게 마련이었다. 큰 기대를 걸고 제작한 신장판〈세계사상전집〉은 판매에서 완전히 실패하고 말았던 것이다.

돌이켜보면 이때 결단을 내리지 못한 게 아쉽다.

경우는 좀 다르지만 6·25동란 시절 부산에서 교과서 배급을 일정 출판사에게만 국한했던 일로 다른 교과서 출간업자들이 문교부에 항의를 했던 일이 있었다. 몇 개의 출판사에게 독점을 주었던 일이 부당하다는 걸 경험했으면서도, 이런 마케팅 전략이 세워진 걸 그대로 용인했던 나의 잘못이었다.

큰 손해가 났더라도 특약센터와의 계약을 파기하고 일반센터의 업자들에게도 판매할 수 있도록 했다면, 어쩌면 특약업체와의 계약 파기로 인해 손해 본 부분보다 더욱 큰 수익을 얻을 수 있었을지도 몰랐다. 무엇보다 이 책을 보다 많은 사람들에게 읽히지 못하게 했다는 점에서 너무 아쉬운 일이었다.

1982년, 칠순의 나이에 접어들어 을유문화사에 대한 비난이 쏟아지는, 이런 초유(初有)의 일을 겪게 되면서 나는 나의 출판에 대한 판단력이 흐려지고 있다는 것을 직감했다. 나의 지나온 삶에 대해 반추하면서, 경영일선에서의 은퇴를 고려하기 시작했다.

이 무렵, 고희 기념으로 대한출판문화협회가 나에 대한 기록들을 정

민영빈 대한출판문화협회 회장으로부터 『출판인 정진숙』을 증정받는 필자, 1983. 11. 7

리, 『출판인 정진숙』이라는 출판물을 제작해 나에게 헌정해 왔다. 가슴이 뭉클했고 눈물이 솟아나왔다. 나 혼자만의 노력으로 일군 을유문화사가 아니었던 것이다.

해외문학으로 눈을 돌리다

신장판 〈세계문학전집〉에 이어 1979년 말부터 〈해외걸작선〉을 펴내기 시작했다.

앞서 〈세계문학전집〉이 고전을 중심으로 목록이 구성된 데 비해, 이 선집은 세계 문단에서 주목받는 참신하고 전위적인 미국작가의 최신작만을 엄선했다. 번역진을 미국문학을 전공한 권위자로 구성했는데 작품

전체가 국내 초역이었다.

그리고 미국문화원의 곽소진, 채훈 씨 등, 두 사람의 도움을 받아 원작자들과 정식 저작권 계약을 맺었다. 1979년 11월 30일 『점원(店員)』(B. 맬러머드)이 첫 권으로 나오면서 본격적으로 출간되었다.

『점원』은 유태계 미국문예부흥의 주역을 맡았던 작가의 대표작으로 현대판 『죄와 벌』이라는 평가를 받은 작품이다.

'사회적 성공을 꿈꾸는 고독한 청년—한 번의 강도질로 죄의식에 사로잡혀 그 속죄를 위해 긴 고행의 길을 걷는 남주인공 프랭크 앨파인, 사회의 밑바닥에 일생을 파묻혀 사는 고지식한 유태인 점주 영감과, 아름답고 향상심에 불타는 그의 딸과 접촉하면서 새로운 가치관에 눈뜨는 청년의 정신적 편력을 통하여 인간의 참된 존엄성을 묘사한 현대 미국 문학을 대표하는 작가의 최고 걸작'이었다.

이 시리즈가 내세운 '걸작' 중심의 목록 선정은 1993년에 간접적으로 입증되었다. 1983년 출간된 『내 이름은 술라』의 토니 모리슨이 1993년 노벨문학상을 수상한 것이다.

이 시리즈는 고전에만 안주하는 국내 독자들의 보수적인 독서성향 때문에 시장개척에는 실패했지만, 당대 미국문학의 조류를 한눈에 파악할 수 있는 기획이었다는 점에서는 호평을 받았다.

2. 출판문화의 초석(礎石)을 놓다

문화예술진흥법

한 나라의 민족정신은 그 나라 고유문화의 창달과 계승에 그 기틀을 두고 있다. 우리나라는 일제 강점기 36년 동안 문화의 단절을 처절하게 경험했다.

따라서 해방 후 지식인들 사이에서는 잃어버린 우리 문화 계승을 위한 노력이 시작되었고, 을유문화사의 출발도 그런 의미를 담고 있었다. 문화를 잃어버린 우리 민족에게 책을 읽게 하는 것만이 국가의 무궁한 발전을 위한 기초가 된다고 생각했던 것이다.

당연한 이야기지만, 이런 작업은 한 출판사의 소신과 의욕만으로는 이루기 힘든 작업이다.

1968년 '도서와 국가발전'이라는 주제로 국제세미나를 주최한 적이 있었다. 출판문화에 대한 새로운 시각을 세우고자 미국, 일본, 필리핀, 베트남, 인도네시아의 전문가들을 초청해 세미나를 열었던 것이다. 그 일이 바탕이 되어, 1971년에는 '도서와 정신 개발'이라는 주제로 유사한 세미나를 추진했다.

대한출판문화협회에서 사실상 주관한 행사였다.

두 번에 걸친 세미나 결과, 한국의 출판이 발전하려면 한국의 문화예술 전반이 고루 발전해야 한다는 결론에 이르렀다. 문화예술이 활발해지면 자연히 책의 출판이 활발해진다는 것이었다. 물론 이런 당연한 인과관계를 모르고 있었던 것은 아니었다.

그러나 당시 세미나가 열릴 때만 해도 몰락한 경제를 우선적으로 일으켜 세워야 한다는 국가적 명제 때문에 우리 국민들이 문화적 발전에는 너무 소홀했던 측면이 적지 않았다. 이런 결론이 나왔지만, 문화예술계에서는 아무런 반응이 없었다. 정부당국 어느 누구도, 좁게는 출판문화 창달 문제이고 넓게는 우리 문화예술의 발전에 대한 것이었으나 관심을 기울이는 사람이 없었다.

누군가 앞장서서 추진해야 할 일이었다. 그렇다면 오지랖 넓은 내가 나서야 할 일이었다. 출협 주관으로 연극인 이해랑 씨, 모윤숙 씨 등 20명 남짓 예술인들을 불러 아카데미 하우스에서 출판예술문화 창달의 구체적인 방법을 찾아보자는 취지의 세미나를 열게 되었다.

이런 상황에서도 실제 이 문제에 가장 큰 주역이 되어야 할 문화공보부 측은 전혀 관심을 보이지 않았다. 우리 출판사가 주최가 되어 세미나를 준비하고 초청장을 보냈더니, 문화공보부에서 김영곤 문화국장이 참석했다. 하룻밤에 걸친 세미나에서는 아무런 소득이 없었다.

이후 문화공보부에서 주관하고 문화국장 주도하에 세미나를 다시 한 번 가진 일이 있었지만, 그때 역시 아무런 소득 없이 탁상공론으로 끝났다. 두 번째 세미나에서 마침내 출판계 대표 격으로 참석한 내가 나섰다.

"이런 식의 탁상공론으로 끝나서는 안 됩니다. 그러니까 예를 들어 정부기관 산하에 '문예진흥위원회' 같은 것을 만들어 구체적인 방법을 찾아가야 합니다."

그때 이 세미나에 참석한 사람들은 모두 36명으로, 각 대학의 총장들과 예술인들이 대거 참석했다. 김종필 씨가 당시 국무총리였다. 그를 위원장으로 삼고 내가 간사를 맡기로 하면서 문예진흥위원회 일을 추진하려고 했다.

그랬는데도 별로 결과가 신통치 않았다. 사실상 구심점이 없고 갑론을박만 난무할 뿐이었다. 무언가 법적인 제도 보완이 이루어져야 했다. 결국 '문화예술진흥법'을 만들어야 한다는 결론에 이르렀다.

그래서 나를 비롯하여, 당시 문공부의 교육관리 실장으로 있던 김재중 씨와 문공부 장관인 윤주영(尹冑榮) 씨 등, 이렇게 몇 사람이 코리아하우스에 방을 하나 얻어놓고 고심하며 연구한 끝에 '문화예술진흥법'의 초안을 만들게 되었다. 그렇게 만든 초안을 국회에 제출했다. 문화진흥예술법이 통과되기를 기다리던 그런 어느 날 문공부 장관 윤주영 씨가 급히 나를 찾았다.

"무슨 일이십니까?"

"우리가 낸 문화예술진흥법안 있지 않습니까. 그런데 예술인들이 출판업이란 것이 기업인데, 문화진흥예술법에 출판업을 넣으면 어떡하느냐고 하네요."

그들의 무지한 발상에 기가 막혔다. 출판은 과거와 현대 그리고 미래의 문화예술을 이어주는 가장 기초적이며 중요한 '다리'임을 망각한, 너무도 소아적이고 이기적인 망언이 아닐 수 없었다.

"도대체 누가 그럽니까?"

"이해랑 씨가 그럽디다."

더욱 화가 치솟았다. 처음부터 이 문제를 함께 논의했던 사람이 막상 법안이 마련되려고 하자, 뒤통수를 친 것이었다. 당시 이해랑[41] 씨는 연극인으로서 예술가 전국구 국회의원 1호로 국회에 들어간 상태였다.

나는 사연의 내막을 알아보기 위해, 즉각 뚝섬 모진동에 살고 있던 모윤숙[42] 씨 집을 찾아갔다. 그녀는 그때 국제(PEN)펜클럽의 위원으로 있었다.

"당신들 도대체 왜 그런 망발을 하는 겁니까?"

그 당시 나는 그녀와 나이가 비슷해 스스럼없는 사이였다.

"출판업이 문화예술과 관계가 없다니 그런 무식한 소리가 세상에 어딨소? 세종대왕 이후로 여태까지 우리나라가 이만큼이라도 문화가 남겨진 것은, 그마나 모두 출판 덕이지 누구 덕이란 말이오. 출판이 있으니까 우리 문화가 계승되어 온 거 아니오?"

"어휴, 나는 몰랐네. 정말 몰랐어! 이제 알았으니 오해는 풀어, 알았어!"

모윤숙 씨가 웃으며 내 말을 받아 주었다. 나는 이해랑 씨가 출판의 중요성을 미처 알지 못한 때문이라고 생각했다. 회사로 돌아와 이해랑 씨에게 다시 전화를 걸었다. 그는 휘문고보 1년 후배였다. 그런 인연 때문에 나를 자주 찾아오곤 했던 사람이기도 했다.

"아니, 문화예술진흥법에 출판이 필요 없다고 했다면서? 그런 망발이

어딨어?"

나는 한참 전화로 그에게 야단을 쳤다. 출판의 중요성에 대해 역설했던 것이다.

"아이고, 그거 정 형이 하는 거요?"

물론 간사였던 내가 나서서 조직체계를 만들고 법안의 초안을 작성한 일이었지만, 이건 어디까지나 한 개인의 일이 아니었다.

"내가 하는 게 아니라 정부가 하는 거지. 출판이 빠지면 예술인들이 문화를 도대체 어떻게 계승하겠다고 그러는 거야. 그리고 말이야, 누가 문화예술진흥법을 만들었는데 상식적으로 그럴 수는 없는 일이잖아?"

이해랑 씨가 서둘러 나의 항변을 막았다.

"정 형, 알았어! 내 생각이 좀 짧았소!"

그렇게 해서 국회에 청원을 넣었던 문화예술진흥법이 통과가 되었다. 문공부에서 한 것도 아니었고 문화예술인 어느 누가 나서서 한 일도 아니었다. 나의 업적을 드러내자는 것은 결코 아니지만, 그 기초 작업을 내가 해냈다는 사실은 분명하다. 문화예술진흥법은 우리나라가 문화대국으로 거듭 성장해야한다는 사명감에서 비롯된 것이었고, 21세기를 맞이한 오늘의 우리나라 문화예술출판계의 탄탄한 위상은 바로 대한출판문화협회와 나의 노력에서 비롯된바 적지 않다고 할 수 있겠다.

문예진흥원의 출발

문화예술진흥법이 국회에서 통과되었으니 이를 총괄할 부서가 필요했다. 그 부서가 한국문화예술진흥원('문예진흥원')인데 그 문예진흥원 역시 기금이 없어 차일피일 미루고 있기에 또다시 내가 나설 수밖에 없었다. 한국출판금고에서 500만 원의 기금을 마련하여 일단 재단법인을 만들게 되었다. 다음으로 문예진흥원 사무실 마련이 시급했다.

그 무렵 나는 세종로에 신간도서를 전시하는 '중앙도서전시관'이라는 걸 만들어놓았었는데, 그곳 3층에 7평짜리 작은 공간을 확보해 조성길 씨를 사무국장으로 앉혔다. 그는 나중에 문예진흥원 부위원장을 지냈던 사람이다. 책상 하나 놓고 펜이나 사무 집기들도 내가 장만해서 조촐하게 문예진흥원 사무실을 차렸다.

문화예술진흥법에 의거해 극장 입장료의 일부가 기금으로 들어오기 시작하면서 사무실도 활기를 띠기 시작했고 직원들도 하나 둘 늘어났다. 규모가 커지면서 한국일보사 5층에 방을 얻어서 확장 이전했다.

이후 대한출판문화협회가 『한국출판연감』을 제작 판매하여 벌어들인 돈으로 땅을 구입, 출판문화회관 건물을 완공한 뒤에는 그 2층 전부를 문예진흥원 사무실로 썼다. 그간 문예진흥기금으로 들어온 돈을 문예진흥원이 출판문화회관 건립비에 투자한 형식으로 입주하게 되었던 것이다.

그 뒤로 문예진흥원은 꾸준히 기금이 축적되고 점점 덩치가 커지면서 당시 동숭동 서울대학교 부지를 불하받게 되었고, 지금 대학로에 있는 문예진흥원 건물을 짓기에 이르렀다. 극장과 전시실까지 마련하는 등, 살림이 피기 시작했다. 사실상 대한출판문화협회의 지원에서 출발한 문예진흥원이었지만, 훗날 규모가 커지고 체계가 잡히자 태도가 돌변한 것이 지금까지도 한 가닥 아쉬움으로 남는다.

문예진흥기금이 축적되고 그 기금을 바탕으로 이런저런 사업을 추진하자 당시 이사로 있던 나는 '출판계에 대한 지원'을 요청했었다.

당초 출판업에 총 5억 원, 영화 쪽에 3억 원, 기타 연극 등 다른 분야에 얼마씩 지원한다는 등등, 5개년 계획으로 40억 원 규모의 예산을 세웠다. 그러나 첫해에는 예산대로 1억 원을 받았는데, 이듬해에는 예산이 부족하다며 5천만 원을 지원받았고, 다음해에도 역시 5천만 원 등, 5년 동안 총 3억 원을 지원받는 데 그쳤다. 지원금 전액은 '출판금고'를 만드는 데 쓰였다.

맨 주먹으로 시작했던 일이 기금이 축적되면서 '예술의 전당'을 건립하는 데까지 이르렀고, 자금이 남아도니 골프장에도 투자를 하는 상황에 이르렀다. 이 무렵 나는 문예진흥원 이사직을 그만두었다.

출협 회관의 건립

내가 처음으로 대한출판문화협회 회장직을 맡았던 해는 1962년도다.

1981년도에 출협 정관을 개정할 때까지 임원의 임기는 1년이었다. 나는 당시 제16대 회장이었다. 그런데 1964년 한 해를 거르고는 1965년

도부터 계속하여 1973년도까지 11년, 그리고 6년 뒤인 1979년도 1년을 더하여 12년이나 회장직을 맡았다.

지금 생각해 보면 변변치 못한 사람이 12년 동안이나 그 막중한 책임을 짊어졌구나 하는 부끄러움도 앞선다.

내가 회장직을 처음 맡았던 때의 나이는 53세였고, 출판에 몸담은 지는 그럭저럭 17년째로 접어들고 있었을 때였다. 사실 나는 출협 회장이 되기 전에는 을유문화사 일 등으로 바빠 출협 출입을 잘 안 하고 있었다.

처음 회장이 될 때도 사정은 마찬가지여서 나는 총회에 불참했다. 그런데 회장으로 뽑아놨으니 나더러 회장을 맡으라는 것이었다. 난감하기가 이를 데 없었지만 나는 회장직을 수락하지 않을 수 없었다.

출판업이란 다른 업종에 비하여 개성이 강하다는 것이 특징이다. 이런 특성상 동업자끼리 모여 공통의 과제를 의논하는 것처럼 어려운 일은 없다.

앞서 전술한바, 6·25전쟁 중에 교과서 배급 문제로 1952년 11월 발족한 '한국검인정교과서주식회사'의 설립에 잠시 일익을 맡았던 적이 있다. 내가 출판계의 공동 이익을 위해 처음으로 참여했던 일이었다.

그 당시에도 내가 재계에 널리 지면이 있다는 이유로 섭외활동에 참여하게 되었는데, 검인정교과서를 펴내는 약 40여 개 출판사 대표들과 교류하면서 동업자 간 친선의 목적과 그 필요성을 느끼게 되었던 것이다.

내가 출협 회장직을 맡았던 60년대 상반기부터 70년대 하반기까지 출판계의 거래액 랭킹 순위는 아무래도 검인정교과서 출판업자가 아니면 높은 순위를 차지할 수 없었던 때였다. 그때까지는 일반 단행본의 발행

종수도 많지 않았으며, 정체된 산업사회에서 볼 수 있는, 독자층도 극히 희박한 실정이었다.

그런 이유로 당시 출협의 사업에 관심을 가졌던 출판사는 자연히 교과서를 출판하는 100여 개 출판사들이 주류를 형성했다. 그들은 이미 나와는 교분이 두터운 사람들이었다.

회장직을 수락하고는 당시 화신상가 옆 종로빌딩 5층에 세 들어 있던 협회 사무실에 가보니 형편이 말이 아니었다. 사무실은 20여 평 정도로 규모가 제법 컸지만, 화장실 앞에 위치해 있는데다 협회 실무자라곤 사무국장과 사무원 그리고 사무보조원이 각 한 명씩 3명에 불과했다.

회원사에게 200원에서 2,000원까지 회비를 부과하고 있었으나 잘 걷히지 않아서 직원의 월급은 물론이고 사무실 임대료조차 제대로 못 내고 있는 실정이었다. 나는 매주 열리는 상무이사회를 점심시간을 이용하여 정기적으로 열면서도, 점심값은 참석자들이 돌아가면서 부담하도록 했다.

내가 출협 회장직을 맡았을 때 출협의 1년 예산은 100만 원에도 미치지 못한 상태였다. 사무국장, 출판부장, 사환 세 사람의 인건비와 사무실 임대료가 예산의 전부였다.

출협은 그동안 자체 건물이 없어 오랫동안 곁방살이와 셋방살이를 전전했다.

1947년 창립 이래 현재의 출판문화회관에 정착하기까지 정음사(북창동), 문예빌딩(정동), 평범사(부산 피난 시절), 문예서림(명동), 동국문화사(안국동), 다이제스트사(장교동), 종로빌딩(종로), 수도문화사(청진동), 선양빌딩(도렴동) 등으로 이리저리 옮겨 다녀야 했다.

사정이 이렇다 보니, 출협 사무실을 마련하는 일이 출판계의 숙원 중 하나였다. 그래서 나는 출협 회장으로 피선된 1962년, 당시 출협이 벌이고 있던 『한국출판연감』 발간사업을 추진하는 한편, 출판문화회관 건립사업을 출협의 최우선 과제로 삼았다.

김익달 출판분과위원장의 제안 형식으로 작성된 출판문화회관 건립안을 상무이사회의 의결을 거쳐 1963년 2월 11일 제5차 정기이사회에 상정했다. 그러나 이사회에서는 무성한 공론만 있었을 뿐 이렇다 할 결론에 이르지 못하고, 임시 이사회를 열어 재론하는 것에만 겨우 합의를 보았다.

이어 2월 22일 개최된 제6차 이사회에서는 진지한 논의 끝에 참가자 전원의 찬성으로 '회관건립추진위원회'를 구성하기에 이르렀다.

그러나 어렵게 이사회의 승인을 얻은 회관건립계획은 2년이 다 가도록 별다른 진전이 없었다.

1965년 2월 열린 이사회에서는 앞서 채택한 건립취지문과 추진위원회 규약을 재확인함과 동시에 새로이 회관건립기금 모금요강을 작성해 통과시켰다. 모집요강은 회관건립 추진안에서 한 걸음 더 나아간 구체적인 내용을 담았다. 아울러 130명에 이르는 회관건립추진위원을 위촉했는데, 여기에는 당대의 내로라하는 출판인들을 총망라하고 있었다.

하지만 『한국출판연감』의 판매 수익금 외에 당초 목표했던 모금계획 역시 뜻대로 이루어지지 않았다.

그래서 1968년 5월 제11차 상무이사회에서는 서울 운니동의 옛 국립국악원 자리 1,000여 평을 15년 상환 조건으로 불하받는 임대차 교섭을 추진키로 결성했다. 그러나 이 시도 역시 불발에 그치고 말았다.

결국 출협은 1968년부터 수지대차대조표에 '회관건립기금' 항목을 신설하는 것으로 방향을 선회했다. 매년 잉여금 여분을 이 항목에 배정하고 총회의 결의를 통해 회관건립기금은 다른 용도로는 절대로 쓸 수 없다고 못을 박았던 것이다.

이후 기금은 해마다 차곡차곡 쌓였다. 여기에는 국회 문공위원들의 협력으로 2년간 지급받은 국고보조금이 적지 않은 보탬이 되었다. 이제는 부지 마련이 최대 현안이었다.

나는 청와대에 회관건립의 필요성과 부지 알선을 도와달라고 서너 차례 요청했다. 이런 요청은 당시 청와대 문공 담당 비서관의 적극적인 이해에 힘입은 것이었다. 또한 부지 확보 요청에 관한 건의서를 서울시장에게 전달하기도 했다.

1972년 1월 21일, 제25차 출협 정기총회에 제출된 결산서의 개시대차대조표에는 회관건립기금 1,550만원이 적립되어 있었다. 마침 1972년은 출협 창립 25주년의 해이자 유네스코가 정한 '세계 도서의 해'이기도 했다.

이런 계기가 복합적으로 작용해 출판인들 사이에서 회관건립의 열망이 더욱 불타올랐다. 나 또한 기필코 이번에는 회관을 세워야 한다는 결심을 굳혔다.

1973년 출협 첫 이사회 석상에서 나는 다음과 같은 인사말로 결의를

출협 창립 25주년 기념식 파티 하객들. 왼쪽부터 필자, 민복기 대법원장, 윤주영 문공부 장관, 박종화 예술원 회장, 강주진 국회도서관장

다졌다.

"올해에는 회관을 꼭 마련해야겠습니다. 그러므로 모든 회원은 이를 위해 물심양면으로 협조해 주기 바랍니다."

1973년을 끝으로 나는 9년 연임한 두 번째 출협 회장직에서 물러났다.

나는 회관 부지 구입기금을 후임인 한만년 회장에게 인계했다. 한 회장은 회원사를 상대로 한 모금활동을 펼쳐 불과 6~7개월 사이에 1억 5천만 원을 확보했다.

1974년 11월 27일 기공식을 가진 출판문화회관은 착공 7개월 만인 1975년 6월 27일 완공되었다. 준공식에는 김종필 당시 국무총리를 비롯하여 문공부, 문교부, 통일부 장관 등이 참석했다. 출협은, 마침내 남의집살이를 전전했던 오랜 신산(辛酸)의 시절을 끝내고, 자체 건물을 갖는 순간을 맞이했던 것이다.

한국출판금고

과거에도 그랬지만 지금도 출판이란 어려운 사업이다. 출판에 있어서 무엇보다 어려운 건 바로 출판자금이다.

내가 처음 을유문화사를 운영할 때 종이가 없어 록펠러 재단으로부터 종이 지원을 받아 〈큰사전〉과 〈한국사〉를 냈던 일이나, 『한국출판연감』을 미국대사관의 지원을 받아 냈던 일도 궁극적으로 자금이 부족했기 때문에 도움을 받았던 것이다.

그나마 도움을 받았다고 해서 아무런 문제없이 책을 출판할 수 있었던 것만도 아니었다. 하물며 당시 전혀 외부의 도움을 받지 못했던 출판사들의 고충은 두말할 나위가 없었다.

나는 그런 과거를 잘 알고 있기에 자금이 없어서 출판을 고민하는 출판사들을 위한 '출판금고'의 필요성을 절실하게 느끼고 있었다. 문예진흥원 건립을 논의하던 무렵부터 나는 출판금고가 필요하다는 생각을 하게 되었다.

출판금고를 만들 때에도 여러 우여곡절을 겪었다. 당시 문공부에서도 출판금고의 필요성을 인식하고 있었던 터라, 몇몇 출판사에서 나서서 금고를 만든다고 하니 정부에서도 적극 환영을 했다.

출협 주최 '도서와 국가발전'에 관한 국제회의에서 개회사를 하는 필자, 1968

출협에서 각 출판사들의 의견 수렴을 하며 검토하던 이 문제는 의외로 쉽게 풀렸다. 1968년 출협이 주최했던 '도서와 국가발전' 회의에서 처음 출판금고의 설치 지원을 정부당국에 제안했는데, 정부 여당의 정책심의회에서 이를 전격적으로 채택한 것이었다.

1969년 7월 '사단법인 한국출판금고'가 창립총회를 열었다. 동시에 문공부 장관에게 지원 요청을 했다.

"출판금고 지원금으로 7억 원을 지원해 주십시오."

그러나 출판금고를 만들면 좋겠다면서 허가까지 내준 문공부가 정작 지원금을 요청하자 한 발 물러났다. 지원금은 불과 500만원이었다. 너무도 어이없었지만, 이왕 시작한 일이니 어떻게든 출발해야 했다.

대한출판문화협회 회원들이 각각 200만 원, 300만 원씩 걷어서 그 돈으로 한국출판금고를 창립하게 되었는데, 그때 모인 돈이 약 5천만 원이었다.

그 후 문공부에서 미안했던지, 5개년 계획으로 매년 1억 원씩 지원하기로 약정을 했다. 그러다 다시 수정되어 5년간 3억 원만 지원하기로 약속을 했고, 이런 과정을 겪으며 출판금고는 서서히 자리를 잡아가기 시작했다.

출판금고의 목적은 단순했다.

원고는 좋은데 제작비가 없어서 책을 출간하지 못하는 출판사를 지원해 주는 것이었다. 출판사가 출판금고에 도서제작 관련 서류를 제출해 신청하면, 그 내용을 심사한 후 보증을 세워 금액이 닿는 대로 빌려주곤 했다. 당시 출판금고의 금리는 연 5% 정도였다. 어마어마하게 높은 은행의 대출 금리를 생각하면 거저 빌려가는 것이나 다름없었다.

출판금고에서 빌려간 돈을 갚는 방식도 비교적 여유로웠다.

1년이나 2년 기한을 정해 놓고 책을 낸 후 팔아서 분할 또는 일시불로 갚는 방식을 취했던 것이다. 지원도 쉽게 이루어졌고, 회수 또한 어렵지 않게 이루어졌다.

1972년 한국출판금고 이사장에 선임된 이래 30년 가까이 이사장으로 재직했다. 내가 이사장직을 그만둘 때는 금고 기금이 150억 원 정도로 불어나 있었다. 그런데 이 금액은 기금의 성격상 출판금고가 이익을 남겨 축적한 금액이 아니었다. 사실 내가 억지를 쓰다시피 하여 정부 등으로부터 따낸 기금이었다.

"100억 원을 지원하시오!"

한국출판금고가 출범한 지 10년쯤 흘렀던 1980년대 초였다.

비록 기금 액수는 적었지만 나름대로 알차게 운영하고 있을 때였다.

이 무렵 나는 정부가 재단법인 한국언론인금고(현재 '한국언론재단'에 통합 개편됨)에 100억 원을 지원한다는 소식을 우연히 듣게 되었다.

당장 주무장관인 이진희 문공부 장관에게 항의성 전화를 했다. 그러나 이 장관으로부터 한국출판금고에도 그에 상응하는 지원을 하겠다는 언질을 받지 못했다. 그러던 차, 이진희 장관을 다시 대면할 기회가 있었다.

1982년 칠순을 맞은 나는 고희(古稀) 잔치를 하지 않았다.

그래서 당시 민영빈 출협 회장을 중심으로 몇몇 출판인들이 『출판인 정진숙』이란 책을 펴내 축하연을 벌였다. 그 자리에 관계와 법조계, 그리고 언론계의 전·현직 인사들이 대거 참석했다.

대부분 오랜 지인들이었는데, 마침 자리를 같이했던 이진희 장관은 참석자들의 면면을 보고 놀라는 눈치였다. 나는 이 장관의 처사가 야속해서 의례적인 인사를 건네고는 아무 말도 않고 있었는데 이진희 장관이 먼저 말을 붙였다.

"일간, 제가 개인적인 축하 인사를 드리겠습니다."

경조식 며칠 후 이진희 장관은 신라호텔에 다시 자리를 마련했다. 이 자리에는 민복기 전 대법원장, 홍진기 동양방송 사장, 신현확 전 국무총리 내외가 부부동반으로 합석했다. 나는 저녁을 얻어먹는 처지였지만 편중된 기금 지원 문제를 따졌다.

"어찌 그럴 수 있습니까? 출판금고는 10년 됐어도 문공부는 출판금고에 매년 300만 원에서 500만 원밖에 주질 않는데, 언론인금고에는 한꺼번에 100억 원을 쾌척한다니 이건 도무지 말이 되지 않는 일입니다."

그러자 홍진기 씨가 나섰다.

"그러면 출판금고에도 줘야지요. 언론인금고에는 100억 원이나 주고 출판계는 모른 척할 수는 없지요."

이야기가 되려는지 신현확 씨도 거들었다.

"이 장관, 당신 돈 주는 거요? 왜 그렇게 인색한 겁니까?"

결국, 문공부 실무자인 성낙승 당시 문화부장이 30억 원을 출판금고 기금으로 편성했다. 하지만 나는 여기에 만족하지 않고 언론인금고와 똑같이 100억 원을 지원하라고 고집을 부렸다.

이런 실랑이를 하던 중에 문공부 장관이 이원홍 씨로 교체되었다. 이원홍 장관과 유세중 국장은 그러면 '30억 원씩 3년간 90억 원을 지원하겠다'는 방안을 내놓았다. 이렇게 해서 출판금고 기금으로 90억 원을 확보하게 되었다.

정부는 본래 갖고 있던 기금 10억 원에다 문예진흥원을 통해 형성된 공익자금 90억 원을 3년에 걸쳐 나누어 지원하는 방안을 1985년 5월에 발표한다.

기금 규모가 커짐에 따라 출판금고의 성격이 바뀌어야 한다는 필요성이 제기되었다. 이제는 기금의 혜택이 한정된 회원 출판사들에게만 돌아가서는 곤란하게 되었기 때문이다.

그래서 한국출판금고는 1985년 10월 30일, 임시총회를 개최해 재단법인으로서의 발전적 해산을 결의한다. 재단법인으로 개편한 날짜는 1985년 12월 14일이다.

그래서 결국 내가 이사장직을 그만둘 때 기금이 150억 원으로 늘어나게 되었다. 이제는 재단법인 한국출판금고가 '재단법인 한국출판문화진흥재단'으로 이름을 바꾸어 더욱 많은 출판사들을 지원해 오고 있다. 나는 한국출판금고의 산파역을 맡았고, 오늘의 체계를 세웠다는 점이 지금까지도 자랑스럽다.

유통구조 개선

한국 출판계에 있어서 도서유통의 현대화 문제는 현안의 과제이자 해묵은 숙원(宿願)이기도 하다.

좋은 책이 출판되었다 하더라도 이것을 독자에게로 신속히 유통되는 경로가 마련되어 있지 못하면, 좋은 책의 출판행위는 인력과 출판 자재의 낭비로 끝나버리고 만다. 그래서 출판계에서 서점의 역할은 사실상 출판사 역할의 연장선상에 놓여 있다.

우리 을유 또한 창립 이상을 '양서 보급'에 두었기 때문에 남달리 도서유통의 질서를 확립한다는 문제에 대해 조바심 같은 간절함이 있었다. 왜냐하면 양서는 소위 악서에 의해 구축(驅逐)되는 경우가 많았기 때문이었다. '악화가 양화를 구축한다'는 '그레셤 법칙'이 도서보급에도 적용된다는 것이다.

문득 30여 년 전, 1970년대 중반의 일이 떠오른다. 대한출판문화협회 회장 시절이었다.

어느 날 평소 잘 알고 지내는 서울대학교의 교수 한 분이 사무실로 나를 찾아왔다. 그는 수인사를 하기가 무섭게 언성을 높이며 항의했다.

"정 회장, 당신이 회장 재임시에 저 덤핑 시장을 반드시 없애시오. 나는 덤핑 시장이 존속하는 한 절대로 책을 안 쓸 것이오."

그의 강경 발언에는 이유가 있었다. 우연히 길을 가다 길바닥에 책을 펴놓고 파는 노점에서 자신의 저서를 발견했다는 것이다. 그는 그것이 너무도 창피했다고 한다.

이제나저제나 이런 식의 해적 출판에 속수무책인 것이 우리의 현실이니 마음만 답답한 노릇이다. 덤핑 출판은 출판을 좀먹는 적군은 바깥에 있는 것이 아니라, 우리 내부에 있다는 점을 실증하는 일이었다.

나는 양서의 개념을 저작권 또는 출판권 등 저작권법상에 규정된 저작자와 설정된 출판권자의 권리가 보호되는 도서라고 생각하고 있다. 현실적으로 출판은 표현방법의 창작성과 저작자의 권리를 엄격히 지켜주고 보호하는 풍토가 무엇보다도 긴요한 것이었다.

그런데 지난날 우리 출판계는 그렇지 못했다. 그 단적인 예가 유사도서의 중복출판이었다. 힘 안 들이고 이미 다른 출판사에서 기획한 도서를 그대로 모방하고 표절하는 출판행위가 범람했던 것이 사실이다.

이런 책이 도서유통 과정에서 정상적 방법으로 출판된 양서를 구축한다. 전국의 중소도시는 물론 정기적으로 열리는 5일 장터 등의 노점에서 팔리는 책, 주로 군, 읍, 면 등 시골 서점에서 파는 책들 중 상당 부분이 저작자의 권리가 무시된 책이었다.

덤핑 책은 서울 한복판에서도 기승을 부렸다.

1960년대 초반 종로 6가 덕성빌딩 근처는 덤핑 서적의 '메카'였다. 조잡하게 만들어진 2,000여 종의 책이 거래될 정도였는데, 이 시기를 덤핑 서적의 극성기라고도 했다.

1979년 나는 다시 출협 회장에 피선되었다. 당시 나이 68세였다. 나는 이번이 회장으로서의 마지막 봉사라고 스스로 생각하고, 무엇보다 도서유통 현대화의 기틀을 마련하는 계획을 수립하는 데 골몰했다.

먼저 기업경영 연구기관인 한국생산성본부에 용역을 주어 '출판물 대형유통기구 설립에 관한 조사연구 보고서'도 작성했다. 당시 조사에 따르면, 출판사와 서점의 유통현대화에 대한 참여 의사를 묻는 설문에서, 출판사는 82.5%, 서점은 87.9%가 출판물 대형 도매회사의 설립을 열망하는 것으로 나타났다.

마침내 '장·단기 출판문화 진흥책'이라는 제목의 건의서를 마련, 청와대에 제출했다. 1979년 4월 6일 청와대 비서실을 통해 당시 박정희 대통령에게 전달되었다.

출판문화 진흥책

나는 건의서 서두에서 출판문화 진흥책의 필요성을 다섯 가지로 제시했다.

첫째, 지속적인 고도 경제성장 추세에 발맞춰 출판물도 대량생산, 대량소비로의 전환책이 시급하다.

둘째, 향후 우리나라의 사회 형태는 지속적인 국력의 신장과 소득의 확대로 말미암아 국가적으로는 기능 인력의 확보가 절실한 문제로 떠오를 것이며, 개인적으로는 문화적 복지생활에의 욕구가 증대될 것이다. 따라서 도서산업의 중요성은 더욱 커질 것이다.

셋째, 선진 한국의 길로 전진하기 위해서는 이를 뒷받침할 정신적 지주로서 출판문화의 질적 향상과 양적 발전이 절실히 요청된다.

넷째, 출판문화의 건전한 발전을 기하기 위해서는 저자를 확보하는 시책과 독자 개발, 그리고 출판산업 발전의 기반을 다지는 일을 균형 있게 추구해야 한다.

다섯째, 출판업은 국가 발전의 도구이자 정신문화 계발을 구체적으로 구현하는 기본수단이므로 국가적 차원의 육성책이 시급하다, 등의 내용이었다.

이와 같이 출판문화 진흥책의 필요성을 언급한 후, 이어서 출판계의 현황을 정리했다. 도서 발행 실태를 필두로 출판사의 실태와 출판경향, 도서공급 구조, 출판금융, 원 부자재 및 제작 시설, 그리고 도서시장 능력 등의 실상을 가감 없이 담았다.

이러한 실태에서 나타난 문제점으로는 우선, 평균 발행부수의 낮은 수준을 지적했다. 1970년대 중반 우리나라 책의 종당 평균 발행부수는 3,000부 안팎이었다. 이는 같은 시기 미국의 8만 5천 부, 일본의 2만 8천 부, 프랑스의 1만 5천 부에 견주어 턱없이 낮은 수치였다.

전문도서 발행의 침체도 큰 문제점이었다. 1970년대 전체 도서의 발행종수는 폭발적인 성장세를 보였으나, 고급 학술도서와 과학기술도서의 발행은 오히려 정체하거나 내리막길을 걸었다.

1971년 이후 과학도서 발행의 추이를 보면, 종수 면에서는 전체 도서의 10%를 차지했고, 발행부수로는 5% 미만이었다.

전문도서의 발행이 침체 국면에 빠진 틈새를 노리고 한편에서는 저질 불량도서가 기승을 부렸다. 기출간도서의 재탕, 유사도서의 경합 발행 등으로 인해 저급 불량도서가 범람했다.

저질 도서의 범람은 출판문화의 질적 저하를 초래한 것은 물론이고 학문과 예술의 발전에도 악영향을 끼쳤다. 참신한 기획에 의해 새로운 저자를 발굴하고 학술전문도서를 출판하는 일은 뒷전으로 밀렸다.

상황이 이렇게 되자 양서를 펴내던 우량 출판사들은 극심한 운영난에 빠지게 되었다. 그리고 이 틈을 타서 영세 출판사들이 난립했다.

건의서의 핵심은 이러한 문제점을 타개할 방안을 담은 '대책 및 건의 사항'이었다.

대책은 단기와 장기로 나누어 건의했는데, 단기 대책은 책에 대한 조세감면 조치와 대형 도매기구 설립에 대한 지원 요청이었다. 당시 정부 일각에서는 책에 대해 부가가치세를 부과하려는 움직임이 있었다. 하지만 출판인들이 중지를 모아 부가세 매입세액 공제라는 세제상의 특전을 계속 보장받을 수 있었다.

그러나 이 건의서는 제대로 빛을 보지 못했다. 돌연 '10·26사태'가 일어나 박정희 대통령이 서거함에 따라 추진계획이 무산되고 말았던 것이다.

 그 뒤, 80년대 초의 정치적 격동기로 접어들어서도 출판계와 정부당국은 유통구조 개선과 공급 질서 확립을 둘러싸고 팽팽한 줄다리기를 계속했다.

 반면 장기 대책으로 제시한 것 가운데, 20여 년의 세월이 흐른 지금 실현된 것들도 더러 있다.

 출판산업 현대화 기금(한국출판금고) 조성과 전국적인 독서운동단체의 조직은 그 대표적인 예다. 당초 건의서에서는 기금 조성 규모를 50억 원으로 잡았으나, 앞서 이야기했던 이진희 장관과의 담판으로 1998년 한국출판금고 이사장직에서 물러날 당시 금고의 기금이 150억 원에 달했으니 계획을 초과달성한 셈이었다.

 또한 가칭 '독서추진운동협의회' 조직은 1993년 '책의 해'를 맞아 탄생한 '독서새물결운동'으로 결실을 맺었다. 만시지탄이나 출판 및 인쇄진흥법의 제정도 곧 가시화할 전망이고, 도서관의 확충도 거북이 걸음이지만 한 걸음씩 앞으로 나아가고 있다. 그러나 장기대책의 중심과제로 설정한 '국가도서개발위원회'의 설치는 아직도 실현되지 않고 있다.

 출판은 지식과 상상력을 생산하는 산업이다. 2005년을 기준으로 세계 문화산업에서 출판산업은 점유율 21.6%, 시장 규모 2,982억 달러에 이르고 있다고 한다. 이런 규모는 출판이 TV와 방송·인터넷·영화·음악·게임 등 다른 문화산업 분야보다 여전히 월등한 영향력을 행사하고 있다는 이야기다.

선진국에서는 출판산업의 이런 미래가치에 주목하여, 오래 전부터 출판산업을 국가 사회 발전의 문화적 동력으로서 적극 보호·육성해 왔다. 그러나 우리의 상황은 어떠한가. 책과 독서의 중요성은 누구도 부정하지 않지만 이 땅에서 출판은 단 한 번도 국가정책의 차원에서 진흥이나 육성의 대상이 된 적이 없다.

오히려 오랜 독재와 권위주의 정권의 시기 동안 출판은 탄압과 통제의 대상이었다. 민주화 이후에도 사정은 크게 달라지지 않았다. 아울러 창조적 지식의 생산 기반이라고 할 수 있는 저작·독서인구의 저변은 여전히 낮은 수준에 머물러 있는 실정이다.

미래사회에 우리 민족이 살아남기 위해서는 지식산업의 핵심인 출판산업을 적극적으로 진흥시켜야 한다. 출판진흥책 수립이 비단 출판업계의 관심을 떠나 국가적 차원에서 추진되어야 하는 이유가 바로 여기에 있다.

3. 급변하는 출판시장

전집류에서 단행본으로

1985년, 을유는 대대적인 인사이동을 단행하면서 영업 전략도 크게 바꾸었다. 전집 외판물에서 단행본 중심의 서점 영업체제로 방향을 전환한 것이다. 그리고는 실험적으로 앞서 마케팅에서 실패했던 신장판 〈세계사상전집〉의 세트를 풀고 서점에서 낱권으로 판매하기 시작했다.

그런데 의외로 독자들의 반응이 매우 호의적이었다.

예상 밖의 호응에 용기를 얻은 을유는 〈세계문학전집〉 가운데 수요가 많은 작품을 선정해 단행본 형식으로 〈세계의 문학〉을 펴내게 되었다. 이 책을 출간하면서, 동시에 〈북(北)으로 간 작가선집〉(전10권)을 1988년 9월 10일부터 출간하게 되었다.

이 시기에 무엇보다 가치 있던 출판은 다름 아닌 『KOREA : BEYOND THE HILLS』(개정판)의 출간이었다. 을유는 '88서울올림픽이 확정되자 한국을 세계에 널리 알리는 영문도서를 기획하기로 했다. 이에 다방면에 걸쳐 원고를 찾던 중, 1985년 『내셔널 지오그래픽』 편집장 출신인 에드워드 김(H. Edward Kim)의 영문 화보집 『KOREA : BEYOND THE HILLS』를 발견했다. 이 책은 오래 전에 절판된 상태였다.

을유는 올림픽을 비롯한 각종 국제행사를 앞두고 한국을 알리는 화보집이 절대적으로 필요하다고 판단, 이 책의 개정판을 출간하기로 결정했다. 작가의 손질을 거쳐 개정판이 나온 것은 1985년 6월 30일이었다.

한편 이듬해 9월 을유는 〈큰사전〉의 지형을 한글학회에 무상으로 양도했다. 한글학회는 그동안 여러 차례 〈큰사전〉의 복간을 요청해 왔으나, 을유문화사의 사정상 더 이상 〈큰사전〉을 제작할 수 없었다. 내게는 〈큰사전〉이 비록 을유의 대표적 출판물이라는 남다른 의미를 가지고 있지만, 더 높은 차원에서 지형을 양도하는 것이 좋겠다고 판단했던 것이다.

베스트셀러

을유문화사에서 베스트셀러가 나온 건 1989년의 일이었다.

『내 아들아 너는 인생을 이렇게 살아라』(권오갑 옮김)인데, 이 책은 영국의 정치가이며 문필가인 필립 체스터필드의 『Letters To His Son』을 우리말로 옮긴 것이다. 내용에 걸맞게 제목을 고쳐 출간했다. 이렇다 할 '인생론'이 없었던 우리 점두에 색깔이 뚜렷한 책 한 권을 내놓자는 게 출간 의도였다.

이 책이 서점에 깔리자 독자들의 반응은 가히 폭발적이었다. 발간 즉시 베스트셀러 목록에 올랐다. 이 책의 성공에 힘입어 후속타로 내놓은 것이 웨인 W. 다이어의 『내 인생 내가 선택하며 산다』(권오갑 옮김)였다.

정신분석학자인 저자가 오랜 임상경험을 바탕으로 쓴 이 책은, 감정이나 행복도 선택할 수 있다는 것과 현재를 존중하라는 것에 무게를 둔 본격적인 인생론이었다. 이 책은 『내 아들아 너는 인생을 이렇게 살아라』의 후광을 입어 발간되자마자 베스트셀러 목록에 올라 두 책이 순위 다툼을 벌일 정도였다.

을유문화사가 잇달아 베스트셀러를 내놓자 출판계와 언론은 놀랍다는 반응을 보였다. 중후한 학술서 중심에서 좀 더 대중적인 책까지 수용하는 변신의 신호탄이 아니냐는 시각이 지배적이었다. 한편으로는 '이제 을유문화사가 철이 들었다'며 좋은 의미로도 해석해 주었다.

그 후 1988년 서울올림픽을 전후해 정부는 오랫동안 금기해 온 급진적 이념에 대한 일련의 해금조치를 단행했다. 사회 전반에 걸쳐 진행된 민주화와 개방화의 당연한 결과였다. 이후 이념서적들이 공식적으로 출간되기 시작했고 점차 북한원전의 출간으로까지 확대되었다.

이런 상황에서 을유는 북한사회를 올바로 이해하는 길잡이로 1988년 11월에 『북한 40년』을 펴냈다. 이 책 역시 나오자마자 호저(好著)로 주목을 끌었다. 그 후 〈북한의 인식〉(전12권)이라는 북한 연구 총서를 2여 년에 걸쳐 완간하였고, 공산권 이론서와 문예이론서들도 번역 출간하였다. 또한 1990년대 들어서 맥이 끊겼던 〈대학총서〉도 새롭게 기획 출판하기에 이르렀다.

을유문화사는 지금까지 학계와 문화계의 환영을 받았지만, 일반 독자층에 애독되기까지 비교적 오랜 시일이 걸리는 생명력이 긴 책들을 주로 간행해 왔다.

대부분 만성형 도서였다. 기획부터 완간까지의 몇 년 혹은 10여 년이 걸리는 고충은 습관이 돼버렸다. 〈세계문학전집〉 전100권 간행에 17년이 걸렸고, 또 13년에 걸쳐 〈세계사상교양전집〉 전39권을 내는 만성의 기록을 올렸다.

물론 서두른다 해서 좋은 책이 탄생할 수는 없는 일이다.

'꾸준히 착실하게'가 출판의 신조이어야 한다고 생각했다. 대기만성이라 하지만, 그렇다고 을유는 아직 출판문화의 대기(大器)에 이르지 못한 안타까움이 있을 뿐이었다.

그러나 나는 그렇게 흘려보낸 세월에 대한 후회는 없다. 현재도 그리고 앞으로도 을유는 그렇게 '꾸준히 착실하게' 책을 낼 것이기 때문이다.

관철동 시대에서 수송동 시대로

세월은 유수와 같다는 말은 젊은 시절에는 느끼지 못했지만 나이가 들어가면서 점점 더 그 말을 실감하게 된다. 간혹 차를 타고 종로를 지나다 보면 오로지 열정과 패기만으로 을유문화사를 꾸려나가던 때의 일들이 새록새록 떠오르곤 한다.

그런데 그게 바로 어제의 일처럼 여겨지니 한편으로는 씁쓸하기도 하고 한편으로는 흐뭇하기도 하다.

이제 와 생각해 보니, 6·25동란 후 서울로 올라와서 을유문화사는 종로를 벗어나 본 적이 없다. 늘 도서거리의 중심에 있었고 한국의 심장부에 있었다.

1953년 부산 임시사무소를 폐쇄하고 서울로 올라와 을유문화사가 자리를 잡은 곳은 종로 2가 5번지의 종로빌딩 2층이었다. 이곳에서 1959년 관철동으로 사옥을 옮길 때까지 을유의 중요한 책들이 발간되었다.

종로 사옥 시절, 해방 후 기획한 이래 10년 만에 〈큰사전〉의 완간을 보았고 〈국립박물관총서〉를 간행했으며 〈구미신서〉도 발간했다. 문예 계간지인 『지성』을 1958년 창간하였고, 진단학회와 애초에 전5권으로 계약한 〈한국사〉를 출간했다. 그리고 〈세계문학전집〉의 첫째 권으로 어윈 쇼의 『젊은 사자들』을 간행했다.

1959년에는 오스트리아 빈에서 열리는 제15차 국제출판협회 총회에 한국대표로 참석하였고, 미 국무부 초청으로 유럽 시찰을 하면서 견문을 넓혔다. 이때 나는 한국의 책을 바깥세상에 널리 알려야 한다는 계획을 세웠고, 1960년 마침내 영문판 『한국도서목록』을 제작하여 유럽의 각 대학도서관과 공공도서관에 우편으로 보냈던 일은 앞서 언급한바 있다.

나와 을유문화사는 이렇듯 숨 가쁘게 달려왔다. 돌이켜보면 한순간도 덧없이 살아왔던 적은 없었던 듯하다. 『한국도서목록』의 필요성을 절감했던 1959년 을유문화사는 관철동으로 이사를 했다. 을유문화사의 전성기라고 할 수 있는 '관철동 시대'가 열린 것이다.

관철동 시절, 을유는 〈중국고전문학선〉, 영문판 『한국도서목록』, 〈한국역사소설전집〉 등을 간행했다. 1962년에

종로구 관철동 112번지의 사옥

는 〈한국신작문학전집〉을 내는, 당시로서는 모험적인 출판을 추진했으며, 〈세계사상교양전집〉을 전12권으로 간행하는 기획안을 확정 지은 해였다. 그해에는 한동안 맡고 있었던 국정교과서주식회사 사장직을 사임했다.

1965년에는 다시 한국교과서주식회사 사장으로 취임했으며, 두 해 뒤인 1967년에는 직영서점이던 문장각을 폐쇄했다.

그동안 무수히 많은 책들이 을유문화사를 통해 간행되었고, 나는 나나름대로 한국 출판문화 발전을 위한 출협 회장직을 여러 차례 연임하며 지내왔다. 이후 1973년 국회의원에 출마했던 지인에게 빌려주었던 대금 대신 받았던 조계사 옆 낡은 집을 새롭게 수리하여 회사를 옮기게 된다. 이것이 을유문화사의 '수송동 시대'를 연 시발점이었다.

수송동 시대로 접어드는 해인 1973년 3월, 을유에서는 〈플루타크영웅전〉 전10권이 나왔고, 동양의 고전인 〈삼국지〉를 간추린 〈소년삼국지〉 전6권이 간행되어 나왔다. 또 이해 9월, 〈민족의 증언〉 3권이 속간되어 전7권으로 완간되었다.

1975년 2월, 아동도서 출판의 전통을 더욱 폭넓게 확산시켜 가기 위하여 〈을유소년문고〉 총 10권이 1차로 간행되었다. 이해가 을유문화사 창립 30주년이 되는 해이기도 했다. 동시에 〈한국대표수필문학전집〉 전12권을 간행하였고, 〈세계문학전집〉 전100권의 완간을 보았다.

이해 한 해 동안에 〈을유문고〉 총 30권, 〈세계문학전집〉 총 10권 등 모두 60여 종의 신간을 발행했는데, 이 가운데 특기할 만한 책은 8월 15

일, 전12권으로 출간된 〈한국중편소설문학전집〉이다. 국제펜클럽 한국본부가 엮은 이 전집은 신문학 태동기부터 1970년대 전반까지 발표된 중편소설 가운데 백미만을 가려 뽑은 것이었다.

중편소설만을 가지고 전집을 꾸민다는 것은 우리 문단이 그동안 중편소설 분야에서 풍성한 수확을 거두었다는 사실을 의미했다. 중편소설의 만개는 문단이나 출판계의 특수한 상황에서 비롯된 것이었다.

우리의 경우, 선진국의 출판사처럼 작가에 대한 경제적 후원을 아끼지 않으면서 전작 장편소설을 간행하는 것은 쉬운 일이 아니었다. 이 같은 연유로 장편소설은 대부분 신문연재 형식을 빌릴 수밖에 없었는데, 이 경우 발표지면의 특성상 문학성보다는 흥미 본위에 치우칠 수밖에 없었다.

또 문학의 산실(産室)인 문예지들의 사정은 더욱 열악했다.

문학성이 높은 작품을 발표할 수 있는 문예지들은 수적으로 많지 않은데다가 단명하기 일쑤였다. 따라서 작가들이 문예지를 통해 작품을 발표하기란 보통 어려운 게 아니었다.

이에 따라 각 문예지는 좀 더 많은 작가에게 발표 기회를 제공한다는 배려에서 장편소설보다는 중편소설에 더 많은 지면을 할애했던 것이다. 바로 이 점이 중편소설 분야에서 괄목할 만한 성과를 꾸준히 거두게 된 문단사적 배경이었다.

춘풍광란(春風狂亂)

1970년대 후반에 접어들면서 한때 전성기를 구가하던 전집류 외판업계는 퇴조현상을 보이기 시작했다. 전집류 출판사들은 외판업계에서의 공급률 인하 요구로 기업이윤이 줄어든 데다 출판계 전체의 공급 과잉, 유사 상품의 범람, 전집물의 덤핑 경쟁 등으로 매상마저 격감일로여서 재고만 잔뜩 쌓이게 되었다.

판매 부진에 따른 수금도 자연히 줄어들어 제작비 충당을 위해 부채만 늘어가고, 이자 지출은 감당하기 어려운 지경에 이르게 되었다. 게다가 악성 인플레이션은 장기분할 판매제도인 외판을 아주 불리한 궁지로 몰아넣고 있었다.

당시 출판계의 흐름에 따라 전집류를 출판하고 있던 을유라고 해서 이들과 별반 다를 게 없었다.

을유는 60년대 중반에 전국 주요 도시에 지사를 설치, 자체 외판조직을 형성하고 있었으나 외판영업의 퇴조로 지사들의 자체 운영이 어려워지자 본사 의존도만 높아가 본사에 큰 재정 압박 요인이 되어 왔다.

이때, 청천벽력 같은 대사건이 터지고 말았다. 이름하여 '검인정교과서 파동'이 그것이었다. 1977년 이른 봄 무렵이었다.

『동아일보』는 재빨리 이를 취재해 사회면에 머릿기사로, 터무니없이 비싼 교과서 책값의 내막을 보도했다. 교과서 대금의 거품으로 어마어마한 부당폭리와 뇌물수수, 탈세가 자행되었다는 것이었다. 이 사건 관련자는 80여 명에 이르렀고, 13명이 구속, 16명이 불구속 입건이라고 당국은 밝혔다. 교과서 부조리를 척결하려는 당국의 조치였지만, 그것이 출판 문화계에 미친 영향은 엄청났다.

그러나 이 사건은 '그래도 지구는 돈다'는 갈릴레이의 명언처럼, '그래도 을유는 출판한다'는 숙명을 일깨워 주었고, 이 같은 소용돌이 속에서도 을유는 출판을 계속하였다.

그러나 대다수 출판사들은, 단지 주주에 지나지 않을 뿐만 아니라 검인정교과서(주) 운영에 직접 관여하지도 않은 터에 한데 몰아붙여서 부정출판사로 보는 사회의 눈초리는 견디기 어려운 노릇이었다. 추징금 배정액이 수억대에 이르러 해당 출판사들은 출판을 존속하느냐 중단하느냐 하는 심각한 문제로 고민하기도 했다.

이 파동의 충격으로 해당 출판사들은 거의 모두 공황상태에 빠져들지 않을 수 없었다. 을유의 발등에도 불똥이 떨어져 그동안 32년에 걸쳐 쌓아올린 공든 탑이 무너지려는 위기에 봉착했던 것이다.

출판계는 도산 위기에 직면했다. 탈세액 127억 원에 대한 추징금을 그해 1977년 6월 말까지 납부하라는 당국의 지시는 사실상 폐업을 강요하는 조치나 다를 바 없었다.

추징금이 과세된 출판사들은 관계당국에 여러 차례 진정서를 내고 끈질기게 교섭한 결과 납기일의 연장 및 장기적인 분할 변제의 길이 열려, 빈사 상태를 면하는 선에서 가까스로 위기를 돌파하게 되었다.

그러나 엄청난 추징액의 부당함을 알고 있던 터라 각 분야에 선처를 호소했지만 정부당국은 탈세액에 대해서는 아무런 감액 조치도 내지 않

필자와 친분이 두터웠던 홍진기 중앙일보사 사장(오른쪽), 최순우 국립중앙박물관장(왼쪽)과 함께

앗다. 국세청의 처리 방법은 원천적으로 문제를 안고 있었다.

대다수의 출자사들은 단순히 한국검인정교과서주식회사의 일개 주주였을 뿐 회사운영에 직접 관여한 것은 아니었다. 그럼에도 회사 자체의 운영상 비리에 대한 책임을 법인체가 아닌, 개개 주주에게 물어 추징금을 할당한다는 것은 매우 부당한 조치라는 게 중론이었다.

이러는 동안 나는 회의실로 주주들을 모아 숙의를 거듭했다.

국세청의 부당함을 인식하고 있었지만 누구 하나 선뜻 나서서 국세청의 조치에 감히 맞서려고 하지 않았다. 그건 곧 유신체제에 맞선다는 것이기도 했기 때문이었다. 그러나 내 생각은 달랐다.

나는 평소 친분이 두터운 민복기 당시 대법원장과 홍진기(전 법무부 장관) 중앙일보사 사장을 자주 만나는 처지라 기회 있을 때마다 이 문제를 상의했다. 이들 역시 신문이나 방송을 통해 국세청의 처리 방법이 부당하다는 것을 알고 있는 터라 나와 같은 의견이었다.

특히 홍진기 사장은 이는 명백히 법적으로 어긋난 처사이므로 소송을 제기하면 틀림없이 승소할 수 있다고 격려했다.

이에 용기를 얻은 나는 양철우 교학사 사장과 주동이 되어 당시 한국검인정교과서 사장서리로 있던 최장수 등과 더불어 소송을 주저하는 주주들을 설득, 변호사를 소송대리인으로 하여 1979년 2월 6일 중등고등실업 등 한국검인정교과서주식회사 명의로 추징금 반환청구 소송을 제기했다.

몇몇 주주들의 증언과 또 당시 실무 경리부장의 증언 등으로 우여곡절 끝에 마침내 대법원의 최종 판결이 내려졌다. 그게 1989년 5월 23일의 일이었다.

무려 10년 4개월이 걸린 대송사의 결과는 원고 측의 승리였다. 당국의 부당한 조치에 맞선 끝에 결국 추징금 127억 원 전액을 돌려받는 데 성공한 것이다.

출판사상 유례가 없었던 '교과서 파동'은 이렇게 막을 내렸다.

그러나 10여 년이 걸린 송사 끝에 승소했다고는 하지만 일부 회사는 이미 망해버렸고, 화폐 가치는 몇십 분의 1로 떨어지고, 부동산 가치는 몇십 배로 오르고 말았다.

명예는 되찾았다고 하겠지만, 당시 회사를 살리겠다는 일념으로 회사 건물이나 땅을 팔아 추징금을 냈던 주주들로서는 결국 분풀이밖에 안 된 셈이었다.

위기를 딛고

'검인정교과서 파동'을 힘겹게 수습해 나가는 가운데 1977년에 또 한 차례 예기치 않은 불운이 을유의 발목을 잡았다.

이해 7월 말 문교부 장관 명의로 2종 교과서 검정 실시공고가 발표되어, 이에 출제를 하느냐 마느냐의 문제로 사내에 갈등이 빚어졌다.

실무 담당자 대부분은 검인정 노이로제에 걸리다시피 하여 이를 거부하는 입장이었다. 그럼에도 추징금 변제에 쫓기는 사내 형편은 교과서 출원을 서두르는 방향으로 기울어 강행되어 나갔다. 교과서 파동이 채 가시지 않은 긴박한 상황 아래에서 교과서 개편작업이 시작되었으나, 회사의 재정 형편상 많은 과목에 손을 댈 수 없어 6종만 출제하게 되었다.

1978년 3월 31일 마감날까지 검정교과서 사열본을 무난히 문교부에 제출할 수 있었다. 그러나 이해 5월, 합격본 발표에서 을유는 전 과목 낙방이라는 쓴잔을 마시게 되었다.

교과서 출판 30여 년 만에 처음 당한 충격이요, 낭패였다. 가뜩이나 교과서 추징금으로 궁지에 몰린 을유로서는 재산상 막대한 손실이 가중되어 헤어나기 어려운 위기에 빠져든 것이다.

이때, 을유문화사는 교과서 출판을 접게 되며, 교과서 파동으로 부득이 을유에서 오랜 세월 봉직했던 세 명의 중역이 회사를 살린다는 충정에서 자발적으로 회사를 떠나는 사태가 빚어졌다.

안춘근 주간, 한규문 상무, 서수옥 상무 등이 그들이었다.
1978년 6월 2일이었다.

나는 그들의 사표를 반려하며 거듭 번의해 줄 것을 촉구했지만, 중역 세 사람은 끝내 뜻을 굽히지 않고 사의를 고집했다.

그때, 나의 가장 큰 고민은 창업 중흥의 공신들에게 일시적으로라도 손을 떼게 하느냐, 아니면 회사 자체를 희생시키는 한이 있더라도 동고동락해 온 간부 임원들과 동지애로써 끝까지 버텨 나가느냐 하는 것이었다.

그러한 고민으로 나는 한 달 가량 제대로 잠을 이루지 못했다. 그러다가 결국 을유의 명맥이나마 이어 가자는 쪽으로 기울어져 눈물을 머금고 중역진의 퇴진을 받아들였다. 동시에 경영합리화를 위해 불가피하게 경비절감 차원에서 기구(機構)의 대폭 축소와 감원을 실시하게 되었다. 을유문화사 창업 이래 처음 있는 일이었다.

더 이상 뒤로 물러설 곳이 없는 상황에 몰리면 사람들은 대부분 두 가지 방법 가운데 하나를 선택한다. 하나는 나아가는 것이고, 다른 하나는 물러서는 것이다. 나는 이 두 가지 가운데 늘 나아가는 쪽을 택했다.

세대교체와 경영합리화가 필요했다. 침체된 회사 분위기를 하루 속히 되살리는 것이 급선무였다. 자체 경영진단에 들어갔고, 화려한 전통만 믿고 시대적 변화에 신속하게 대처하지 못했다는 결론을 얻을 수 있었다. '비상기획관리위원회'를 만들어, 기획·편집·영업·총무 분야에 대한 대대적인 경영혁신 작업에 돌입했다.

기구 축소와 감원이라는 극약처방과 함께 신규투자를 통한 공격적인 전략안이 마련되었다. '위기는 곧 기회다!'는 신념을 잃지 않았다.

이때, 사외고문 및 편집위원제도 도입, 인세제(印稅制)의 정립, 공동출판, 광고 선전, 장정 혁신, 영업망 재구축, 서점 활성화 등의 장·단기 대책이 제시되었다.

이런 과정을 거쳐 을유는 침체의 늪에서 새로운 도약을 모색하기 시작했다. 슬럼프에서 벗어나 새롭게 해낼 수 있다는 믿음과 자신감이 구성원들 모두의 가슴 속에서 싹트기 시작한 것이었다.

이어 '사운(社運)을 건다!'는 취지로 심혈을 기울여 신장판〈세계문학전집〉작업에 들어갔고, 총 60권 3,000질의 초판이 모두 매진되는 이변을 낳았다. 이로써 재기의 발판을 마련할 수 있었고, 을유문화사는 기사회생에 성공했다.

인화(人和)를 가장 중시하고 사람 좋아하는 내가 오랜 가족들을 떠나보내야 했던, 을유문화사 창립 이래 가장 힘들었던 시기가 지나가고 있었다.

경영 위기의 소용돌이 속에서도 을유는 양서 간행을 멈추지 않았다. 혹심한 자금난에 시달리면서도 1978년 12월〈이상백저작집〉을 냈던 것이다. 또한〈대학총서〉도 부활시켜 1981년부터 간행하기 시작했다.

1982년에는 김병철 교수의 필생의 역저인『한국근대서양문학이입사연구』를 완간했다. 이 책은 구한말 개화기에서부터 해방 직전에 이르기까지 우리나라에 이입(移入) 소개된 서양문학 전반, 즉 번역과 이론의 이입상(移入相)을 고찰한 것으로 김 교수가 뜻을 세워 붓을 든 지 만 20년 만에 완결을 본 노작(勞作)이었다.

이 책을 집필하기 위해 김병철 교수가 겪은 고초와 희생은 필설로 다할 수 없을 정도였다. 그는 눈의 혹사로 인해 백내장에 걸렸는데 수술

실패로 끝내는 한쪽 시력을 완전히 잃고 말았다. 그러나 김 교수는 이에 굴하지 않고 국내는 물론 일본, 타이완까지도 건너가 도서관에 파묻혀 자료수집과 집필에 열중하여 역저를 내놓았던 것이다.

이 책으로 김병철 교수는 1976년에는 삼일문화상, 1980년에는 서울특별시 문화상, 그리고 1983년에는 대한민국 학술원상을 수상하는 영광을 안게 되었다.

4. 남겨진 이야기, 그리고 사랑하는 사람들

중앙도서전시관

유통합리화의 일환으로 출협이 중앙도서전시관을 개관한 것은 1972년 9월 5일의 일이다. 1970년대만 하더라도 출판유통은 복마전이나 다름없었다.

정상적인 유통체계를 통하지 않은 덤핑 조직 탓에, 정상 거래를 유지하려는 외판센터나 서점은 영업 압박을 피하기 어려웠다. 출판사 역시 영업비의 과다 지출로 수익이 적었다.

저작권과 출판권을 경시하는 풍조와 출판의 본질에 대한 이해 부족이 맞물려 이런 문제에 대한 근본적인 치유를 기대하기 어려웠다. 이런 상황에서 나는 '모델 서점'을 만들어 도서일원화 기구의 기간(基幹) 조직

제16회 전국도서전시회에서 전시장을 둘러보는 박정희 대통령 영부인 육영수 여사와 필자, 1972

으로 삼을 계획을 세웠다.

그렇게 해서 탄생한 것이 중앙도서전시관이다. 광화문 네거리에 위치한 교육문화회관 1층 150평에 처음 도서전시관을 연다고 했을 때 주변에서 반대가 심했다. 뭐 하러 그런 헛고생을 하느냐는 것이었다.

1972년 설립 첫 해에는 주변의 걱정대로 2천만 원의 적자가 났다. 나 또한 내심 괜한 일을 벌인 것은 아닌지 회의가 들었다. 그런데 개관 이듬해부터는 흑자로 돌아서 주위의 우려를 불식시킬 수 있었다.

중앙도서전시관은 정가 판매를 원칙으로 했다. 전시관의 설립 목적은 고질적인 할인 판매를 지양하고, 서점 운영에 새 바람을 불어넣는 데 있었기 때문이었다. 1988년 12월 31일 중앙도서전시관은 그 임무를 완수하고 폐점했다.

정가판매제도와 도서판매대금의 현금지불제도 정착이라는 두 마리 토끼를 잡는 데 실효를 거뒀다고 판단한 때문이기도 했지만, 무엇보다 서점계에 새로운 바람을 불어넣는 데 성공했기 때문이었다.

또 교보문고, 영풍문고 등, 인근에 대형서점들이 속속 들어선 형편에서 더 이상 비영리 법인인 출협이 서점을 직영할 필요성이 없어져 버린 것이다.

즉, 1972년 중앙도서전시관이 들어설 즈음, 종로 일대의 대형서점은 1948년 설립된 종로서적이 유일했다. 이어 1981년 6월, 서울 광화문의 교보빌딩 지하에 교보문고가 문을 열었다. 중앙도서전시관과 거리상으로도 가까웠지만 중앙도서전시관의 성공적인 운영에 자극을 받아 태어난 것이다.

교보문고, 영풍문고의 탄생

나는 한동안 건강을 위해 골프를 즐겼다. 많이 걸어서 운동량이 많기도 했지만 우선 탁 트인 자연을 즐기며 이런저런 구상을 하는 일도 골프의 매력이었다. 또한 꼭 필요한 일에 힘써 줄 사람들을 자연스럽게 만날 수도 있어 내겐 여러모로 유익한 운동이었다.

그러던 어느 날 골프를 끝내고 모인 자리였다.

삼성의 이병철 씨와 『중앙일보』의 홍진기 씨, 전경련 총장 등과 앉아서 출판의 미래에 관한 이야기를 나누고 있었다. 그때 교보의 신용호 씨가 들어왔다.

"거기 좀 앉으시오."

그는 나를 유심히 쳐다보았다.

"사업하는 것도 좋고 정치하는 것도 좋지만, 거기다가 어떤 사람이 비싼 집세를 내고서 서적상을 하겠소."

그때 신용호 씨는 세종로 교보빌딩에 중앙도서전시관을 지어 올린 후, 그곳에 세를 놓으려고 했다. 홍진기 씨와 이병철 씨 모두 귀를 기울였다.

"여보, 교육보험으로 돈 많이 벌었으면 돈 벌어서 뭐 해요. 우리 국민들이 쉽게 책을 접하고 읽을 수 있도록 직접 대형서점을 하나 해요."

신용호 씨가 내 말을 듣고 그런 결정을 내린 것인지 모르겠지만, 어쨌든 그렇게 해서 만들어진 게 지금의 '교보문고'다.

그런데 그 교보문고의 당초 이름은 '1번지 서관'이었다. 교보빌딩 자리가 종로 1가 1번지라는 데서 따온 것이었다. 신용호 씨가 이름이 어떠냐고 나의 의향을 물은 적이 있었다. 나는 아무래도 좋다고 말했다.

그랬는데 얼마 뒤 다시 나를 찾아왔다.

"교보문고라고 지으면 어떻겠소?"

"좋네요."

듣기도 좋고 부르기도 좋았다. 그렇게 1981년 교보문고가 탄생했다. 교보문고는 전체 서가 길이가 24.7km에 달하는 단일매장으로는 세계 최대·규모다.

교보문고는 1992년 새로 단장하며 전산시스템을 도입해 도서주문에서 판매에 이르는 유통과정 전반을 실시간으로 처리하는 현대식 관리체계를 갖추었다. 오늘날엔 전국 대도시에 체인망을 갖춰 명실상부한 국내 최대 서점이라고 해도 과언이 아니다.

영풍문고 탄생에 얽힌 이야기도 기억에 남는다. 영풍문고 사장인 장병희 씨는 술을 좋아했다. 나도 술을 즐기던 터라 그와 자주 만나 술잔을 기울이고는 했다. 그러던 어느 날 술자리에서 그가 의견을 물었다.

"영풍빌딩은 잘 지어 놓았는데 지하에 뭘 했으면 좋겠소?"

"거기다가 서점을 하나 만드시오."

"아니, 길 건너편에 교보문고가 있는데 그걸 하면 되겠소?"

"모르는 소리요. 일본에 가면 간다(神田)라는 곳이 전부 서적거리요. 옛날 영창서관, 덕흥서림, 박문서관도 모두 종로에 모여 있었소. 그러니까 종로에다 문고 만들면 절대로 손해 안 볼 것이니 내 말 듣고 서점을 내시오."

내 말이 사실이기도 했지만 나는 종로 일대에 서적거리를 만들어 많은 사람들이 책을 가까이 했으면 하는 심정도 없지 않았다.

얼마 후, 다른 술자리에서 장병희 씨가 반신반의하면서 내게 다시 물었다.

"정말 그거 해도 되겠소?"

"당신 돈 벌어서 뭐 할 거요? 그런 빌딩까지 올렸으면 문고 하나쯤 만들어도 되지 않소?"

마침내 1992년 7월 14일, 서울 종로 1가 네거리에 위치한 영풍빌딩 지하에 영풍문고가 들어섰다. 영풍문고는 760평의 매장에 서가 길이가 총 18.7km로 120만 권의 책을 진열할 수 있는 규모였다.

이로써 서울 한복판 종로와 광화문 일대에는 종로서적, 교보문고, 영풍문고 등 대형서점 세 곳이 성업하게 되었다. 그 가운데 종로서적은 오랜 전통과 숱한 사연을 간직해 오다가 몇 해 전 경영난으로 아쉽게도 문을 닫았다.

『독서신문』

돌이켜보면 대한출판문화협회를 꾸려나가면서도 크고 작은 일들이 많았다. 6·25전쟁 후부터 출판문화협회가 자리를 잡아가기 시작한 1970년대 후반까지만 해도, 사실 출판사들은 책을 내놓고도 광고하기가 힘들었다.

1960년대 후반까지도 출판계는 책에 대한 정보를 전달하는 신간 속보지를 갖지 못했다. 출협이 발간한 월간 『서평문화』가 있었지만 단지 법정 납본 목록을 전달하는 것에 치우쳐 속보성은 미흡했다.

신범식 씨가 문공부 장관을 하던 시절, 나는 떼를 써서 『독서신문』이라는 걸 만들게 되었다. 출판사는 책을 만들어 저렴하게 광고도 하고 독자는 『독서신문』을 통해서 양서를 구입해 읽을 수 있는 기회도 갖게 하자는 뜻이었다.

『독서신문』 역시 한국출판금고에서 발행한 것이었는데 정기간행물 발행 허가를 받기가 쉽지 않았다. 가까스로 주간지로 발행 허가를 얻은 다음, 유수한 출판사들로부터 주식을 모집한 끝에 『독서신문』은 세상에 나올 수 있었다.

1970년 11월 8일자로 창간한 『독서신문』은 타블로이드판의 32면 체제였다.

나는 이 신문의 회장 겸 발행인을 맡았다. 사장은 김익달 씨, 부사장에 조상원 씨, 영업이사는 김봉규 씨였고, 오소백 씨가 편집국장의 중책을 맡았다.

잘 짜인 진용으로 출범했으나 『독서신문』의 항로는 그리 순탄치 않았다. 우리네 실정을 무시하고 과욕을 부린 것이 패착이었다. 편집방침에서는 서평지라는 본래의 성격보다 그 자체로 읽을거리를 만들어보겠다는 것이 오히려 발목을 잡았다.

보급면에서는 창간호를 3만 부나 인쇄한 것을 시작으로 나중에는 매호 10만 부씩 인쇄했다. 일본의 서평전문지도 유가 부수가 2만 부를 넘지 않는 걸 감안하면, 『독서신문』의 발행부수는 엄청난 것이었다.

또 이를 보급하기 위해 전국의 시·군마다 지국을 설치하기도 했으나 채 1년도 못 가서 판매 부진과 그에 따른 재정난에 봉착했다. 금방 기금은 바닥을 드러내고 말았다. 의욕이 너무 앞선 때문이었던 듯싶다.

『출판저널』

『출판저널』은 『독서신문』이 실패한 지 17년 만에 태동한 서평전문지다. 1987년 1월, 나는 중견 출판인 몇 사람을 불러 서평전문지 창간의 필요성을 의논했다.

이런 과정을 거쳐 재단법인으로 발족한 한국출판금고의 신규 사업 가운데 하나로 서평전문지를 펴내기로 결정을 보았다. 지금은 월간지로 바뀌어 계속 간행되고 있지만 출발 당시에는 주간지였다.

1987년 3월, 이기웅(열화당 대표), 이중한(출판평론가), 차미례(『세계일보』 부국장), 정병규(북디자이너), 이경훈(보성사 대표) 씨 등 다섯 분을 창간준비위원으로 위촉했다. 1987년 7월 20일자로 창간한 『출판저널』은 네 가지 원칙을 표명하였다.

첫째, 소개할 가치가 있는 책들은 어떤 형태로든 빠짐없이 소개하여, 하루에도 100종 이상 쏟아져 나오는 새 책의 가장 철저하고 신속한 정보지로서의 기능을 다한다.

둘째, 중요한 책과 더 중요한 책들을 책임질 수 있는 눈으로 잘 가려서, 짧고 길게, 또는 이야깃거리나 전문적인 비평 등으로 다양하게 평가하고 의미를 부여함으로써 권위 있고 본격적인 서평지의 역할을 다한다.

셋째, 글을 쓰는 이, 책을 펴내는 이, 특히 읽는 이들 간의 연결회로를 최대한으로 활성화함으로써 학계동정으로부터 독서교육에 이르기까지 폭넓은 도서문화의 확장과 충실화에 기여하는 교양지로서의 몫을 다한다.

넷째, 책을 만들고 유통시키고 이용토록 하기까지의 합리적 경영방법이나 새 기술의 활용법을 소개하고 권장하는 안내서로서의 작업에도 노력한다.

출판계의 오피니언 리더를 지향하는 『출판저널』은 초창기에 자라나는 청소년에게 올바른 독서관을 심어주기 위해 전국의 고등학교에 무료로 배포했다. 창간호부터 통권 제33호까지 전국 1,360개 고등학교에 무상 배포했다.

그런데. 그러다가는 『독서신문』의 전철을 밟을까봐 통권 제34호부터는 책값을 받기로 하고 그 내용을 각 학교에 알렸다. 그러나 우리의 충정을 받아들여 정기구독에 동의한 학교는 74곳에 불과했다.

창간 12주년(1999년 7월 20일자, 제262호)을 맞아 판형과 편집체재를 개편하여 제2의 창간을 선언한 『출판저널』은 신간안내, 서평, 교양 및 출판경영 안내서라는 창간 초기의 편집방침을 구현하기 위해 힘쓰고 있었다.

출판사로서 저렴한 홍보 매체가 그다지 많지 않던 시절에는 『출판저널』이라는 주간지가 매우 잘 팔리는 편이었지만 월간지로 바뀐 뒤 읽는 사람이 드물다는 쓸쓸한 소식이 들려왔다.

박술음 선생

1946년 을유문화사에 처음으로 교과서 출간의 계기를 마련해준 박술음 선생님과의 인연은 이후에도 계속 이어졌다.

1953년 『Model English Readers』 출간을 시작으로, 1954년 『Model English Grammer』, 1956년에는 총 8권의 학년별 종류별

박술음(朴術音, 1902~1983)

영어책을 을유문화사에서 펴냈으며, 1973년까지 해마다 증보판과 공저 등을 펴냈다.

선생님과는 학창시절 이래 40여 년 간 사제관계를 맺어왔기에 이런저런 에피소드들이 많았다. 그 가운데 아직도 잊지 못하는 두 편의 일화를 소개한다.

앞서 서술한 '인세 거부' 일화에서 보여준바, 선생님의 청렴함은 너무 지나칠 정도였다. 선생님이 6·25전쟁 중 부산에서 딸을 결혼시킨 일이 있었다. 나는 그때의 가슴 저린 일화를 통해 선생님이 나를 무척 각별하게 생각하고 있다는 사실을 처음 깨달았다.

당시 박술음 선생님은 백두진 재무부 장관의 천거로 제5대 사회부 장관을 지내고 있었다. 나 역시 부산에 을유문화사 임시사무소를 마련해 전전긍긍하고 있던 처지라 간혹 스승을 찾아가 회포를 달래는 그런 상황이었다.

그러던 어느 날, 선생님은 자신의 비서관을 아침 일찍 자신의 판잣집으로 불렀다고 한다. 직함은 장관이었지만 따로 관사도 없었기에 판잣집에 기거하고 있었다. 선생님은 물 한 그릇을 떠놓고 비서관에게 자신의 막내딸과 사위 될 사람의 혼례의 주례를 맡겼다. 비서관은 놀라면서도 선생님의 뜻을 받들어 주례를 섰다. 나는 이런 사실을 비서관을 통해 뒤늦게 알게 되었다.

그날 저녁 선생님은 나에게 집에 좀 다녀가라고 전화연락을 해왔다.

"선생님, 무슨 일이라도 있으십니까?"

"잠깐 내 집으로 와 보면 알 걸 가지고 그래."

선생님의 부름을 받고 찾아가 보니, 소박한 안주에 막걸리 상이 차려져 있었다. 알고 보니 그날 아침 치른 딸의 혼인 피로연이었다. 놀랍게도 하객으로 초청된 손님은 유일하게 나 혼자였다. 자초지종을 듣고 나니 눈물이 왈카 솟았다. 나 역시 선생님 딸의 주례를 맡았던 비서관만큼이나 놀랐던 것이다.

이후 세월이 흘러 20여 년 간 봉직했던 외국어대 학장직에서 정년퇴임하신 1977년 봄, 박술음 선생님이 나를 찾아왔다. 선생님은 한동안 망설이다가 겨우 입을 뗐다.

"은석도 알다시피, 내가 몇십 년 동안을 규칙적인 생활만 해와서 그런대로 건강히 지내왔는데, 이제 퇴직하고 보니 긴장도 풀리고 무엇보다 생활리듬이 깨져서인지 건강도 좋지 않네. 이대로 가다가는 오래 못 살 것 같아서 그러니, 어디 사무실 한구석이라도 좋으니까 책상 하나만 놓고 책도 보고 글도 쓰고 하면서 소일할 수 있도록 좀 해주게나."

"선생님, 그게 무슨 어려운 부탁이라고 그러십니까?"

나는 선생님의 건강이 많이 허약해진 게 무엇보다 걱정이 되었다. 나는 즉각 도서실 한쪽에 책상과 의자, 전화 등 집기를 마련해 드렸다. 오랜 세월 고락을 함께해 온 은사이기도 했지만, 을유에서 꾸준히 영어책을 펴내고 있던 책의 저자이기도 했기에 당연한 배려였다.

이후 선생님은 매일 도서실에 나와 책을 읽고, 교과서를 집필하면서 지냈다. 적당히 소일 삼아 하는 것이 아니라 연구하는 자세로 열정적이었다. 나는 선생님과 간혹 식사를 함께하면서 지냈는데, 마침내 과로로 졸도하는 사태에 이르렀다.

"선생님, 제발 건강도 챙기시면서 하세요."

나는 책상을 마련해 드린 것이 마음에 걸렸다. 그러나 평생 지켜온 습관이 하루아침에 달라질 수야 없는 일이었다. 건강이 악화된 뒤에도 거의 매일 부축을 받으면서까지 을유 도서실로 출근을 하셨다. 학문에 대한 놀라운 열정이었다. 나는 도서실 담당 직원에게 선생님의 동태를 주의 깊게 지켜보라고 지시했다.

그러던 어느 날, 도서실로 찾아가 뵈니 선생님의 얼굴이 빨갛게 상기되어 있었다. 나는 깜짝 놀랐다.

"선생님, 혹시 근래 약주가 과하지 않으셨습니까?"

"혈압이 높아 갑갑해서 그래."

그 다음날 도서실 직원으로부터 "오늘은 선생님이 안 나오셨다!"는 연락을 받았다. 도서실에 자리를 마련해 드린 이래 처음 있는 일이었다. 어제 뵈었던 안색이 걱정되기도 해서 댁으로 전화를 드렸더니 자리에 누워 계신다고 했다.

며칠 기다려보다가 문병을 가려고 하던 차, 다음날 청천벽력 같은 부음(訃音)이 전해졌다. 그날 당장 찾아뵙지 못한 것이 그토록 후회스러울 수가 없었다.

1983년 2월 13일의 일이었다.

박술음 선생님은 정년퇴임 후 타계하시기 이틀 전까지 5년 남짓 기간 동안, 거의 매일 을유문화사 사무실에 나와 저술에 전념했다.

그 결실로 낸 책이 1981년 9월 30일 간행된 단행본 『학습영문법』이다. 이 책은 오랜 세월 동안 강단에서 후학들을 가르쳐온 선생의 경험을 바탕으로 쓰여 졌는데, 영어의 문법체계를 일목요연하게 정리한 노작(勞作)이었다.

『학습영문법』에 이어 다시 『고등영어문법』의 집필에 착수했으나, 집필 도중 지병인 고혈압으로 쓰러져 갑자기 타계하셨던 것이다. 평생 청빈을 실천하셨고, 후학들에 대한 교육에 온몸을 바쳤던 우리나라 영어교육의 선구자요, 애국자 가운데 한 분이셨다.

남애 안춘근

을유문화사를 창립할 때도 그러했지만 을유문화사의 사장이 되어 을유문화사가 만개해 지금에 이르도록 나는 참 많은 사람들을 만났다.

창립 동인들도 그렇고, 소매점이었던 문장각을 오랜 세월 운영해 주었던 엄병률 씨, 학교 선생을 하다가 을유인이 된 서수옥 씨, 전쟁 중 우리집만 민청위원들이 수색하지 못하도록 해주었던 이름 모를 청년, 〈큰사전〉을 완간할 수 있도록 도움을 준 록펠러 재단의 사람들, 미국대사관 직원들 등등, 그들은 바로 오늘의 을유문화사를 있게 한 사람들이다.

남애 안춘근
(安春根, 1926~1993)

내가 특히 잊지 못하는 이가 있다면 남애(南涯) 안춘근(安春根, 1926~1993)이다.

그는 6·25 당시 통역 장교였다. 일찍이 성균관대를 졸업하고 강릉에서 병영 생활을 마친 후 대위로 제대할 무렵 그는 언론계 진출을 꿈꾸었다. 그에게는 당시 『평화신문』에 입사하여 기자 생활을 할 수 있는 길이 열려 있었다.

그는 제대 후 서울로 돌아와 홀가분한 마음으로 나들이를 하고 있었다. 우연히 길거리에서 을유문화사에서 오래 봉직했던 지인(知人) 문용구 씨를 만났는데, 문씨가 다짜고짜 그의 팔을 잡아끌어 을유문화사로 데려와 내게 소개했다.

그 당시 을유는 교과서 개편작업에 손을 대고 있었는데 영어를 제대로 아는 편집사원이 없어 사람을 물색 중에 있었던 것이다. 당시 영어 교재의 저자는 영문학자이자 나의 스승이신 박술음 선생이었다.

안춘근이 그 영어 교과서 편집을 날벼락처럼 떠맡게 되었던 것이다. 시급하고도 절실한 을유문화사의 요청에 그는 언론계 진출 대신 출판계를 선택했다. 그게 1955년 10월 24일의 일이었다.

안춘근은 을유에 몸담고 나서야 출판 분야에 미개척의 신세계가 있음을 알게 되었다고 했다.

그는 출판을 이론적으로 연구하는 사람이 거의 없다시피 하던 당시에 출판학 관계 자료를 모으기 시작했고, 고서 수집에 열을 올리며 출판 이론 및 서지학(書誌學)의 기반을 닦아 나갔다.

그는 박술음 선생의 영어 교재 간행에 참여한 뒤 을유문화사 팀워크의 일원으로 이상백 박사와 김재원 박사를 통해 진척해 가고 있던 〈한국사〉 편집을 도우면서 계간지인 『지성』을 창간하는 데 기여했다. 이후 〈세계문학전집〉을 기획, 간행하는 주역으로 을유문화사에 터를 다져 나간 인물이었다.

'출판학의 개척자'로서 그는 을유문화사에서 22년 동안 일했던 성실한 편집자였다. 편집자는 보통 화려한 스포트라이트의 이면(裏面)에 자리한다. 그러나 그는 출판학의 개척자, 서지학의 권위자, 장서가로 이름을 날렸다.

그는 〈한국사〉(전7권), 〈세계문학전집〉(전100권), 〈세계사상교양전집〉(전27종 39권), 〈을유문고〉(전100권), 〈한국학대백과사전〉(전3권) 등의 기획과 편집을 맡아 을유문화사의 이름을 출판계와 대중에게 뚜렷이 새겨 넣는 데 커다란 기여를 했다.

1960년대에 〈세계문학전집〉을 간행할 때였다.

당시 편집방침을 두고 영업부와 편집팀이 의견 대립을 빚었고, 결국엔 쪽수와 관계없이 완역(完譯)을 해야 한다는 편집팀의 주장이 관철됐다.

을유의 이런 방침 때문에 문학전집에서는 수록할 엄두도 못 내는 『팡세』가 들어가 당당 판매성적 톱을 차지했다. 파스칼의 『팡세』는 분량이 400쪽 이상이 되는데, 다른 출판사에서 내는 전집에서는 이에 미치지 못하는 평균 320쪽에 지나지 않았던 것이다. 또 『바람과 함께 사라지다』처럼 1,000쪽이 넘는 책도 있었다.

그리고 전집은 처음부터 그 전집의 성격을 파악할 수 있도록 목록을 전부 정해 발표해 왔던 게 관행이었지만, 을유의 〈세계문학전집〉만은 그렇게 하지 않았다. 다른 출판사와 중복을 피하면서 우리나라 실정에 맞는, 절실히 요구되는 작품부터 내고자 했던 것이다. 다른 출판사의 눈치를 보지 않고 소신 있게 책을 간행하고자 했던 을유의 편집방침이었고, 이 일을 주도적으로 이끈 이가 바로 안춘근이었다.

1969년 창설된 한국출판학회의 초대 회장을 지냈고, 『출판사회학』, 『한국출판문화론』, 『잡지출판론』, 『출판비평론』, 『양서의 세계』 등을 쓴 출판학자이기도 했다.

그는 을유에서 기획부장, 주간 등을 역임하다 '검인정교과서 파동'이 일어난 다음해인 1978년 회사의 회생을 위해 자진 퇴임했다. 퇴임 당시 그때까지 수집했던 고서적 7,317권을 한국정신문화연구원(현 한국학중앙연구원)에 '남애문고'라는 이름으로 기증했다.

이후 1993년 너무 아까운 나이인 68세를 일기로 세상을 떠났는데, 나와는 결코 잊을 수 없는 인연을 맺었던 사람이고, 을유문화사의 전성기를 일구었던 주역이자 진정한 출판인이었다.

가족

나는 슬하에 5남 1녀를 두었다. 아내는 10여 년 전 먼저 세상을 떠났고, 둘째아들도 나보다 앞서갔다.

평생에 걸쳐 모자람도 없고 그렇다고 넉넉하지도 않은 삶이었다. 다만 너무 오래 살아, 오랜 세월 교분을 나눴던 선후배들의 죽음을 지켜봐야 한다는 건 고통스러운 일이다.

세월은 그렇게 내게서 소중한 사람들을 앗아갔다.

을유문화사 사장실을 사랑방처럼 이용했던, 이상백, 이병도, 박종화, 이희승, 박술음, 김재원, 양주동, 조윤제, 이숭녕 등 국학(國學) 1세대 학자들이자 당대의 내로라하는 지식인들도 모두 앞서 떠났다.

특히 을유에서 출판하는 책의 서문과 기획에 언제나 열정적으로 참여해 주셨던 이상백 선생, 막내딸의 하객으로 유일하게 나만 초대해 주셨던 박술음 선생, 오랜 시간 내 곁을 지켜주며 평생 노심초사했던 아내, 그리고 나보다 먼저 저세상으로 떠난 을유 창립 동인들과 수많은 저자들, 둘째아들······.

이들은 모두 사실상 나의 가족이었다.

큰아들 낙영(洛泳)은 서울대 재학 중 미국 유학길에 올라 뉴욕 대학 대학원에서 출판학을 전공하고 콜리어-맥밀란 인터내셔널 출판사 사장을 역임했다. 이후 일시 귀국하여 상공회의소 이사로 일하기도 하였다.

지나간 일이지만 1959년도에 내가 미국 국무부 초청으로 미국에 갔을 때 큰아들은 뉴욕에서 대학을 졸업하고 뉴욕 대학 대학원에 다니고 있었다. 그곳에서 석사학위를 받을 무렵 한국에서 '4·19혁명'이 일어났을 때, 나는 아들이 한국으로 들어오겠다는 걸 만류했다. 부모의 심정으로서는 자식이 보다 넓고 큰 세계에서 성장하기를 바랐던 것이다. 결국 큰아들은 학업을 마친 후 줄곧 미국의 여러 출판사에서 일하다 퇴직하고, 2000년부터 을유문화사 대표이사로 일하고 있다.

둘째아들 운영(芸泳)은 고려대 의대 전신인 우석(友石)대 의대를 졸업한 뒤, 의사로 일하다 지병으로 세상을 떠났다. 며느리는 윤치호 씨의 외손녀로 지금은 미국의 친정집에 머물고 있다. 그 아이가 낳은 손자가 지금은 을유문화사에 와서 상무로 일하고 있다.

셋째 고명딸 지영(芝泳)은 이화여대를 졸업한 뒤 미국에 유학, 파슨스 디자인 전문대학에서 미술을 전공한 뒤 미국에서 실내장식가로 활동하고 있다.

넷째 필영(苾泳)은 1970년대 초 미국 캔자스 주립대학 대학원을 수료한 뒤 미시시피 주립대학에서 경제학 조교로 재직했다. 현재 을유문화사의 외국부에서 일을 보고 있다. 『한국출판연감』을 만들어 외국의 각 대학에 보낸 인연으로 자연스럽게 을유문화사에 외국부가 생겼고, 한국에서 발간된 각종 서적을 세계 각 나라로 공급하는 일을 시작했다.

미국 국회도서관, 하버드 대학, 컬럼비아 대학, 호주 국립도서관, 독일, 네덜란드 등, 구미 여러 나라의 대학과 연구기관 등에 우리 책을 보내는 일이 주된 업무다. 동시에 을유문화사는 1954년부터 국제기구 출판부 한국대리점으로 지정되어 한국의 각 대학도서관과 연구기관에

IMF, World Bank, UN, WTO, FAO, ILO를 비롯한 국제기구에서 발행한 도서를 공급하는 업무를 맡고 있기도 하다.

다섯째, 무영(茂泳)은 경기고를 졸업한 뒤 미국 유학을 마치고 돌아와 개인 사업을 하고 있다.

여섯째이자 5남인 해영(海泳)은 내 나이 47세 되던 해에 얻은 늦둥이로 경희대 대학원을 거쳐 직장생활을 하고 있다.

에필로그

"2007년 1월 15일, 나는 고(故) 유일한 박사가 설립한 유한양행의 유한재단으로부터 회 '유일한상' 수상자로 선정되는 영예를 안았다. 평생에 걸쳐 우리나라의 출판문화발전과 국역사, 한글, 그리고 한국 사회문화 분야의 양서들을 출판한 공로를 인정한다는 것이었다. 감회가 무량했다. 무엇보다 나의 삶이 정녕 값진 것이었다는 사실을 많은 사람들이 객관적으로 인정해 주었다는 점 때문이었다. 그리고 어쩌면 '한국 사회문화 분야의 양서들을 출판한 공로'라는 오로지 이 한마디 말을 듣기 위해, 그 세월의 강을 묵묵히 건너왔다고 생각한다."

서향(書香)과 사람 향기에 젖어

올해 96세인 나는 거의 한 세기에 걸쳐 장수를 하고 있는 셈이다.

일제 식민지 치하의 궁핍한 조국에서 태어난 나는, 우리나라가 세계 어느 나라도 겪지 못한 도전과 응전을 통해 불과 100여 년의 짧은 기간 동안 새로운 나라로 거듭나는 변화를 두 눈으로 보고 온몸으로 느끼며 살아왔다.

1945년 맞이한 민족해방, 이후 목도한 좌우익의 혼란기와 6·25전쟁, 그리고 아직도 끝나지 않은 민족분단의 현실 속에 4·19혁명과 5·16 군사쿠데타를 겪으며 민주화된 나라의 탄생과 고통을 경험했고, 비약적인 경제성장기를 거쳐 이제 아시아를 넘어 세계 속에 우뚝 선 조국의 풍요롭고 자랑스러운 모습을 보아온 것이다.

격세지감(隔世之感)이란 바로 이런 것일까. 나의 삶은 온전히 조국과 민족의 번영을 지켜보며 살아온 격변의 시간들이었다.

내가 사업 일선에서 완전히 물러난 것은 지난 2000년, 88세 때였다. 더욱이 격랑(激浪)의 시기를 헤쳐 오는 동안, 단 한순간도 덧없이 살아

파주출판도시에서 개최된 '을유문화사 출판 60년' 기념전, 2005. 12. 1

온 시간들이 없었기에, 지나온 날들을 돌이켜보건대 아무런 아쉬움이나 후회는 없다.

하늘이 나에게 이렇듯 풍족한 은혜를 베푼 것은 나에게 그만한 소명을 내리신 때문이 아닌가 싶다. 그리고 그것은 아마 민족의 혼을 일깨우는 출판이란 수단이었을 것이다. 커다란 사업을 한 건 아니지만, 출판과 함께해 온 지난 60년 세월을 뒤돌아보면 온통 가슴 벅찬 기록들뿐이다.

을유문화사 60성상(星霜), 날짜로 따지면 2만 일 남짓이다. 지금까지 총 7,000여 종이 넘는 책을 펴냈으니 놀랍게도 3일에 한 권씩 책을 펴냈다는 계산이 나온다. 어떻게 이런 작업을 그동안 순조롭게 이루어왔는지 스스로도 이해하기 힘들 정도다.

한 권당 평균 3,000부로 계산하더라도, 총 2,100만 권이 넘는 책을 펴냈으며 여기에 교과서와 중판(重版)본까지 포함하면, 우리나라 국민 가운데 을유문화사 책으로 공부하지 않은 사람이 없을 것이고, 한 권 정도 소장하고 있지 않은 사람도 드물 것이다.

이런 점에서 볼 때, 세상의 숱한 일 가운데 책을 만드는 인생처럼 값진 일이 또 어디 있을까 싶다.

서향(書香)과 사람 향기에 젖어 살아온, 보람과 열정으로 점철된 나날이었다. 또 을유문화사에서 펴낸 책들은 누구보다 가장 먼저 접할 수 있었기에, 당초 출판을 시작할 때의 은밀한 기대처럼 다양한 지식을 종횡무진으로 습득할 수 있었던 것도 내 삶의 또다른 축복이다. 오랜 세월에 걸쳐 학자와 선비를 배출해 왔던 동래 정씨(東萊 鄭氏) 문중(門中)의 후손으로서도 결코 부끄럽지 않은 삶을 살아온 셈이다.

요즘은 출판사 경기가 다들 어렵다고 한다. 20여 년 전에도 아니 이보다 훨씬 전인 해방 직후에도 출판의 위기는 있었다. 아니 출판사의 존립 자체가 위태로운 시간들도 있었다. 모든 여건이 너무도 척박했던 그 시절에 비하면, 오늘의 출판 현실은 사실 비단 방석이다.

돌아보건대, 광복 이후 세월의 부침(浮沈)과 더불어 명멸(明滅)한 수많은 출판사들, 그 어려웠던 고난의 시기를 함께 헤쳐 왔던 출판 동인들을 잊을 수 없다. 오늘의 출판계가 이만큼이나마 성장하고 발전할 수 있었던 이면에는 그분들의 피땀과 희생이 밑거름이 되었음을 잊지 말아야 할 것이다.

2003년 10월, 출판문화정보산업단지가 있는 경기도 파주 북시티(Paju

Bookcity)에서 가장 긴 다리를 내 아호를 따 은석교(隱石橋)라고 명명했다고 한다. 개인적으로 '숨은 돌'처럼 조용히 살고자 했기에 번거롭게도 느껴졌지만, 다시 생각하면 영광스러운 일이 아닐 수 없다.

'표사유피 인사유명(豹死留皮 人死留名)'이라 하지 않았던가.

앞으로 물처럼 세월이 흘러간 미래의 먼 훗날, 출판의 메카로 자리 잡게 될 이곳에서 활동하게 될 후배 출판인들이 이 다리를 건널 때마다, 어려웠던 시절에 태어나 우리 겨레의 문화 창달과 우리 민족혼의 번영을 표방하며, 평생토록 초지(初志)를 잃지 않았던 한 출판인을 기억해 주리라 여기기 때문이다.

> 나는 출판 사업을 기업주의적 이윤추구 사업이라고 생각하는 방만한 사고(思考)를 경계한다. 내가 출판 사업을 해 오는 동안 가장 보람된 일이라면, 우리 고유의 민족문화를 아끼고 사랑하며 이를 깊이 연구하고 공부한 분들과의 출판을 통한 오랜 교류라고 할 수 있다.
> ―「출판은 건국사업이다」, 『샘터』, 1980. 3

더욱이 이 책에 대한 원고를 정리해 가던 2007년 1월 15일, 나는 뜻밖의 상을 받는 분에 넘치는 영예를 안았다.

일찍이 '유한양행'이란 기업을 설립, 척박한 우리나라 기업문화에 기업의 사회적 책임과 봉사정신의 표상을 보여주었던 고(故) 유일한[43] 박사의 유한재단으로부터 제7회 '유일한상' 수상자로 선정된 것이다. 선정 이유는 우리나라 출판문화의 산 증인으로서 평생에 걸쳐 우리나라의

제7회 '유일한상' 수상식, 2007

출판문화발전과 한국역사, 한글, 그리고 한국 사회문화 분야의 양서들을 출판한 공로를 인정한다는 것이었다.

타인으로부터 인정을 받는 것은 나이의 많고 적음을 떠나 의미 깊은 일이다. 감회가 무량했다. 무엇보다 나의 삶이 정녕 값진 것이었다는 사실을 많은 사람들이 객관적으로 인정해 주었다는 점 때문이었다.

그리고 어쩌면 '한국 사회문화 분야의 양서들을 출판한 공로'라는 오로지 이 한마디 말을 듣기 위해, 나는 그 세월의 강을 묵묵히 건너왔다고 생각한다.

'꾸준하고 착실하게……'

60여 년 전, 을유문화사 창립 동인들이 작은 사무실에 모여 엄숙히 표방했던 선언처럼 출판의 명맥을 이어나간다면, 출판 명가(名家)로서의 을유문화사의 앞날은 무궁하리라 여긴다.

| 주석 |

1) 민영휘(閔泳徽, 1852~1935) : 호는 하정(河汀). 1877년 정시문과에 급제한 이후 정계에 등장, 1884년 김옥균 등의 갑신정변을 진압했다. 1894년 동학농민운동이 일어나자 청군(淸軍)에게 지원을 요청해 진압에 힘썼다. 임오군란 때 탐관오리로 논죄되어 임자도에 유배되었다. 국권 피탈 후 일본정부의 자작(子爵)이 되었고, 동일은행(한일은행 전신), 천일은행(상업은행 전신), 휘문학교 등을 설립했다.

2) 김성수(金性洙, 1891~1955) : 호는 인촌(仁村). 전북 고창 출생. 송진우·백관수 등과 교유하였고, 1914년 일본 와세다(早稻田) 대학 정경학부를 졸업했다. 귀국 뒤에는 운영난에 빠진 중앙학교를 인수하고, 1917년 교장에 취임했다. 1919년 경성방직회사를 창설, 경제자립과 민족자본 육성에 노력하는 한편, 1920년『동아일보』를 창간했다. 1932년 보성전문학교를 인수하고 교장에 취임했다. 1951년 제2대 부통령에 취임했으나 이승만 독재에 반대하여 이듬해 5월 사임했다. 1962년 건국훈장 대통령장이 추서되었다.

3) 김상만(金相万, 1910~1994) : 호는 일민(一民). 전북 부안 출생으로 인촌 선생의 장남. 1933년 일본 주오(中央) 대학 예과를 수료하고, 1936년 영국 런던 대학에서 수학하였으며, 1940년 일본 와세다 대학 학부를 졸업했다. 동아일보사 사장·발행인, 한영로터리클럽 회장, 아시아신문재단 회장, 동아일보사 회장, 국제언론인협회(IPI) 본부이사 등을 역임했다. 대영제국명예코만더훈장, 국제신문발행인협회 '자유의 금펜'상, 대영제국명예기사 작위, 국민훈장 무궁화장, 중화민국 문화훈장, 미국 미주리 대학 언론공로상 등을 받았다.

4) 한성(漢城)은행 : 우리나라 최초의 은행. 구한말이던 1897년 2월, 안국동에서 문을 열었는데, 당초 김종한이란 사람이 운영하던 한성전당포에서 출발했다. 당시 은행장은 고종황제의 사촌인 이재완, 부행장은 김종한이 맡았다. 주요 업무는 일본에서 돈을 빌려 그것을 한국인들에게 대출하는 것이었다. 이후 잠시 휴업을 했다가 1903년 공립 한성은행으로 다시 설립되었고, 황실과 정부재산, 금융업무 등을 하다가 1928년 조선식산은행에 흡수되었으며, 1943년 동일은행과 합병해 조흥은행으로 바뀐다.

5) 최남선(崔南善, 1890~1957) : 호는 육당(六堂). 자습으로 한글을 깨쳐 1901년부터『황성신문』에 투고했고 이듬해 경성학당에 입학하여 일본어를 배웠다. 1906년 와세다 대학 지리역사학과에 들어가 유학생 회보『대한흥학회보』를 편집하면서 새로운 형식의 시와 시조를 발표했다. 1908년 잡지『소년』을 창간하여 논설문과 새로운 형식의 자유시「해(海)에게서

소년에게」를 발표하고, 이광수의 계몽적인 소설을 실어 한국 근대문학의 선구자의 한 사람이 되었다. 1919년 3·1운동 때는 독립선언문을 기초하고 민족대표 48인 중의 한 사람으로 체포되었으나 다음해 가출옥했다. 1943년 재일조선인 유학생의 학병 지원을 권고하는 강연을 하기 위하여 도쿄로 건너갔다. 광복 후 친일반민족행위자로 기소되어 1949년 수감되었으나 병보석으로 석방되었다. 저서에 창작 시조집 『백팔번뇌』, 역사서 『단군론』, 『조선독립운동사』 등 다수가 있다.

6) 조선건국준비위원회(朝鮮建國準備委員會) : 1945년 8·15광복 후 여운형이 중심이 되어 조직한 최초의 건국준비단체로 약칭하여 '건준(建準)'이라고도 한다. 제2차 세계대전 상황을 지켜보던 여운형 등은 해방을 대비한 민족 대표기관과 정치세력 형성의 필요성을 느끼고 1944년 8월 10일 비밀리에 '건국동맹'을 조직해 놓고 있었다. 이듬해인 1945년 8월 초, 일본의 패배가 확실해지자 조선총독 아베 노부유키(阿部信行)는 한국에 있는 일본인들의 생명과 재산을 보호해 줄 협상 대상자로 한국의 민족지도자로 여운형을 선택했고 협상이 이루어지게 되었다. 이에 따라 1945년 8월 15일 조선건국준비위원회가 발족했다.

7) 조풍연(趙豊衍, 1914~1991) : 호는 청사(晴史). 서울 출생인 언론인·수필가·동화작가로 교동보통학교와 제이고등보통학교(第二高等普通學校)를 거쳐, 1938년 연희전문학교를 졸업하였다. 1934년 연희전문학교 학생 시절 『삼사문학(三四文學)』 동인으로 문학활동을 시작했다. 일제 말기 문예지 『문장』을 편집했고, 광복 후 을유문화사 주간을 거쳐 1954년 이래 『한국일보』 논설위원, 1960년 『소년한국일보』 주간으로 13년간이나 재직하였다. 6·25전쟁 이후 본격적으로 아동문학에 관심을 기울여 동화와 소년소설을 다수 발표했으며, '색동회' 중흥에 진력하였고, 눈솔상(아동문학 부문)을 받았다.

8) 윤석중(尹石重, 1911~2003) : 아동문학가. 호는 석동(石童). 서울에서 태어나 양정고보를 거쳐 1941년 일본 조치(上智) 대학을 졸업하였다. 13세 때인 1924년 어린이 잡지 『신소년』에 동요 「봄」을 발표하면서 아동문학과 인연을 맺었다. 1932년 첫 동시집 『윤석중 동요집』을 출간한 뒤, 같은 해 소파 방정환의 뒤를 이어 잡지 『어린이』의 주간을 맡았다. 1956년 '새싹회'를 창립하였다. 평생에 걸쳐 1,000여 편 가까운 동요·동시를 썼으며, 이 가운데 작곡되어 노랫말이 된 것만 해도 500여 편이 넘는다. 아름다운 우리말에 담은 옥구슬 같은 동시로 일제시대 민족의 수난기나 해방 후 격동기를 겪으면서 어린이들에게 꿈과 희망을 심어 주었다.

9) 정인보(鄭寅普, 1892~1950) : 한학자·역사학자. 아호 위당(爲堂). 서울 출생. 1913년 중국으로 건너가 박은식, 신규식, 신채호 등과 함께 '동제사(同濟社)'를 결성하여 활동했다.

역사에서 정신적 요소를 강조하는 그의 학문관은 이때 기초가 이루어졌다. 1923년 연희전문학교에서 한문학과 조선문학을 강의했으며, 『동아일보』, 『시대일보』 논설위원으로 활동했다. 『조선고전해설』, 『오천년간 조선의 얼』 등을 『동아일보』에 연재, 민족의식을 고취시키는 데 주력하였다. 1948년 대한민국 수립 후 초대 감찰위원장이 되었으며, 1950년 6·25전쟁 때 북한군에게 피랍되었다. 1990년 대한민국 건국훈장이 추서되었다.

10) 이만규(李萬珪, 1889~1978) : 강원도 원주 출생. 서울 경성의학전문학교를 다녔다. 1913년부터 개성 송도중학교에서 교편을 잡다가 반일 내용의 노래를 보급하고 3·1운동에 참가하였다는 이유로 체포, 수감되기도 했다. 1925년부터 서울 배화여자중학교 교장으로 있으면서 학생들에게 반일애국사상을 교육하였으며, 조선어학회 위원장을 맡아 국어 철자법을 통일하고 보급하는 활동을 하였다. 월북 후 1948년부터 1972년까지 북한 최고인민회의 대의원을 역임했으며, 조국통일상을 받은 그의 묘는 애국열사릉에 있다.

11) 이철경(李喆卿, 1914~1989) : 호는 갈물. 황해도 개성 출생. 경기여자고보에서 서예를 공부하고 이화여전에서 피아노를 전공, 1935년 이화여전을 졸업한 이후 1952년까지 배화여고·이화여고 등에서 음악과 서예를 가르쳤다. 광복 후 한국 최초의 글씨본인 〈초·중등 글씨본〉 전6권을 집필했다. 1979년 금란여고 교장으로 정년퇴임하였다. 금란여고 재직시에는 특히 여성운동에 활발히 참여하여 주부클럽연합 회장, 여성단체협의회 회장 등을 지냈다. 퇴임 후에도 사회활동을 계속하여 남북적십자회담 대표, 국정자문위원 등을 역임하였다. 사임당상, 외솔상, 국민훈장 목련장을 받았다. 저서에 『궁체 쓰는 법』, 『한글 서예』 등이 있다.

12) 이태준(李泰俊, 1904~?) : 호는 상허(尙虛). 강원도 철원 출생. 휘문고보를 나와 일본 조치 대학에서 수학하였으며, 『시대일보』에 「오몽녀(五夢女)」를 발표하면서 문단에 등단했다. 1930년대부터 본격적인 작품활동을 시작, 「까마귀」, 「달밤」, 「복덕방」 등의 단편소설을 발표했다. 이후 『문장(文章)』지를 주관했으며, 8·15광복 후 '조선문학가동맹'에서 활약하다 6·25 때 월북했다. 소설집 『구원(久遠)의 여상(女像)』, 『딸 삼형제』, 『해방전후』 등이 있으며, 문장론 『문장강화(文章講話)』가 있다.

13) 이강국(李康國, 1906~1955) : 경기도 양주 출생. 1930년 경성제국대학을 졸업하고, 1932년 독일로 유학, 베를린 대학에서 공부하였다. 재학 중 프롤레타리아과학동맹 등의 좌익단체에 간여하면서 독일공산당에 가입하였다. 1945년 8·15광복 후 본격적으로 공산주의 활동을 전개하여 건국준비위원회 조직장, 조선인민공화국 중앙인민위원회 서기장 등을 지냈다. 1945년 9월, 미군정의 정책을 비판하는 선언서를 발표, 박헌영과 함께 체포령이 내리자 월북했다. 북조선 인민위원회 사무국장, 인민군 야전병원장 등을 역임했으며, 1953년

남로당사건에 연루되어 군사재판에서 사형을 선고받고 1955년 사형이 집행되었다.

14) 이극로(李克魯, 1897~1982) : 경남 의령 출생. 1927년 독일 베를린 대학 철학과를 졸업하고 귀국, 조선어학회 주간을 역임했다. 1942년 '조선어학회사건'으로 함흥형무소에서 복역 중 8·15광복으로 풀려나, 조선어학회 회장, 전국정치운동자후원회 회장을 지내면서 정계에 들어섰다. 1948년 '남북제정당·사회단체연석회의' 참석차 평양에 갔다가 그대로 남았다. 1966년 이후 본격화된 북한 언어 규범화운동인 '문화어운동'을 주도했다. 최고인민회의 상임위원회 부위원장, 조국평화통일위원회 위원장, 양강도 인민위원회 부위원장 등을 지냈다. 주요 저서에 『실험도해 조선어 음성학』이 있다.

15) 이희승(李熙昇, 1896~1989) : 호는 일석(一石). 경기 개풍 출생. 1930년 경성제국대학 조선어학과를 졸업, 1932년 이화여자전문학교 교수가 되고, 같은 해 조선어학회 간사를 맡았다. 1940년 일본 도쿄(東京) 대학 대학원에서 언어학을 연구하였으며, 1942년 조선어학회사건에 관련, 검거되어 일본이 패망할 때까지 복역했다. 8·15광복 후 서울대학교 문리과대학 교수, 1954년 대한민국학술원 종신회원에 선임되었으며, 서울대학교 문리과대학 학장, 동아일보사 사장, 성균관대학교 대학원장 등을 역임했다. 건국훈장 국민장과 대한민국학술원 공로상을 수상했다. 저서로 『국어대사전』, 『국문학 연구초』 등이 있고, 시집 『심장의 파편』, 수필집 『벙어리 냉가슴』 등을 펴냈다.

16) 당시에는 한글학회로 개칭하기 전이었으나 편의상 '한글학회'로 표기한다. 오늘의 '한글학회'는 1921년 12월 3일, 국어학과 국어운동의 선구자 주시경 선생의 문하생이던 임경재·최두선·이규방·장지영 등 10여 명이 휘문의숙에서 한국 최초의 민간 학술단체인 '조선어연구회'를 창립하면서 태동했다. 이후, 1931년 1월 학회 이름을 '조선어학회'로 고쳤고, 1949년 9월 '한글학회'로 개칭하였다. 1942년 10월부터 8·15광복까지 이른바 '조선어학회사건'으로 학회 관계자 33인이 일본경찰에 검거되어 옥고를 치르는 수난을 겪었으며, 이때 이윤재·한징 두 사람은 옥사하였다. 한글학회는 8·15광복 후부터 계속하여 한글쓰기운동, 국어순화운동, 한글기계화운동을 벌여왔으며, 수시로 학술발표회를 주관하고 기관지 『한글』(계간)을 1927년 이래 계속 발간해 왔다.

17) ECA : 미국의 대외원조기구. 제2차 세계대전 후 유럽의 전재(戰災) 부흥을 돕고, 미국을 주축으로 하는 세계경제체제의 확립을 위한 '마셜 플랜'의 일환으로 1948년 성립한 경제협력법(ECA : Economic Cooperation Act)에 의거해 발족한 단체.

18) 한글 간소화 파동 : 형태주의적인 한글표기법을 구식 표기법인 형태음소주의적 표기법으로

환원하려는 정부 측의 시도에 대해 재야 및 학계에서 일제히 반발하고 나섰던 사건으로 '한글 파동'이라고도 한다. 사건의 발단은 1949년 10월 9일 한글날 당시 이승만 대통령이 한글표기법의 까다로움을 지적, 구철자법(舊綴字法)으로 개정할 것을 촉구하는 담화를 발표했고, 1953년 4월 이 사안이 국무회의에 상정되어 정부의 문서와 교과서 등에 쓰는 표기법은 구철자법을 사용할 것을 결의하고 국무총리 훈령으로 시달됨으로써 일어나게 되었다. 이에 국내 학술단체에서의 반발은 물론, 국회에서까지 들고 일어났으나 정부는 이에 개의치 않고 1954년 7월 문교부와 공보처의 공동명의로 표기법 간소화 공동안을 정식으로 발표했다. 이에 각계의 반대여론이 비등하자 1955년 9월, 이승만 대통령은 "민중들이 원하는 대로 하도록 자유에 부치고자 한다"는 내용의 담화를 발표, 2년 남짓 끌어오던 한글 간소화 파동은 끝났다.

19) 박술음(朴術音, 1902~1983) : 호는 취하(醉霞). 서울 출생. 1924년 연희전문학교 영문과를 졸업한 후, 1948년까지 휘문중학교 교사 및 교장을 역임했다. 1948~1952년 연세대학교 교수로 재직하다가 1952년 사회부 장관에 임명되었다. 1955년부터 1977년까지 외국어대학 교수, 학장을 지냈다. 국민훈장 동백장을 받았으며, 저서로는 『A New English Grammar』, 『Present English』, 『Spoken English Readers』, 『Extract English』, 『학습영문법』 등이 있다.

20) 아시아 재단 : 미국 사회의 저명인사들이 모여 아시아의 개발을 목적으로 1954년 창설한 단체. 미국 샌프란시스코에 본부를 두고 정치, 경제, 교육 등 다방면에 걸친 지원을 펼쳤다.

21) 진단학회(震檀學會) : 1934년 5월 7일, 한국의 역사·언어·문학 등을 연구하기 위해 조직한 학술단체. 한국 학자의 힘으로 우리 문화를 연구하고, 그 결과를 발표하려는 의도 아래 창립되었고, 기관지인 계간 『진단학보(震檀學報)』를 14집까지 계속 발행하면서 해외 각 학회와 학술잡지를 교환할 정도로 성장했다. 특히 신진학자들에 의한 실증사학 연구를 바탕으로 식민사학을 극복하려 했다는 점에서 평가를 받았다. 그러나 일제의 탄압으로 결국 1942년 일단 자진해산 형식으로 해체하고 학보 간행도 중단했다. 8·15광복 이후 학회를 재건, 학보 15·16집을 발간한 뒤, 6·25전쟁을 맞아 다시 학회를 재정비한 이래 학보 제17집부터 계속 발행하고 있다.

22) 김재원(金載元, 1909~1990) : 고고학자. 호는 여당(藜堂). 함남 함주 출생. 1934년 독일 뮌헨 대학을 졸업, 1940년 보성전문학교 강사가 되었다. 모교에서 철학박사 학위를 받고, 1942~1970년까지 국립중앙박물관장으로 재직했다. 서울대학교 강사, 진단학회 간사장·평의원 등을 겸하였고, 1955년 대한민국학술원 회원이 되었다. 한국고고학회 회장, 미국 앨런타운 대학 초청교수, 하버드 옌칭(燕京) 서울사무소 대표 등을 지냈다. 대한민국학술원 공로

상, 5·16문화상, 한국출판문화상 등을 수상했다. 저서로『단군신화의 신연구』,『조선미술』,『한국지석묘연구』,『감은사(感恩寺)』,『한국미술』,『코리아』,『Arts of Korea』 등이 있다.

23) 조진만(趙鎭滿, 1903~1979) : 인천 출생. 1923년 경성법학전문학교를 졸업하고, 1925년 일본 고등문관시험 사법과에 합격했다. 1927년 해주지방법원, 1930년 평양복심법원 판사로 일했고, 1943년 변호사 개업을 했다. 8·15광복 후 대구지방법원 부장판사, 1951년 법무부 장관에 발탁되었다. 1954년 다시 변호사 개업을 했고, 1960년 서울 제1변호사회장에 선임되었으며, 1961년 대법원장에 임명됐다. 이후 8년간 대법원장 임기를 마치고 변호사 개업을 했다. 1969년 국토통일원 고문에 추대되었다.

24) 민복기(閔復基, 1913~2007) : 서울 출생. 1937년 경성제국대학 법학부를 졸업하고, 1936년 일본고등문관시험 사법과에 합격했다. 1940년 경성지방법원 판사에 취임한 후, 경성복심법원 판사, 법무부 검찰국장·법무국장을 역임했다. 1950년 법무부 차관을 역임하고 서울지방검찰청 검사장, 해무청장을 지내다가 검찰총장에 임용됐다. 1956년 변호사 개업을 한 후, 1961년 대법관, 1963년 법무부 장관을 역임하고, 1968년 대법원장에 취임했다. 1980년 통일원 고문·국정자문위원으로 위촉되었고, 국민훈장 무궁화장을 받았다.

25)『조선일보』에 1928년부터 1939년까지 10여 년에 걸쳐 연재된 당대 최고의 역사소설. 조선 명종(明宗) 때의 도적 임꺽정의 이야기를 허구화한 이 소설은, 천민 계층의 반봉건적인 인물을 주인공으로 하여 그들의 생활양식을 다룬 데 그 특징이 있다.

26) 백두진(白斗鎭, 1908~1993) : 황해도 신천 출생. 1934년 일본 도쿄 대학 상과대를 졸업하고 조흥은행에 들어가 8·15광복 후 이사로 승진하였다. 외자청장, 식산은행장, 재무부 장관, 기획처장을 거쳐 1953년 국무총리에 임명되었다. 1961년 국회의원으로 정계에 진출, 제7·8대 국회의원을 역임했다. 1970년 국무총리에 발탁되었고 이후 국회의장, 국토통일원 고문, 유신정우회 의장을 지냈다. 1979년 제10대 국회의원에 당선된 후 국회의장에 재선되었으며, 저서에『백두진 회고록』,『대한민국 현대인물사』 등이 있다.

27) 송인상(宋仁相, 1914~) : 1935년 선린상업학교를 거쳐 서울대학교 상과대학을 졸업했다. 1947년 식산은행 심사부장, 재무부 이재국장을 역임했으며 1952년부터 1959년까지 한국은행 부총재를 지냈다. 이후 재정경제부 장관, 한국경제개발협회 회장, 동양나일론 회장을 거쳐 한국능률협회 회장을 맡았다.

28) 백낙준(白樂濬, 1895~1985) : 호는 용재(庸齋). 평북 정주 출생. 북한 신성중학교를 졸업한 후, 1922년 미국으로 유학을 떠나 파크 대학, 프린스턴 대학 대학원을 거쳐 1927년 예일 대학에서 철학박사 학위를 받았다. 이후 연희전문학교 교수, 연세대 총장을 역임했으며, 초대 안호상 씨에 이어 제2대 문교부 장관을 지냈다. 국사편찬위원, 참의원 의장, 외솔회 이사장, 학술원 원로회원(종교사)을 역임했다.

29) 이병도(李丙燾, 1896~1989) : 호는 두계(斗溪). 서울 출생. 1919년 일본 와세다 대학 사학과를 졸업하고 중앙고등보통학교 교사로 있다가 1934년 진단학회 이사장에 취임했다. 이화여자전문학교, 서울대학교 교수를 지냈으며, 1954년 대한민국학술원 종신회원에 선임되었다. 서울대학교 대학원장을 거쳐 문교부 장관, 대한민국학술원 회상을 역임했다. 문화훈장 대한민국장, 대한민국학술원 공로상, 서울특별시 문화상, 5·16민족상 등을 수상했다. 저서에 『한국사대관』, 『한국사(고대 편)』, 『한국사(중세 편)』, 『고려시대 연구』 등이 있다.

30) 이숭녕(李崇寧, 1908~1994) : 호는 심악(心岳). 서울 출생. 1933년 경성제국대학 문학부를 졸업하고 1945년 서울대학교 문리과대학 교수에 취임했으며, 같은 대학 대학원에서 문학박사 학위를 받았다. 서울대학교 대학원장, 한양대학교 문리과대학 학장, 한국정신문화연구원 부원장 겸 한국학 대학원장 등을 역임했다. 국어학자로, 저서에 『국어음운론연구 제1집·음고(音攷)』, 『국어조어론고(國語造語論攷)』, 『중세국어문법』, 『국어학논총』 등이 있다.

31) 박종화(朴鐘和, 1901~1981) : 호는 월탄(月灘). 서울 출생. 1920년 휘문의숙(徽文義塾) 졸업. 민족과 역사를 떠난 문학은 존재할 수 없다고 역설하며 스스로 민족을 주제로 하는 역사소설을 쓴 시인 겸 소설가. 서울신문사 사장, 대한민국예술원 회장 등을 지냈다. 일제 강점기 때 『금삼(錦衫)의 피』, 『대춘부(待春賦)』, 『전야(前夜)』, 『다정불심(多情佛心)』 등을 잇달아 발표, 일제에 항거하는 민족정신을 역사소설로서 표현했다. 이어 장편 〈임진왜란(壬辰倭亂)〉 등, 60년 동안 시집 3권, 장편소설 18편, 단편 12편, 수필·평론집 3권과 회고록 등을 남겼다.

32) 이상백(李相佰, 1904~1966) : 호는 상백(想白). 대구 출생. 대구고보를 거쳐 일본 와세다 대학 부속 제일고등학원(第一高等學院)을 졸업. 1924년 와세다 대학 사회철학과에 입학, 일본의 대학농구연맹이 결성되자 와세다 대학 농구부 주장으로 미국에 다녀오기도 했다. 1927년부터 와세다 대학 대학원에서 3년간 동양학을 연구했다. 서울대학교 문리과대학 교수, 동아문화연구소 소장, 대한민국학술원 회원, 국사편찬위원, 한국사회학회 회장 등을 역임했으며 조선왕조사 연구에 커다란 업적을 남겼다. 체육인으로서는, 제15~18회 올림픽대회 한국대표단 임원·단장 등으로 활약하고, 대한올림픽위원회(KOC) 위원장, 종신직인 국

제올림픽위원회(IOC) 위원에 선출되었다. 1963년 건국문화훈장 대통령장을 받았다.

33) 국정교과서(國定教科書)는 교육부가 저작권을 가진 도서로, 교육부 장관의 검정 또는 인정을 받은 검인정교과서(檢認定教科書)와 구분한다. 1977년 제정된 교과용 도서에 관한 규정에 의하면, 대학 이외의 각 초·중·고등학교 교과용 도서는 국정교과서(1종 교과서)를 제외하고는 교육부 장관의 검정 또는 인정을 받아야 사용할 수 있도록 되어 있다. 교과서는 학교에서 사용하는 학생용의 주된 교재로, 교육부가 저작권을 가진 도서(1종 교과서)와 교육부 장관의 검정을 받은 도서(2종 교과서)로 구분한다. 각 학교장은 1종 도서가 있을 때에는 이를 우선적으로 사용해야 하고, 1종 도서가 없을 때는 2종 도서를 선정, 사용해야 한다.

34) 최규남(崔奎南, 1898~1992) : 호는 동운(東雲). 개성 출생. 1926년 연희전문학교 수물과(數物科), 1929년 미국 오하이오 주 웨슬리언 대학 졸업, 1932년 미시간 대학 대학원에서 이학박사 학위를 받았으며, 1957년 웨슬리언 대학과 연희대학교에서 명예이학박사 학위를 받았다. 서울대학교 교수, 서울대학교 총장, 대한교육연합회 회장 등을 지냈으며, 1956년 문교부 장관이 되었다. 제5대 국회의원, 인하공과대학 이사장, 대한민국학술원 종신회원(물리학), 기상협회 회장 등을 역임했고, 1981년 과학기술원 고문, 대한민국학술원 원로회원이 되었다. 저서에 『원자』, 『동운논집(東雲論集)』 등이 있다.

35) 김상협(金相浹, 1920~1995) : 전북 부안 출생. 1940년 일본 야마구치(山口) 고등학교를 거쳐 1942년 도쿄 대학 법학부 정치학과를 졸업했다. 고려대학교 정경대 교수를 지냈으며, 1960년 대한민국학술원 회원이 되었다. 1962년 문교부 장관, 1963~1970년 고려대학교 정경대 교수로 복직. 1967년 동아일보사 이사, 1970~1975년과 1977~1982년 고려대학교 총장을 두 차례 역임. 1982~1983년 국무총리, 1985~1991년 대한적십자사 총재를 지냈다. 저서에 『기독교민주주의』, 『사회민주주의』, 『모택동사상』, 『지성과 야성』 등이 있다.

36) 나는 사단법인 대한출판문화협회 회장직을 1963년, 1965년부터 1973년까지 연임, 1979년 중임(重任)했다.

37) 이기백(李基白, 1924~2004) : 평북 정주 출생. 독립운동가이자 교육자인 종조부 이승훈과 민족운동에 관심이 많던 부친 이찬갑의 영향으로 어려서부터 자유와 평등에 대한 개념을 익히고 역사학에 관심을 가졌다. 1941년 오산중학교, 1942년 일본 와세다 대학을 거쳐 1947년 서울대학교 문리과대학 사학과를 졸업. 이화여자대학교, 서강대학교, 한림대학교 교수를 지냈다. 한국사학계의 제1세대로서 1960~1970년대에 일제의 식민사관을 극복하는 데 앞장섰다. 대한민국학술원 저작상(1982), 인촌상(1990), 국민훈장 모란장 등을 수상했으며,

『국사신론』,『한국사신론』,『한국고대정치사회사연구』등 수많은 저서를 남겼다.

38) 김동성(金東成, 1890~1969) : 호는 천리구(千里駒). 경기 개성 출생. 1915년 미국에 유학하고, 1920년『동아일보』기자가 되었으며, 1921년 하와이에서 열린 만국기자대회(萬國記者大會)에도 참석했다.『동아일보』워싱턴 특파원,『조선일보』편집국장을 지냈다. 8·15광복 후, 합동통신사를 설립해 사장에 취임하고, 1948년 정부수립과 동시에 초대 공보처장이 되었다. 민의원 부의장, 합동통신사 취체역 회장, 대한공론사 사장, 민주공화당 중앙상임위원 등을 역임했다. 저서에『신문학(新聞學)』,『중남미기행』,『한영사전』등과 다수의 역서가 있다.

39) 주요한(朱耀翰, 1900~1979) : 호 송아(頌兒). 평남 평양 출생. 초등학교 졸업 후 일본으로 건너가 메이지학원(明治學院) 중등부와 도쿄 제1고등학교를 거쳐 3·1운동 후 상하이(上海)로 망명, 후장(滬江) 대학을 졸업했다. 귀국 후 동아일보사와 조선일보사 편집국장을 지냈고, 국회의원을 거쳐 4·19혁명 후 장면 내각 때는 부흥부 장관·상공부 장관을 역임했으며, 대한해운공사 사장을 지냈다. 1919년『창조(創造)』동인에 참가함으로써 문단에 진출했다. 1919년『창조』제1호에 발표한 시「불놀이」는 서유럽적인 형태의 최초의 근대시로 평가된다. 시집에『아름다운 새벽』, 이광수·김동환과 함께 펴낸『3인시가집(三人詩歌集)』등이 있다.

40) 신동엽의『금강』: 1967년 간행된 〈현대한국신작전집〉 제5권에 수록된 작품. 전봉준을 총수로 한 동학농민운동을 주제로 하여 한국 근대민중사의 맥락을 엮은 서사시.

41) 이해랑(李海浪, 1916~1989) : 연극인. 서울 출생. 니혼(日本) 대학 예술과에서 수학 중 1938년 김동원 등과 도쿄 학생예술좌에서 신인연기자로 활약, 1941년 귀국하여 현대극장 창립 동인으로 활동했다. 1945년 극단 '전선(全線)'을 창립, 1946년 극예술원(1947년 극예술협회로 개칭) 창립에 동인으로 참가, 1950년 국립극장 개관과 함께 전속극단 대표가 되었다. 중앙국립극장장, 한국연극연구소(드라마센터) 극장장, 한국예술문화단체총연합회(예총) 회장, 제8·9대 국회의원, 대한민국예술원 회장 등을 역임했다. 대표적 출연작품으로「밤으로의 긴 여로」가 있고, 연출 작품은「햄릿」,「뜨거운 양철지붕 위의 고양이」등 100여 편에 달한다.

42) 모윤숙(毛允淑, 1910~1990) : 호는 영운(嶺雲). 함남 원산 출생. 1931년 이화여자전문학교 문과를 졸업하고, 1935년 경성제국대학 영문과 수료. 월간『삼천리』와 중앙방송국 등에서 기자로 활동했고, 1933년 첫 시집『빛나는 지역』, 1937년 산문집『렌의 애가』를 출간했다. 1940년부터 친일단체인 조선문인협회·임전대책협의회(1941) 등에서, 광복 후에는

문단과 정계에서 폭넓은 활동을 전개했다. 국제연합총회 한국대표, 대한민국예술원 회원, 유네스코 총회 한국대표, 여류문인협회 회장, 제8대 국회의원, 한국현대시인협회 회장, 통일원 고문, 국제펜클럽 한국본부 회장, 문학진흥재단 이사장 등을 지냈다.

43) 유일한(柳一韓, 1895~1971) : 평양 출생. 1904년 9세 때 선교사를 따라 미국으로 건너가 고학으로 미시간 대학을 졸업하고 스탠퍼드 대학 대학원에서 법학을 공부하였다. 학업을 마친 뒤 전자회사 사원으로 근무하다가 1926년 귀국, 유한양행(柳韓洋行)을 설립했다. 1939년 한국 최초로 종업원지주제를 실시하였고, 만주·다롄·톈진 등 동북아 일원에 시장을 개척하였다. 1962년 유한학원을 설립하고, 1969년 사업 일선에서 물러나면서 혈연관계가 전혀 없는 조권순에게 사장직을 물려줌으로써 전문경영인 등장의 길을 여는 데 선구자적 역할을 했다. 1968년 동탑산업훈장, 1995년 건국훈장 독립장에 추서되었다.

| 은석 정진숙 연보 |

1912.11.5	경기도 화성군 팔탄면 월문리 출생
1929.3	천원군 목천공립보통학교 졸업
1930.3	조신숙(趙辛淑) 여사와 결혼(5남 1녀)
1934.3	휘문고등보통학교 졸업
1935.10	보성전문학교 2년 중퇴
1936.7	동일은행(조흥은행 전신) 입행
1945.12	도서출판 을유문화사 창립, 전무이사 취임
1947.4	재단법인 휘문의숙(徽文義塾) 이사 취임(1972년 3월까지)
1952.10	을유문화사 사장 취임
1955.11	사단법인 대한출판문화협회 상무이사 취임
1956.8	한국검인정교과서주식회사 사장 취임(1964년 및 1971년 재임)
1957.10	문교부 장관으로부터 〈큰사전〉 전6권 완간에 대한 감사장 받음
1957.12	문교부 장관으로부터 우량도서출판 및 견실한 운영에 대한 표창장 받음
	아시아 재단 한국지부장으로부터 우량도서출판 및 교육문화계 공헌에 대한 표창장 받음
1958.1	제1회 동경국제도서전시회 참가차 도일(渡日)
1959.5	미국 국무성 초청으로 4개월 간 구미출판계 시찰 겸 오스트리아 빈에서 개최된 제15차 국제출판협회 총회에 한국대표로 참석
1960.3	한국검인정교과서발행인협회 이사 취임

1961.8	국정교과서주식회사 사장 취임
1961.10	문교자문위원회 위원 피촉
1961.12	서울특별시 문화상(출판부문 제1회) 수상
1962.12	사단법인 대한출판문화협회 회장 취임(1963년, 1965~1973년 연임, 1979년 중임)
1963.8	유네스코 한국위원회 위원 피촉
1964.10	일본도서관협회 초청으로 동경에서 개최된 전일본국 도서관회의 참석
1964.12	서울특별시문화위원회 위원 피촉(1967년까지)
1968.6	네덜란드 암스테르담에서 개최된 국제출판협회 총회에 참석한 후 구미출판계 시찰
1968.11	대통령으로부터 출판인 협동과 양서출판으로써 출판문화발전에의 공헌에 대한 표창장 받음
1969.3	한국도서출판윤리위원회 위원 피촉
1969.7	사단법인 한국출판금고 이사 취임
1969.10	문교부 장관으로부터 한글문화발전에의 공헌에 대한 공로 표창장 받음
1970.10	주식회사 독서신문사 회장 취임
1970.12	서울특별시문화위원회 위원 피촉
1970.12	정부로부터 사회분야발전에 진력함으로써 국민복지향상에 공헌한 데 대하여 국민훈장 '동백장' 받음
1971.12	한글반포 525돌 기념행사에서 유공자 표창 받음

1972.2	사단법인 한국출판금고 이사장 취임
1972.7	일본 동경에서 개최된 유네스코 주최 아시아지역도서개발전문가회의에 옵서버로 참석
1972.10	동래정씨임당공파종친회 회장 취임
1972.11	화갑 기념 출판으로 이민수가 새로 번역한『오륜행실도』간행
1974.2	대한출판문화협회 명예회장으로 추대됨
1974.4	동래정씨대종회 부회장
1975.4	문화예술진흥위원회 위원 피촉
1976.3	『동아일보』에「그 때 그 일들」집필·게재(3월 6일자부터 24일자까지 총 16회에 걸쳐 연재)
1976.5	일본 교토(京都)에서 개최된 제20차 국제출판협회 총회 참석
1980.8	출판계정화운동추진위원회 위원장 취임
1981.1	대한출판문화협회 고문으로 추대됨
1981.2	평화통일정책자문위원 피촉
1983.10	고희 기념 출판으로『출판인 정진숙』간행
1987.7	출판저널 발행인 취임
1987.8	한국박물관회 회장 취임
1997.10.20	금관문화훈장 수장
1997.10.29	제8회 간행물윤리상(공로부문) 수상
1998.2	출판저널 발행인 퇴임
	한국출판금고 이사장 퇴임
1999.3	한국박물관회 회장 퇴임

2005.12.1   을유문화사 창사 60주년 기념 전시(파주출판도시)
2007.1.15   제7회 유일한상(유한재단) 수상

발문

복 많이 받으신 분

한운사(작가)

사람이 사람을 좋아한다는 것은 나쁜 일이 아니다. 이 세상이 최고로 잘 된 상태라는 것은, 사람들이 서로를 미워하지 않고 서로를 사랑하는 상태를 말하는 것일 것이다. 그런 의미에서 나는 행복하다. 특별히 꼭 미워해야 할 사람이 없다. 있을는지도 모르겠는데, 기억에 떠오르지 않는다.

좋아하는 사람이 많은 것은 아니다. 그러나 없는 것도 아니다. 그 중의 한 분이 은석 정진숙 선생이다.

나는 이분과 자주 만났던 사람도 아니고, 특수한 인연을 가졌던 사람도 아니다. 한 30년 전이던가. 아무나 골프를 칠 수 있었던 시대가 아닌데, 나는 골프장에 나갔다. 정 선생을 만나면 아주 따스하게 손을 잡아주셨다. 내가 한참 팔릴 때다. 잘 해보라는 격려의 미소로 해석했다.

을유문화사는 해방 직후부터 소중한 존재였다. 많은 문인들이, 또 학자들이 신세지는 것을 영광으로 여기던 곳이다. 황무지 같던 해방 직후에, 모를 심고 가꾸어가면서, 그것도 문화계 전반에 걸쳐서 그렇게 함으로써, 여기저기 꽃이 피기 시작하고, 밭을 이루고, 들판이 되게 하였으니, 그것이 어디인가.

내가 『한국일보』 기자 노릇을 할 때, 백상 장기영 사장이 어려울 때면 이 양반한테 달려가서 힘을 빌렸다는 것은 기자들 사이에 널리 알려진 전설이다.

이 양반은 부자로 태어난 분은 아니다. 그러나 그 어렵던 일제시대에도 돈 만지는 데 큰 불편은 느끼지 않았던 모양이다. 해방 직후, 그는 학계, 문화계에 이상하게도 힘을 대줄 수 있는 입지에 계셨던 모양이다. 모두 신세졌다는 사람들이 많다.

최근에 와서 나는 이분의 진면목을 엿볼 만한 분위기를 접해 보았다. 지금 96세시다. 나보다 열 살 위시다. 점심을 사주시는 경우가 많은데 참 잘 잡수신다. 점심으로 대개 설렁탕, 가다가는 순두부를 하시는데, 그리고 꼭 맥주나 소주 한 잔을 곁들이시는데, 놀라울 정도로 잘 드신다.

이분한테서는 가난의 냄새가 나지 않는다. 옛날부터 그랬던 모양이다. 일본 사람들도 이분한테는 특수한 호감을 가졌던 모양이다.

6·25 때 종로에서 을유문화사의 판을 벌이고 있는 그를 북쪽에서 온 사람들이 심하게 건드리지 않았던 것도, 다 인덕의 소치였다는 이야기다. 미목이 수려한 그는 어느 시대 어느 나라 사람들에게나 특별한 혐오감을 주지 않았던 것 같다. 말하자면 타고난 복인가 싶다. 몸에 따라다니는 인덕인가 싶다.

96세의 노옹! 아무도 그를 미워하지 않는다.

나는 그를 좋아한다. 무조건 따른다. 그 앞에서 나는 항상 청년이다. 그것을 의식할 때 나는 행복하다.

세상이 이분을 우러러본다. 아무도 이분을 미워하지 않는다. "은석 선생님, 만수무강하십시오"라고 두 손 모아 기도하는 기분이다.